本书受山东财经大学研究生精品教材出版专项计划
资助出版

金融工程

理论、工具与实践

FINANCIAL ENGINEERING:
THEORY, TOOLS AND PRACTICE

彭红枫　主编

孟纹羽　刘立安　赵国庆　副主编

人 民 出 版 社

目　　录

第一篇　基础篇

第二篇　理论篇

第三篇　方法篇

第一篇　基础篇

　　金融工程学是一门交叉学科,学习前需要掌握一定的基础理论与方法,并了解其应用场景。本书在第一篇着重对金融工程中涉及的基础知识予以介绍,分为理论基础、方法基础和应用基础三章。在理论基础中主要介绍四大基础金融衍生产品,梳理产品间的关系和本质,并简要介绍金融工程学科的演进过程;在方法基础中着重介绍无套利分析法、积木分析法和伊藤引理等内容并进行数理推导;在应用基础中着重介绍套期保值、套利和风险管理的基础,并对本书后续所用软件进行简单说明。通过对本篇的学习,能够夯实学科基础,帮助读者顺利完成后续篇章的学习。

第一章　金融工程理论基础

第一节　金融衍生产品

除股票、债券等基础类工具以外,金融工程还涉及大量的衍生产品。衍生产品建立在标的金融资产之上,其价值会随标的金融资产变动,如2005年中国宝钢集团于上交所挂牌上市的宝钢权证,其行权比例、股票走势、振幅等都会对权证价值产生影响。衍生产品的主要用途是使价格不确定性最小化,主要包括四类:远期、期货、期权和互换。其中,远期是最基础的衍生产品,较为复杂的衍生工具则由期货和期权组合而成,互换则由一系列远期合约组成。

一、金融产品间的关系

在金融市场中金融产品种类众多,一般而言,可将金融产品划分为基础类金融产品和金融衍生产品。从供需角度看金融产品,供给端提供金融产品,需求端承担风险。因此又可将金融产品看成两种产品的复合,一种产品仅提供资金,不承担风险,比如投资国债;另一种产品只承担风险而不提供资金,比如远期合约。远期合约赋予的是权利和义务,由金融工程的积木分析法可知,远期合约可被拆解为欧式看涨期权权利仓与看跌期权义务仓。

在日常生活中,股票是一种常见的金融产品。我们以股票为例来描述各种金融产品间的关系。假设投资者想投资上交所中的某只股票,这

只股票的现价为 S_t,股票投资期为 T。那么,投资者购买这只股票后会承担股价下跌风险,因此需要收到这部分的风险回报。同时,投资者投资该股票具有时间成本,时间成本可以看成是用于购买这只股票资金的无风险收益。由此,可将投资该股票看成两种类型的风险投资组合:一类是投资现价为 S_t 的国债,期限为 T;另一类是以到期日为 T 的股票的远期合约。远期合约可进一步拆解为看涨期权的多头与看跌期权的空头。这就意味着,在到期日 T 时,若股票价格高于 S_t,看涨期权则会被执行,看跌期权不会被要求行权,从而产生盈利;若股票价格低于 S_t,看涨期权不会被执行,看跌期权会被要求行权,从而产生亏损。因此,根据上述关系,我们可以将股票进行拆分,分解成衍生品和国债的复合(见图1-1)。那么,其他类型的金融产品也可做同样的拆分。

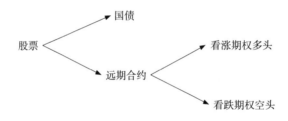

图1-1 股票类金融产品间的关系

图1-1反映股票类金融产品间的关系,也反映了金融产品存在的价值。如果金融市场中仅具有基础类的金融产品,投资者就必须提供资金和承担风险,但有了远期合约后,投资者就可只承担风险而不用提供资金;有了国债后,投资者就可不承担风险只提供资金。因此,有了金融衍生产品,投资者进行风险管理的手段更为灵活。

二、金融衍生产品的本质

金融衍生产品是关于未来的合约,具有明显的杠杆性。金融衍生产品往往以金融产品作为标的,是用来规避已经存在的风险管理手段,如规避利率风险、股市风险、信用风险等。在学习金融衍生产品之前有必要了解金融衍生产品的本质、功能和风险。

金融衍生产品的本质包括:一是未来性。金融衍生产品是关于未来的合约,这也是与其他金融产品的本质区别。因此,金融衍生产品能发挥风险管理、规避监管的功能。二是杠杆性。金融衍生产品不同于基础类金融产品,金融衍生产品在交易时仅需要支付一定比例的保证金或期权费就可获得未来的权利,这使得金融衍生产品具有一定的杠杆性。三是衍生性。金融衍生产品是以基础类金融产品为标的资产而衍生的,这说明基础类金融产品的价格与金融衍生产品的价格间会存在关联。

同样地,金融衍生产品的功能主要包括:一是风险管理功能。作为以金融产品为标的资产的金融衍生产品,标的资产的价格与金融衍生产品的价格会存在某种相对关系。这意味着,若金融市场中标的资产出现一定的风险,则可利用金融衍生产品进行对冲。例如,农作物会面临天气(霜冻、雨量)的不确定性影响,而天气类的衍生产品可以用来对冲这类风险,从而保障农场主的收益。二是价格发现功能。金融实现资源优化配置的前提是合理的价格体系。从已有研究来看,由于金融衍生产品具有高杠杆、可多可空且交易成本较低等特性,使得金融衍生产品能够对标的资产作出更为快速和准确的反应。三是信息功能。金融衍生产品市场中买卖双方进行谈判时,会搜集各类信息,对标的资产进行合理判断,从而作出最有利于自己的决策。因而,金融衍生产品的价格涵盖了大量信息。

此外,市场中对金融衍生产品的运用主要包括三个目的:一是套期保值(Hedging),也称为对冲,是指利用金融衍生产品来对冲标的资产的风险,是风险管理的手段;二是套利(Arbitrage),是指利用金融衍生产品与标的资产之间的价格差异,实行低买高卖,从而获取收益;三是投机(Speculation),是指利用对标的资产未来走势的判断进行交易。对于整个市场而言,若是交易者都在利用金融衍生产品进行投机,市场则会退化成赌场,那么整个经济则会出现巨大的风险。对于实体经济而言,如果利用金融衍生产品进行过度的投机,则会给实体经济带来无法承受的风险。可见,若是对金融衍生产品运用不当,金融衍生产品的高杠杆性则会给市场和经济带来无法承受的风险。因此,有必要对金融衍生产品市场进行合理的监管,防止投资者进行过度投机,保障经济的平稳运行。

第二节　远期和期货

一、远期

1. 远期合约定义

远期合约（Forward Contracts）是一种场外交易的金融工具，买卖双方通过签订一份合约，约定在未来的某一时刻，按照规定的价格买卖一定数量的标的资产。

远期合约的特点是买卖双方在签订合约时，规定了交割时间、价格以及一定数量的标的资产。其中，未来将买入标的资产的一方称之为多头（Long Position），而未来将卖出标的资产的一方称之为空头（Short Position）。远期和期货多头作为看涨方，认为未来的标的资产价格会上升，通过签订合约锁定未来标的资产的买入价格，反之，空头作为看跌方则认为标的资产价格会下降，通过签订合约锁定未来标的资产的出售价格，从而消除金融风险。

通常，在合约中用 S_T 表示到期日标的资产的市场价格，用 K 表示未来的交割价格（Delivery Price）。图 1-2 展示的是到期日多头和空头的盈亏现状。若到期标的资产价格 S_T 高于交割价 K，则远期合约的多头方就会盈利，收益为 $S_T - K$，而空头方就会损失，损失为 $K - S_T$。反之，若到期标的资产的价格 S_T 低于交割价 K，则远期多头的收益就会为负，而空头方的收益为正。远期合约的这个特点使得远期合约在签订之日的价值为零。

2. 远期合约种类

远期合约可分为金融远期合约和商品远期合约。金融远期合约是以各种金融产品为标的资产的协议，包括远期股票合约、远期利率协议和远期外汇协议等。远期股票合约（Equity Forwards）是指买卖双方在未来的特定时间按照特定的价格交付一定数量股票的协议。远期利率协议

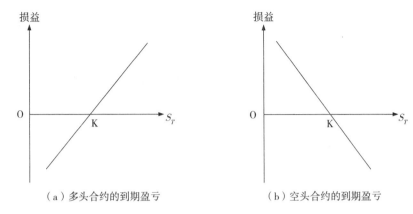

（a）多头合约的到期盈亏　　　　　　　（b）空头合约的到期盈亏

图1-2　远期合约的盈亏

（Forward Rate Agreements，FRA）是指买卖双方约定在未来的某一时刻，按照约定的利率借贷一笔数额确定，以特定货币表示的名义本金的协议。远期外汇协议（Forward Exchange Agreements，FXA）是指买卖双方约定在未来的某一时刻，按照约定的汇率买卖一定金额的某种外汇的协议。商品远期合约的标的资产是各种商品，如豆粕、贵金属等。

远期合约是为规避现货价格风险而产生的，是典型的场外交易，由买卖双方通过谈判后确定交割时间、交割地点、交割价格等信息，是非标准化合约。

期货合约与远期合约相似，也是买卖双方通过签订合约，约定在未来的某一时刻，按照一定价格买卖标的资产。但期货合约与远期合约也存在一定不同：一是交易场所不同。期货合约是在交易所的"交易池"进行的，是标准化合约。二是违约风险不同。期货合约交易实行保证金制度和盯市制度，可以有效降低违约风险，而远期合约主要靠买卖双方的信用，违约风险相对较高。三是标准化程度不同。远期合约可以根据买卖双方需求进行定制，具有较强的灵活性，且交易信息不需对外披露，而期货交易所为期货合约制定了标准化的数量、交割时间、交割地点等。四是结算方式不同。远期合约只有在到期日进行交割清算，而期货合约是每天结算。

3. 远期合约价值

在无套利的假设条件下,远期合约价值可由复制定价法求得。假定远期合约到期日为 T,远期合约到期前的某一时间为 t,远期合约的交割价格为 K, t 时刻远期合约的价值为 f, t 时刻标的资产的价格为 S,连续复利计算的无风险利率为 r。我们用一份远期合约多头加上一笔数额为 $Ke^{-r(T-t)}$ 的现金去复制一单位的标的资产。在远期合约到期时,这笔现金可以换得一单位的标的资产。根据无套利原则,可求得 t 时刻远期合约价值为:

$$f = S - Ke^{-r(T-t)} \tag{1-1}$$

式(1-1)表明远期合约多头等于一单位标的资产和无风险负债的资产组合。那么,远期价格 F 就等于使 t 时刻远期合约的价值为零的交割价格 K,即 $K = F$ 时, $f = 0$。由此,根据式(1-1)可求得远期价格为:

$$F = Se^{r(T-t)} \tag{1-2}$$

式(1-2)表明远期价格等于其标的资产现货价格以无风险利率计算的终值,这也是无红利资产的现货—远期平价定理(Spot-Forward Parity Theorem)。

现假设支付已知现金红利现值为 I,或连续红利率为 τ。那么,根据远期价格公式可分别求得支付已知红利资产的远期价格,以及支付已知红利率资产远期价格:

$$\begin{cases} F = (S - I)e^{r(T-t)} \\ F = Se^{(r-\tau)(T-t)} \end{cases} \tag{1-3}$$

一个合理的远期合约价值应使得投资者现在出售现货和出售远期所获得确定性收入相等,而无风险利率反映了投资者未来出售标的资产所承担的确定性成本。

二、期货

期货合约(Future Contracts)是在期货交易所公开交易的一种标准化的远期合约,期货合约在标的资产的品质、数量以及交割时间方面都做了统一的要求,但其交割价格是在期货交易所通过公开竞价确定的。期货市场的报价不仅体现了交易者在交割期货时所愿意承担的期货价格,也体现了交易者对未来标的资产价格的估计。期货交易者除了套期保值者外,还有大量的投机者,他们往往在合约到期之前便将合约卖出或者买入以现金结算,而非实物交割。莫顿将投机者定义为主动占据风险头寸,希望通过承担交易风险博取收益的投资者。这说明期货合约不仅是一种远期交易的合同,更是一种投资工具。因此,研究期货合约的定价规律对于了解期货市场风险来源、大小以及交易者的行为具有重要意义。

目前,无套利定价是最广泛的期货定价思想。无套利定价思想的核心就是,如果两项资产在期末具有相同的收益,这两项资产在期初一定具有相同的价格,否则会产生套利。对于期货多头而言,现在持有一份多头合约与持有的期货合约相同标的实物商品在合约到期日获得相同的收益。那么,期货价格就应该等于现货在一定利率下的终值。对于现货持有者而言,持有现货必须付出仓储、运输、保管等"持有成本"(Cost of Carry),同时也可能因为现货市场供给失衡而带来"便利收益"。因此,如果要使持有现货与持有期货多头合约无差异,那么期货价格必须等于将现货价格按照持有现货的总成本进行增值。用公式表示为:$F = Se^{cT}$,其中 F 代表期货价格,S 代表现货价格,c 则分别代表了从现期到期货交割时间里,标的资产的持有成本。

上述公式保证了商品期货合约进入交易时的初始价值为零,并不能说明期货是由现货价格决定的,或者现货是由期货价格决定的,而只是说明了两者之间有这样一种关系。这个公式可用于在不确定条件下商品期货合约初始价格的确定。

第三节　互　换

一、互换定义

互换合约的产生是为了利用不同金融市场上定价差异来降低资金成

本。最早的互换是国际商业机器公司(IBM)与世界银行之间基于固定利率的货币互换。随着布雷顿森林货币体系的终结,投资者为避免利率或汇率对其产生不利影响,开始使用互换来规避此类风险。近年来,互换是增长最快的金融产品之一,已成为常规的利率和汇率风险管理工具。其主要原因在于:一是互换交易在降低交易成本、规避监管和风险管理方面具有重要作用;二是弱监管为互换市场提供了巨大的发展空间。

互换(Swap)是指双方按照约定的协议,在规定的时间内,交换一系列现金流的合约。通常来说,互换合约可以看作一系列远期合约的组合,最常见的互换包括:利率互换(Interest Rate Swap)、货币互换(Currency Swap)和信用违约互换(Credit Default Swap)。

利率互换是指双方在未来规定的时间内,根据相同名义本金交换不同利率计算的现金流的合约,其中一方的现金流根据浮动利率计算,另一方的现金流则根据固定利率计算。例如2007年兴业银行与花旗银行基于Shibor① 利率完成了我国首笔利率互换。

货币互换是指双方在未来规定的时间内,将一种货币的本金和固定利息与另一种货币的等价本金和固定利息进行交换的合约。

信用违约互换是指信用违约互换的买方定期向信用违约互换的卖方支付一笔费用,用来防止特定事件违约风险的发生,而一旦出现事先约定的信用事件,信用违约互换的买方就会收到卖方的一笔补偿。

二、互换定价

互换定价包括利率互换定价、货币互换定价以及其他互换定价。本书重点介绍利率互换定价和货币互换定价。

通常来说,利率互换定价包括两种类型:一是协议签订后的定价,即根据协议内容与市场利率确定互换合约的价值;二是协议签订前的定价,即双方的互换价值相等。本书将讲解协议签订后的定价。

本书将运用债券组合计算利率互换价值。假设互换合约中固定利率

---

① 上海银行间同业拆放利率(Shanghai Interbank Offered Rate,简称 Shibor)。

的合约价值为 C_{fix} ,浮动利率的合约价值为 C_{fle} 。那么,对于固定利率的支付者的合约价值即为:

$$V_{sw} = C_{fle} - C_{fix} \qquad (1-4)$$

对于浮动利率的支付者而言,合约价值为:

$$V_{sw} = C_{fix} - C_{fle} \qquad (1-5)$$

假设利率互换合约的名义本金为 A ,交换次数为 n ,距离第 i 次现金流交换的时间为 t_i , t_i 的 Shibor 连续复利利率为 r_i 。那么,固定利率债券的定价为:

$$C_{fix} = \sum_{i=1}^{n} ke^{-r_i t_i} + Ae^{-r_n t_n} \qquad (1-6)$$

其中, k 为交换日交换的固定利息额。假设, k^* 为交换日浮动利率额。由此,求得浮动利率的合约价值为:

$$C_{fle} = (A + k^*) e^{-r_i t_i} \qquad (1-7)$$

货币互换定价与利率互换相类似,本书同样运用债券组合计算货币互换合约价值。这里的债券组合则是外币债券和本币债券的组合。假设外币债券价值为 C_F ,本币的债券价值为 C_D ,即期汇率为 S_0 。那么,支付外币利息,得到本币利息的货币互换合约价值为:

$$V_{sw} = C_D - S_0 C_F \qquad (1-8)$$

与远期和期货相比,互换是较为复杂的衍生品。互换合约的价值体现在实用上,为公司或机构的风险管理、规避监管起到独特作用。

当投资者在现货市场上具有一定头寸和风险暴露时,他们可以选择远期合约和期货合约进行风险管理,对冲承担的现货风险,并保留合适的风险暴露水平。然而,现货价格具有一定的不确定性,在投资者对现货风险进行对冲时,他们也把相应的收益转移给了其他的投资者。此时,一种非线性风险管理工具——期权成为风险管理者的新选择。期权作为一种风险管理工具,可以在满足风险管理要求的前提下,保留现货价格波动带来的潜在收益,并且风险管理成本较低。

第四节　期　权

一、标准期权

期权(Option)合约赋予期权的购买方,在未来的某一时间内,以约定的价格购买或出售一定数量标的资产的权利。需要注意的是,期权交易的是未来买卖标的资产的权利,而不是标的资产本身。这也是期权合约与期货合约的主要区别。

期权合约通常会包含几个关键要素:一是标的资产(Underlying Asset)。标的资产是期权合约中买卖双方约定的某种资产,必须具有流通量大、交易活跃等特点,可以是实物资产,如大豆、小麦等,也可以是金融资产,如某公司的股票等。二是到期日(Expiration Date)。期权所规定的权利是有期限的,在到期日,期权持有者必须决定是否进行行权。三是执行价格(Strike Price)。期权的执行价格是未来要交割标的资产的价格,即期权合约中购买或卖出一定数量标的资产的价格。且同一标的资产的期权可以有不同的执行价格。四是期权费(Premium)。期权购买方为获得购买标的资产的权利,需要向期权出售方支付一定的费用,这笔费用被称为期权费。

1. 期权合约种类

根据权利不同、行权期限不同、标的资产不同,期货又有多种不同的分类。

一是根据权利划分,期权可分为看涨期权(Call Option)与看跌期权(Put Option)。看涨期权又称认购期权,交易的是未来购买标的资产的权利,看跌期权交易的则是未来卖出标的资产的权利。

二是根据行权期限划分,期权可分为欧式期权(European Option)与美式期权(American Option)。欧式期权是指权利方只有在到期日才能行使该期权,而美式期权则允许在到期日前的任意交易日行使该期权。

三是根据标的资产划分,期权可分为股票期权(Stock Options)、股价指数期权(Index Options)、期货期权(Futures Options)、利率期权(Interest Rate Options)、外汇期权(Currency Options)和商品期权(Commodity Options)等。股票期权是以某种股票作为标的资产的期权合约;股价指数期权是以某种股票指数作为标的资产的期权合约,如 S&P 100 指数期权、沪深 300 指数期权等;期货期权是以各种期货合约作为标的资产的期权;利率期权是指以各种利率作为标的资产的期权,如交易所交易的利率期权、场外交易的利率期权等;外汇期权是以各种货币作为标的资产的期权;商品期权则是以大宗商品为标的资产的期权。

期权市场中又有多头与空头之分。那么,以欧式期权为例,可将其分为看涨期权多头、看涨期权空头、看跌期权多头、看跌期权空头。

假设看涨期权的期权费为 c ,看跌期权的期权费为 p ,期权的执行价格为 K ,期权到期日的标的资产价格为 S_T 。那么,上述四种欧式期权的盈亏如图 1-3 所示。

图 1-3(a)中,当在到期日 T 时,若期权价格大于执行价格($S_T > K$)时,该期权会被执行,若期权价格小于执行价格($S_T < K$),该期权会被放弃。对应看跌期权多头时,即图 1-3(b),若期权价格小于执行价格($S_T < K$),该期权会被执行,若期权价格大于执行价格($S_T > K$),则该期权会被放弃。由此可得,看涨期权多头盈亏为 $\max(S_T - K, 0)$,看跌期权多头盈亏为 $\max(K - S_T, 0)$ 。

同理,图 1-3(c)中,看涨期权空头盈亏为 $\min(K - S_T, 0)$,与看涨期权多头盈亏相对应。图 1-3(d)中,看跌期权空头盈亏为 $\min(S_T - K, 0)$,与看跌期权多头盈亏相对应。

2. 期权价值特性

期权价值主要包括两部分:一是内在价值(Intrinsic Value),是期权立刻履约时的价值。假设标的资产在时间 t 的价格为 S ,期权到期日前的某一时刻为 T ,连续复利计算的无风险利率为 r ,可以计算出无红利资产的欧式看涨期权与看跌期权的内在价值分别为:

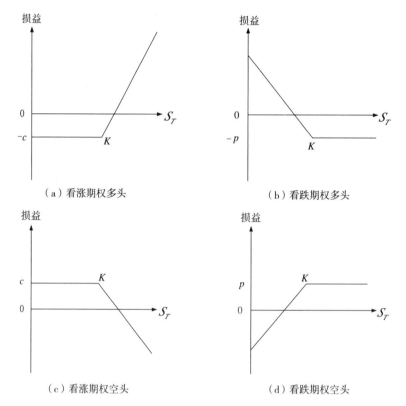

（a）看涨期权多头　　　　　　　　　（b）看跌期权多头

（c）看涨期权空头　　　　　　　　　（d）看跌期权空头

图1-3　欧式期权到期盈亏

$$\begin{cases} \max[S - Ke^{-r(T-t)}, 0] \\ \max[Ke^{-r(T-t)} - S, 0] \end{cases} \tag{1-9}$$

假设标的资产的现金红利现值为I，现金红利资产的欧式看涨期权与看跌期权的内在价值分别为：

$$\begin{cases} \max[S - I - Ke^{-r(T-t)}, 0] \\ \max[Ke^{-r(T-t)} - S + I, 0] \end{cases} \tag{1-10}$$

假设标的资产的连续红利率为q，红利率资产的欧式看涨期权与看跌期权的内在价值分别为：

$$\begin{cases} \max[Se^{-q(T-t)} - Ke^{-r(T-t)}, 0] \\ \max[Ke^{-r(T-t)} - Se^{-q(T-t)}, 0] \end{cases} \tag{1-11}$$

二是时间价值(Time Value),是指期权在到期日之前,标的资产价格的波动为购买方所带来的价值。一般来说,标的资产的波动率、期权的剩余时间等会影响期权的时间价值。期权的价值就是内在价值与时间价值之和。

根据期权的内在价值,期权可分为三类:一是实值期权(In the Money Option),是指具有内在价值的期权;虚值期权(Out of the Money Option),是指不具有内在价值的期权;平值期权(At the Money Option),是指标的资产价格等于执行价格的期权,即内在价值为零。

在确定期权价值后,就可以推出期权的价格曲线。以无红利资产为例,看涨期权与看跌期权的价格曲线如图1-4所示。

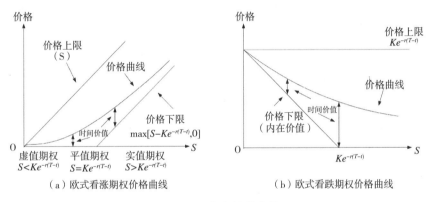

(a)欧式看涨期权价格曲线　　　　(b)欧式看跌期权价格曲线

图1-4　期权价格曲线

图1-4(a)中,看涨期权的价格上限不会超过标的资产的价格,下限为期权的内在价值,即 $\max[S - Ke^{-r(T-t)}, 0]$。因此,看涨期权的价格曲线一定落在上限与下限之间。同样地,在图1-4(b)中,看跌期权的价格上限不超过执行价格的现值,即 $Ke^{-r(T-t)}$,下限为期权的内在价值。

尽管看涨期权与看跌期权看起来完全不同,但它们的价值存在固定关系。假设欧式看涨期权的价值为 c,看跌期权的价值为 p。那么,可以构建如下投资组合:一份欧式看涨期权空头+一份欧式看跌期权多头+远期合约多头。

在到期日时(T),该组合会出现两种可能性:

一是标的资产价格大于执行价格,即 $S_T > K$,投资者的看涨期权被执行,获得 $-(S_T - K)$ 的收益,而看跌期权则不会被执行,远期合约多头的收益为 $S_T - K$,则组合到期利益为0。

二是标的资产价格小于执行价格,即 $S_T < K$,投资者不会执行看涨期权,而执行看跌期权获得的收益为 $K - S_T$,远期多头的收益为 $S_T - K$,则组合到期利益为0。

根据无套利原则,在 t 时刻该投资组合的价值等于到期日时(T)组合价值 K 的现值,即:

$$-c + p + f = 0 \qquad (1\text{-}12)$$

进一步将其表示为:

$$S + p = Ke^{-r(T-t)} + c \qquad (1\text{-}13)$$

这就是看涨期权与看跌期权之间的平价关系。

二、奇异期权

随着全球金融市场的快速发展和现代信息技术的不断提高,为了满足不同风险偏好投资者的需求,金融市场上涌现出了许多由标准期权派生出的新型期权,即奇异期权。这些派生出的奇异期权主要包括障碍期权、亚式期权、叫停期权、远期生效期权、互换期权等等。奇异期权作为金融衍生工具的重要一员,目前已经成为一种防范风险或投机的有效手段,其价格的高低能够很大程度上影响金融市场上买卖双方的盈亏情况,所以定价问题是奇异期权理论中的核心问题,也是现代金融工程领域研究的一个热点问题。期权定价理论不仅支持着期权市场的发展,更推动了整个金融衍生市场的发展,因此如何对这些奇异期权定价成为关键。同时,这些奇异期权定价的研究对于繁荣国际金融市场也具有非常重要的意义。

奇异期权的定价大多数情况下无法获得精确的定价公式,只有少数简单的期权合约在特定的假定下才能够推导出奇异期权精确的价格解析解。因此,通常只能借助数值计算等方法来确定奇异期权的价格。奇异期权定价中,常见的数值计算方法包括二叉树和三叉树方法、蒙特卡洛数值模拟、偏微分方程和求积法等。Vorst 等(1990)提出了一种新的策略来定价平均价格亚式期权。他们对蒙特卡洛模拟使用了方差降低技术,并为套利交易者和对冲投资者提供了一个增强的定价方法。蒙特卡洛模拟的缺点在于收敛速度比较慢,有时候需要极大的模拟运算数量,才能得到精确合理的估计。因此很多研究提出了新的方法对收敛速度进行改进,比如方差减少技术和基于低差异序列的拟蒙特卡洛方法。在方差减少技术中,比较经典的两种方法是对偶数量技术和控制变量技术。此外,矩匹配、重要抽样法以及条件蒙特卡洛方法也被用于降低方差。Khaliq 等(2007)提出了一个强稳定(L-稳定)和高准确度的数值方法来定价奇异期权。基于 Padé 机制,该方法利用部分分式分解来解决估计精度和运算效率问题,弥补了标准 A-稳定方法在数值计算中由于较大伪振荡而无法准确估计期权价格的缺陷。通过数值模拟,他们对数字期权、蝶式价差以及障碍期权进行了定价精度上的检验。Wong H.Y.等人提出了一种基于网络的美国奇异期权估值方法 Lévy,使用快速傅里叶变换(FFT)处理,在此基础上将 FFT 网络扩展到容纳路径相关变量。

随着国内资本市场的发展和投资者金融素养的提高,国内金融机构开发了大量基于奇异期权的结构性理财产品。结构性存款是金融机构吸收的嵌入金融衍生工具的存款,通过与利率、汇率、指数等波动挂钩或与某实体的信用情况挂钩,使客户在承担一定风险的基础上获得相应收益的产品,与一般性存款存在明显区别,具有不同的期限、结构、收益和风险特征。中国银行开发的汇率挂钩产品极具代表性,涉及美元、日元、欧元等各国货币与人民币之间的汇率,能够满足公司与个人等各类投资者的投资需求。该行在 2021 年的结构性存款余额约为 652 亿元。随着资本市场的发展,奇异期权在结构性理财产品上的应用将更加广泛。

第五节　金融工程理论发展与演进

一、金融工程理论的孕育与形成

金融工程发展的基础是现代金融理论的应用。现代金融理论的创新推动了金融工程与衍生品市场的快速发展。从金融工程研究的历史轨迹来看,早在 16 世纪,期权思想就被应用于"郁金香事件"中。然而,直到 19 世纪后期,随着工业革命的完成和现代企业管理理论的确立,现代金融理论才得到快速发展。尤其是经济学家费雪(Fisher)为现代金融工程发展奠定了理论和应用基础。

1896 年,美国经济学家费雪提出了资产当前价值等于其未来现金流贴现值之和的思想,为金融工程中的资产定价理论起到了奠基作用。

1952 年,马柯维茨(Markowitz)发表了《证券组合分析》。他首次利用概率论和数理统计的有关理论,构建了分析证券价格的模型,阐述并解决了资产组合选择的问题。在他的研究中,反驳了投资者通过选择贴现期望收益最大的证券来选择资产组合的理论,指出投资者在收益一定时要选择最小方差的投资组合。同时,他提出了均值—方差模型,即 M-V 模型。该模型指出有效的资产组合必须分散化,即收益一定时方差最小的资产组合,或者是方差一定时收益最大的资产组合,这也是著名的"不要把所有鸡蛋都放在同一个篮子里"。马柯维茨的均值—方差模型为微观经济的研究提供了理论依据,也为现代金融工程理论分析奠定了基础。

1958 年,莫迪利安尼(Modigliani)和米勒(Miller)发表了《资本成本、公司财务与投资理论》,提出在不考虑公司所得税,且企业经营风险相同而只有资本结构不同时,公司的市场价值与公司的资本结构无关。该理论就是著名的 MM 理论,也是现代企业资本结构理论的基石。在之后的研究中,莫迪利安尼和米勒又提出了修正的 MM 理论,即含税条件下的资本结构理论。该理论指出,在考虑公司所得税的情况下,由于负债的利息是免税支出,可以降低综合资本成本,增加企业的价值。

随着马柯维茨的均值—方差模型被广泛应用,其他学者也在此基础上展开研究,这些学者为金融工程理论提供了有力的指引。威廉·夏普(William Sharpe)基于均值—方差模型提出了单指数模型。该模型降低了均值—方差模型的计算量,为后续资本资产定价模型的开发奠定了基础。1964 年,威廉·夏普、林特尔(John Lintner)和莫辛(Jan Mossin)等人在资产组合理论的基础上,创造了资本资产定价模型(Capital Asset

Pricing Model,CAPM)。该模型主要研究了资产的预期收益率与风险资产之间的关系,以及均衡价格的形成。1976 年,斯蒂芬·罗斯(Stephen Ross)提出了套利定价模型(Arbitrage Pricing Theory,APT),该模型也是关于资本资产定价的模型。CAPM 模型与 APT 模型的出现为金融工具的理论定价奠定了基础,也促使了现代金融理论走向成熟。

1973 年,布莱克(Black)和舒尔茨(Scholes)发表了《期权与公司债务定价》。该篇论文推导出期权定价模型,在金融衍生产品发展与应用领域中具有里程碑式的意义。布莱克—舒尔茨模型(Black-Scholes Model,简称 BS 模型)采用了无套利分析方法,构建出衍生品与股票的无风险证券组合。该模型是现代金融理论的突破性成果。同一时期,莫顿、布莱克和舒尔茨又对该模型进行了完善,将模型扩展到无风险利率满足随机性的情况,至此该模型为期权定价作出了重大贡献,并在 1997 年获得了诺贝尔经济学奖。在 BS 模型推出后,学者们又对该模型进行了补充和修正。例如,罗尔(Roll)在 BS 模型基础上,利用连续时间定价法求得看涨期权的定价模型;格莱(Galai)等人研究了期权提前执行时的平价关系。

20 世纪 80 年代后,现代金融理论也出现了大量具有突破性的成果,主要集中于金融市场运作、资本配置效率等宏观方面。具有代表性的有:达莱尔·达菲(Darrell Duffie)证明了金融工程对于宏观经济发展的重要性;海恩·利兰德(Hayne Leland)等人提出金融工程作为新学科的概念。

二、金融工程理论的新发展与演进

20 世纪 90 年代,金融工程作为独立学科开始迅猛发展。在这一时期,公司倒闭的结构性增加、脱媒效应的显现、竞争的白热化、担保能力的下降、金融衍生产品的急剧膨胀、信息技术的飞速发展等因素,促使信用风险成为金融工程领域研究的热点。例如,这一时期出现的 KMV 模型、JP 摩根的风险度量模型等。

21 世纪初,金融工程理论在资产证券化领域得到进一步发展,尤其是次级抵押债务证券引致的次级抵押贷款证券化危机举世瞩目。资产证券化是指以基础资产未来所产生的现金流为偿付支持,通过结构化设计进行信用增级,在此基础上发行资产支持证券(Asset-Backed Securities,ABS)的过程。而次级抵押贷款证券是指以信用等级较低的次级贷款资产为基础资产,经过证券化以后形成的金融工具。其中,美国次级贷款证券化产品对资本市场与金融工程理论、金融风险监管等领域产生了深远的影响。

典型案例1:美国次贷危机引发的系统性金融风险及其传染

在金融自由化、利率不断走低、资产证券化与金融衍生产品市场创新不断发展的背景下,叠加美国历届总统"人人拥有住房"竞选口号的影响,美国部分金融机构开始向信用等级较低的潜在借款人发放贷款,继而形成了与房地产相关的大量次级抵押贷款。机构不满足于现有收益,并积极开展金融衍生产品创新,包括次级抵押贷款证券化产品。次级抵押贷款证券化产品是一种结构化证券,包括高信用等级产品、中间信用等级产品与低信用等级产品。并且,低信用等级产品首先吸收资产池产生的信用违约损失,继而对高信用等级产品与中间信用等级产品形成信用保护。这也是一种提升资产证券化产品信用等级的普遍做法。

然而,美联储自2004年7月开始提高利率以防止通货膨胀。随着利率的提高,次级抵押贷款的借款人还贷负担不断加重。同时,美国住房市场降温,房价下跌(尤其是在2006年)。部分借款人无力还贷,选择违约。这导致资产池中现金流不足,致使与次级贷款证券化产品相关的金融机构出现流动性风险。次贷危机汹涌袭来。

时至今日,美国次贷危机的影响犹在。2022年,为控制美国国内通货膨胀,美联储第七次加息。而2007年美国次贷危机就是美联储自2004年至2006年连续17次加息,引致借款人无力负担高额还款,形成流动性危机,继而导致了次贷危机,造成美国金融体系的系统性危机,并最终发展为全球经济危机。当前,全球经济面临2020年以来暴发的新冠疫情的负面影响,出现衰退迹象。同时,美联储加息并未出现停止的迹象。部分业界与学界人士认为,美联储货币政策持续收紧,可能导致美国经济与全球经济出现衰退,并存在增加全球金融风险的可能。

2008年金融危机发生后,学者们将研究重点转向了系统性风险。如,比斯曼(Bijlsma)将系统性危机发生的概率定义为系统性风险。随后,比利奥(Billio)和阿查里亚(Acharya)等学者对系统性风险的定义、发生机制、传染路径等方面进行了深入研究。我国学者也对此展开了深入研究,如杨子晖(2022)、宫晓莉和熊熊(2020)及王辉(2021)等。

近年来,金融工程理论在经济领域的应用越来越广泛。金融工程理论被应用于农村减贫脱贫、沙漠治理、碳交易、气候风险管理等领域,且发挥出其独有的理论魅力。

典型案例2:金融衍生产品管理农产品价格风险

农产品期货价格保险即农产品"保险+期货"模式,是基于农产品期货市场设定目标价格和到期实际价格,利用期货期权工具设计价格保险合同,赔付目标价格与到期实际市场价格差额的一款保险产品。当农产品价格下跌时,保险公司依据保险合同给予农户赔付,通过购买的看跌期权,将赔付风险转移给期货公司,期货公司在期货市场上卖出数量相同、方向相反的期货合约对冲风险,整个赔付过程结束(见图1-5)。

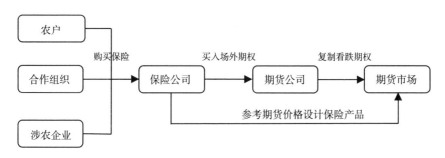

图1-5　农业"保险+期货"模式运行机制

期货期权、农业保险都是农户规避农业生产经营风险的重要金融工具。对于中小农户而言,"保险+期货"通过设定目标价格,帮助农户锁定了一个最低收益,分散农户面临的市场风险。同时,保险公司的参与能够打破期货市场对农户形成的专业壁垒,让普通小农户也能间接参与期货市场。对于保险公司,通过购买期权分散风险,减轻了赔付强度;对于期货市场,保险公司的参与不仅能够抑制期货市场的投机氛围,还能提升其价格发现功能。总之,"保险+期货"模式对原有的价格保险进行创新,借助期货市场转移、分散风险,实现了保险公司、期货公司、农户三方受益。

典型案例3:深度学习应用于量化投资

传统的投资组合模型主要基于CAPM、三因子模型、五因子模型等构建。例如,在三因子模型中,$r_{it} = a_0 + a_1(r_{mt} - r_f) + a_2 smb_{it} + a_3 hml_{it} + \varepsilon_{it}$,其中$r_{it}$代表股票$i$相对于股票市场的超额收益;$smb$代表小盘股组合的收益率与大盘股组合的收益率之间的差;hml代表高账面价值与市场价值比率的资产组合收益率和低账面价值与市场价值比率的资产组合收益率之间的差额。投资者根据三因子模型选择可以获得超额收益的资产作为投资对象。

深度学习被应用于投资之后,资产组合的构建方式发生了变化。投资者可在传统的投资理论基础上进一步地拓展投资组合方法或策略。基于深度学习的投资组合构建方法步骤,如图1-6所示。

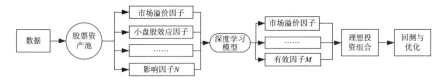

图1-6　基于深度学习的投资组合构建步骤

投资者根据历史数据选择影响股票收益因子,并基于某种深度学习模型对股票资产池进行检验,并得到有效的收益影响因子。在此基础上,投资者可构建满足投资策略要求的投资组合。进一步,投资者可利用历史数据对组合收益进行回测,并进一步优化投资策略与投资组合。

同时,深度学习、知识图谱及计算机视觉技术等核心AI技术应用于金融工程领域。例如,机器学习应用于择时交易策略、金融AI应用于投资组合、深度学习应用于量化投资、知识图谱及计算机视觉技术应用于信用风险评估等。新知识、新理论应用于解决金融工程问题已经成为行业与理论研究的热点,相关实践与理论成果将更加丰富。

典型案例4:金融工程的宏观化:宏观金融工程

宏观金融工程的基本思想是将微观金融工程的有关思想和分析方法应用到宏观层面,以整个经济体、经济部门为研究对象,研究国家整体和部门的金融风险及金融资源的使用状况,并通过金融工具与手段的创新设计与重新组合,金融结构的调整和金融制度的变革,合理有效配置金融资源,增加宏观经济活力,以解决宏观金融风险和经济发展问题(叶永刚,2013)。

叶永刚、宋凌峰、张培(2015)认为,宏观金融工程包括宏观金融资产负债表、宏观金融风险管理和宏观经济资本管理三个方面。其中,宏观金融资产负债表是宏观金融工程研究的基础,宏观金融风险管理和宏观经济资本管理是宏观金融工程研究的主要内容,经济和金融发展是宏观金融工程研究的目标。

宏观金融风险管理方面,宏观金融工程强调构造动态的金融风险管理体系。该体系包括金融风险识别、度量和管理等主要环节,从全球、国家及地区、部门三个层面展开。在风险性质方面,由部门的资产负债表分析可知,宏观金融风险在性质上主要是信用风险。在风险度量方面,编制历史价值资产负债表和市场价值资产负债表,构造出宏观金融风险指数。在风险管理方面,基于经济资本的思想来筹集和配置风险准备金。在经济金融风险加大和金融体系快速变革的时期,宏观金融工程的研究有利于建立结构化的系统性风险管理体系。

金融支持经济发展方面,金融工程可以具体化为产业金融工程和县域金融工程,通过金融与产业和县域的对接来实现金融与实体经济的结合,使用金融杠杆撬动资源的合理流动与配置,推动产业和区域的转型与升级。就产业金融工程而言,综合运用成本收益分析方法、积木分析法、无套利分析法等,进行产业价值链分析、资金运作与风险管理,实现产业的价值增值。就县域金融工程而言,以县域金融资源为支撑,在区域和产业内充分整合和配置各类资源和要素,形成以金融资源为主导、各类生产要素充分发挥作用的经济金融体系,做大做强核心产业和龙头企业,促进县域经济实现跨越式发展。

思　考　题

1.试述金融衍生产品在金融市场中的功能,并给出相关案例。

2.在实际的交易过程中,远期与期货对于投资者而言有何区别?根源是什么?

3.对于利率互换,是否可以使用本章以外的方法对其定价?并说明原理和过程。

4.相比于期货的风险收益结构,期权的风险收益结构有什么特点?这对使用期权合约管理市场风险会产生怎样的影响?

5.将金融工程理论应用于解决宏观经济金融问题,这一理论应用探索对你产生了哪些启发?

第二章　金融工程方法基础

第一节　无套利分析法

我们将从一般的市场结构出发,在最少的假设下,探究一般性的结论。首先,对一般的市场结构进行描述,并引入完全市场的概念。其次,讨论套利的几种可能类型。最后,我们讨论市场达到均衡时证券的无套利价格确定。

一、假设与定义

为了描述一般的证券市场结构,首先需要对金融市场特征进行假设,我们后面讨论的证券市场都是满足下面三条假设条件的:(1)市场不存在摩擦,即金融市场不存在佣金、买卖价差和税负等交易成本,不需要缴纳保证金,也没有卖空限制。(2)市场不存在违约风险。也就是说,市场上交易的任何金融产品均不存在合约方违约的可能。(3)市场是完全竞争的,即金融市场上任何一位参与者都是价格的接受者,不能影响甚至操控金融产品的价格。

然后需要对时间进行描述。假设有两个时间点——现在和未来。记时间为 t,它取两个值——0 与 T,分别表示现在和未来。未来具有不确定性,可能会发生不同的情形。我们将未来的每种可能情形定义为一个状态,用 $\omega(\omega = 1, \cdots, N; \omega \in \Omega)$ 表示,其中 Ω 表示所有可能的状态集合。假设证券在未来出现状态 ω 的概率为 p_ω，因此有 $\sum_{\omega=1}^{N} p_\omega = 1$，且 $0 < p_\omega \le 1$。

1. 定义

证券市场的任一证券在时点 T 可以给其持有者带来回报，回报的数量依赖于未来时点的市场状态。令 x_ω 表示该证券在状态 ω 下的回报，其中 $\omega \in \Omega$，并假设在时点 0 与 T 之间不会产生现金收益，于是，我们用未来时点各种可能状态下的回报来定义一只证券。即，我们可以用一个向量 $X_T = [x_1, x_2, \cdots, x_N]$ 来定义一只证券。

2. 市场结构与证券组合

假设证券市场中总共有 M 只有价证券，第 j 只（$j = 1, 2, \cdots, M$）证券在时点 T 的回报由列向量 $X_j = [x_{1,j}, \cdots, x_{\omega,j}, \cdots, x_{N,j}]^T$ 表示。于是，证券市场中所有有价证券在时点 T 的回报可以用如下矩阵 X 定义，并称此回报矩阵为证券市场结构。

$$X = [X_1, \cdots, X_j, \cdots, X_M] = \begin{bmatrix} x_{1,1} & \cdots & x_{1,j} & \cdots & x_{1,M} \\ \vdots & \ddots & \vdots & \ddots & \vdots \\ x_{\omega,1} & \cdots & x_{\omega,j} & \cdots & x_{\omega,M} \\ \vdots & \ddots & \vdots & \ddots & \vdots \\ x_{N,1} & \cdots & x_{N,j} & \cdots & x_{N,M} \end{bmatrix} \quad (2-1)$$

假设某投资者持有一证券组合，证券组合中 M 只证券在时点 0 的价格向量和数量向量分别为 $S_0 = [S_{01}, S_{02}, \cdots, S_{0M}]$ 和 $N(S_0) = [n_1(S_0), n_2(S_0), \cdots, n_M(S_0)]$。则该证券组合在时点 0 的价值为 $S_0 N(S_0)^T$，在时点 T 的回报向量为 $X N(S_0)^T$。$N(S_0)$ 可以取 R^M（R^M 为 M 维实向量空间）中的任一点，若 $n_j(S_0) < 0$（$j = 1, 2, \cdots, M$）表示做空证券 j。

例 2.1 假定市场中存在一类证券，其在状态 ω 时回报为 1，其他状态下回报为 0，那么，由该类证券所构成的市场结构是何种状态？

解：我们通常将状态为 ω 时回报为 1，其他状态下回报为 0 的证券（$\omega \in \Omega$）称为状态未定权益，也称之为 Arrow-Debreu 证券。由所有可

能的状态 ω 未定权益($\omega \in \Omega$)构成的证券市场称之为 Arrow-Debreu 证券市场。在这个市场中,不同证券的个数等于可能的状态数。按照对应的状态来排列状态未定权益,就得到它们的支付矩阵,即市场结构,这是一个单位矩阵。

$$X^{AD} = \begin{bmatrix} 1 & \cdots & 0 & \cdots & 0 \\ \vdots & \ddots & \vdots & \ddots & \vdots \\ 0 & \cdots & 1 & \cdots & 0 \\ \vdots & \ddots & \vdots & \ddots & \vdots \\ 0 & \cdots & 0 & \cdots & 1 \end{bmatrix} = I \qquad (2-2)$$

Arrow-Debreu 证券的未来回报是相互独立的,且该市场结构中具有独立回报的证券数等于状态数,此时的证券市场是完全的。

二、套利

若一证券或证券组合,满足下列条件之一,就会给市场参与者提供套利机会。

(1) $S_0 N(S_0)^T < 0$, 且 $X N(S_0)^T = 0$

(2) $S_0 N(S_0)^T = 0$, 且 $X N(S_0)^T > 0$ $\qquad (2-3)$

(3) $S_0 N(S_0)^T < 0$, 且 $X N(S_0)^T > 0$

条件(1)、(2)、(3)对应的套利,我们分别称之为第一类、第二类和第三类套利。对于第一类套利,市场参与者的组合初始构建成本为负,即得到组合的同时有正的现金流入,而在 T 时点的任何可能状态下的净现金流量均为0。第一类套利者未来不需要承担任何风险就可以实现当前的正回报。第二类套利中,市场参与者的初始投资为0,未来却可以获得正的回报,即未来任何状态下回报非负且在某些状态下回报严格为正。这类套利对应的投资组合,通常称之为套利组合。第二类套利者未来的回报是不确定的,但没有不利情形发生,即不会发生净现金流出。第三类套利可以看作是第一类套利和第二类套利的组合。

例 2.2 证券市场上存在 3 只有价证券 A、B 和 C,它们的价格和回报如下：

$$S_0 = [s_{0A}, s_{0B}, s_{0C}] = [3, 1, 1]$$

$$X_{.A} = [4, 3, 3]^T$$

$$X_{.B} = [1, 0, 0]^T \qquad (2-4)$$

$$X_{.C} = [0, 1, 1]^T$$

因此，回报矩阵为 $X = \begin{bmatrix} 4 & 1 & 0 \\ 3 & 0 & 1 \\ 3 & 0 & 1 \end{bmatrix}$。

首先考虑如下组合：$N_1(S_0) = [1, -4, -3]$，即：卖空 4 单位证券 B 和 3 单位证券 C，同时买入 1 单位证券 A。

该组合在 0 时点的投资成本为 $S_0 N_1(S_0)^T = [3, 1, 1]$ $[1, -4, -3]^T = -4$，即在 0 时点有正的现金流入；该组合在时点 T 的回报为：

$$X N_1(S_0)^T = \begin{bmatrix} 4 & 1 & 0 \\ 3 & 0 & 1 \\ 3 & 0 & 1 \end{bmatrix} [1, -4, -3]^T = \begin{bmatrix} 0 \\ 0 \\ 0 \end{bmatrix} \qquad (2-5)$$

因此，这属于第一类套利，存在此类套利机会的原因是未来回报相同的证券当前价格不同。为了更好地理解存在此类套利机会的原因，考虑由 4 单位证券 B 和 3 单位证券 C 构成的资产组合，此时：

$$N_2(S_0) = [0, 4, 3], \; X N_2(S_0)^T = \begin{bmatrix} 4 & 1 & 0 \\ 3 & 0 & 1 \\ 3 & 0 & 1 \end{bmatrix} [0, 4, 3]^T = \begin{bmatrix} 4 \\ 3 \\ 3 \end{bmatrix} \qquad (2-6)$$

$$S_0 N_2(S_0)^T = [3, 1, 1] [0, 4, 3]^T = 7$$

该资产组合与 1 单位证券 A 在未来时点 T 的回报完全相同，而该组合当前的价格为 7 不等于 1 单位证券 A 的当前价格 3，因此，卖空该资产组合即卖空 4 单位证券 B 和 3 单位证券 C，同时买入 1 单位证券 A，就可以实现第一类套利，也就是说，当前有正回报为 4，未来的净回报为 0。

接下来考虑另一个证券组合：$N_3(S_0) = [1, 0, -3]$，即：卖空 3 单位

证券 C,同时买入 1 单位的证券 A。该组合在时点 0 的投资成本为
$S_0 N_3(S_0)^T = [3,1,1] [1,0,-3]^T = 0$;该组合在 T 时点的回报为:

$$X N_3(S_0)^T = \begin{bmatrix} 4 & 1 & 0 \\ 3 & 0 & 1 \\ 3 & 0 & 1 \end{bmatrix} [1,0,-3]^T = \begin{bmatrix} 4 \\ 0 \\ 0 \end{bmatrix} \qquad (2-7)$$

这属于第二类套利:当前没有花费任何成本,未来的回报要么是 0,要么是 4。

三、无套利定价原理

给定回报矩阵,证券价格就不能是任意的,否则就会产生套利空间。在例 2.2 中,如果市场参与者以 1∶3 的比例买入证券 A 并卖空证券 C,那么他就能够实施第二类套利。市场上此类套利者大量出现,证券 A 的价格将会上升,同时使得证券 C 的价格下降,直到套利机会消失为止。因此,存在套利机会的证券价格不可能是证券市场均衡的结果,也就是说,在均衡的证券市场中不存在套利机会。

根据前述分析,我们不难得出无套利原理的核心结论:若两个证券或证券组合在未来具有相同的回报,那么它们当前的价值必然相等。

我们可以根据无套利原理对各种金融资产进行定价,另外,无套利原理意味着存在一个可为所有有价证券定价的状态价格向量。一般来说,这样的价格向量不止一个。但在一个完全的证券市场中,状态价格向量是唯一的。

第二节 积木分析法

费希尔·布莱克曾说:"你可以用金融衍生产品来构建任何你想要的收益结构。只要你能把这个收益结构画在纸上或是用语言文字来描述,就有人能设计出一种金融衍生产品来提供这样的收益结构。"这说明在金融工程领域,产品的组合分解技术是十分重要的,不论是理论界还是

实务界。在金融工程思想和技术所涉及的各个环节中,经常需要用到分解组合技术的一种工具——积木分析法。积木分析法又叫模块分析法,是指将各种金融工具进行分解、组合或整合,以解决金融财务问题的方法。积木分析法是分解组合或整合技术的具体化。

分解、组合与整合技术是金融工程的一种核心技术。它将各种基础金融工具看作积木,采用各种不同的方式搭建起来,创造出具有特殊流动性和收益与风险特性的新型金融产品,并以此来满足客户的需要。现有的金融工具可以通过"剥离"等分解技术分解其收益与风险,从而在金融市场上实现收益与风险的转移以及重新配置金融资产的功效。

分解技术主要是在既有金融工具基础上,通过拆分风险进行结构分解,使其风险因素与原工具分离,从而创造出若干新型金融工具,以满足不同偏好投资人的需求。组合技术主要是在同一类金融工具或产品之间进行搭配,通过构造对冲头寸规避或抑制风险暴露,以满足不同风险管理者的需求。整合技术主要是在不同种类的金融工具之间进行融合,使其形成具有特殊作用的新型混合金融工具,以满足投资人或发行人的多样化需求。组合、分解和整合技术在本质上是"复制"技术,即无套利均衡分析的具体化,都具有灵活、多变和应用面广的优点。

所谓"积木"是一种比喻的说法,就像儿童拿着不同的积木或用不同的摆法创造出神奇的"建筑物",金融工程师运用"金融积木箱"中的积木解决金融中的现实问题。"金融积木箱"中的积木是各种现有的金融工具和金融手段,其中最主要的工具是目前大量涌现的衍生证券工具,如远期、期货、互换、期权等。无论多么复杂的金融产品和工具,都可以分解成各种基本的金融工具,它们是各种基本工具的组合。

积木分析法主要借助图形、公式来分析损益—风险关系以及金融工具之间的组合分解关系。由于期权种类较多,回报曲线种类繁多,因此积木分析法常用在期权产品的分析中,但较少有利用积木分析法对互换产品和单只期权进行分解组合,后文中将按照单一产品的分解组合→产品与产品的分解组合的逻辑,对积木分析法展开详细介绍。

一、互换的组合与分解

互换是指交易的当事人,在合约有效期内,按照约定的频率和金额交换一系列现金流的合约。在互换交易中,占场外衍生产品比重最大的是利率互换,在此以利率互换为例介绍互换的组合与分解。

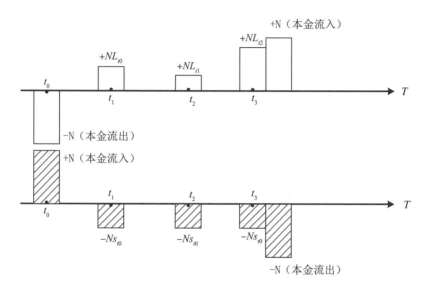

图 2-1　利率互换的现金流

图 2-1 刻画了利率互换合约的现金流。首先在期初有本金的交换;其次在付息日有利息的交换;最后在期末有本金的再次交换。由于利率互换过程中仅有一种货币进行参与,故本金是名义本金,在实际交易过程中不参与交换,同时在进行利息交换的过程中,仅需要净额结算即可。

当本金不发生实质性交换时,可将互换合约现金流分成上下两个部分分别考察。如图 2-2 上半部分所示,每期所产生的利息均不相同,故现金流类似于浮动利率债券所产生的现金流;如图 2-2 下半部分所示,每期所产生的利息均相同,故现金流类似于固定利率债券所产生的现金流。故利率互换可以分解为浮动利率债券与固定利率债券的组合。

利率互换合约不仅可以按照债券进行分解,还可按远期合约进行分

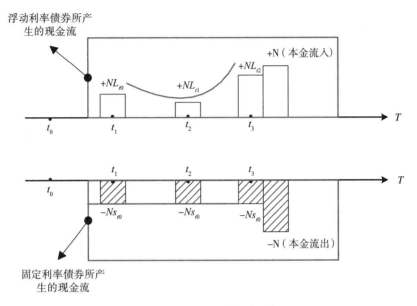

图 2-2　互换合约的债券分解

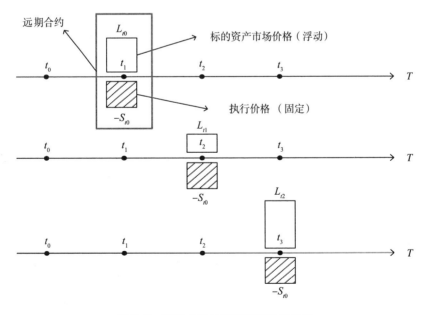

图 2-3　互换合约的远期利率协议分解

解。将图 2-1 中所刻画的现金流按照时点进行组合,见图 2-3。在每一个时点处,既产生浮动利息又产生固定利息,可将浮动利息视为远期合约中的标的资产到期价格,可将固定利息视为远期合约中的执行价格,故利率互换可以分解为远期合约的组合,并且是多个远期利率协议的组合。

二、期权的组合与分解

与互换相同,期权也可以依据自身的性质对其利用积木分析法进行分解组合。在此主要考察远期合约多头与欧式看涨期权合约①的关系。

思路一:在不考虑期权时间价值的情况下,欧式看涨期权多头与远期合约多头的唯一区别就是期权在缴纳期权费之后只有权力没有义务,假定远期市场中不存在套利机会,则远期合约多头的价值为 $f = e^{-rT}(F - K)$。对于欧式看涨期权多头合约而言,当远期合约多头价值为正时,期权多头所具有同样的价值;当远期合约多头价值为负时,投资者放弃行权,期权多头的价值为零。由此可见,期权合约可分解为远期合约+是否行权的权利。

思路二:基于欧式看涨期权定价公式 $c = SN(d_1) - Ke^{-rT}N(d_2)$ 和远期合约多头定价公式 $f = S - Ke^{-rT}$ 可以发现,远期合约价值与期权合约价值的差异在 $N(d_1)$ 和 $N(d_2)$,而 $N(d_1)$ 和 $N(d_2)$ 的本质是不同概率测度下看涨期权的行权概率②。由此可见,期权合约可分解为远期合约+是否行权的权利。

三、标的资产与期权的组合

在积木分析法中,到期损益图是分析过程中常见的工具,通过损益图可以直观地看到各种金融资产的收益特征,便于各种金融资产的分解与组合。在此将通过绘制标的资产与期权的到期损益图,来进一步揭示标的资产与期权组合后的收益特征。

---

① 如无特殊说明,远期合约与欧式期权合约的标的资产、到期期限、执行价格均相同。

② 详见第三篇第九章鞅方法。

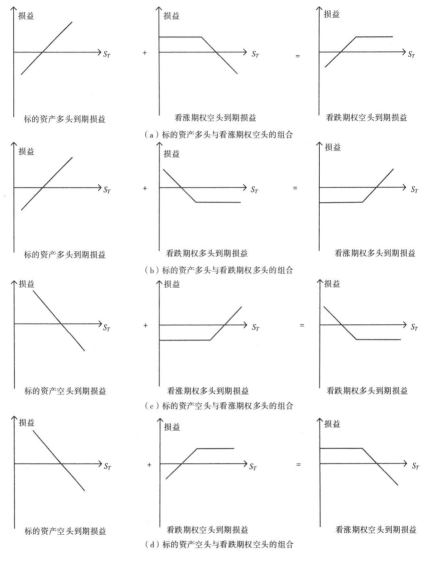

图 2-4　标的资产与期权的组合

由图 2-4 可以发现,图 2-4(a)刻画了标的资产多头+看涨期权空头组合的损益,该组合也被称为备兑看涨期权空头①,或有担保的看涨期权

①　备兑仓的持有者通常是持有现货资产的。

空头。图 2-4(c)刻画了标的资产空头+看涨期权多头组合的损益,可见图 2-4(a)与图 2-4(c)头寸方向相反,故当行权价相同时,两组合收益关于 X 轴对称。图 2-4(b)与图 2-4(d)所构造的组合,在行权价相同时到期损益正好相反。

四、期权与期权的组合

1. 看跌期权的构造

1973 年芝加哥期权交易所(CBOE)成立,标志场内期权的诞生,但在1973 年场内交易的期权品种只有看涨期权,直到 1977 年看跌期权才正式进行场内交易,但在此期间,如果投资者对看跌期权具有投资需求,是否就不能如愿获利呢? 其实,聪明的投资者利用市场中的看涨期权、标的资产以及无风险债券已经构造出与看跌期权相同的损益,如图 2-5所示。

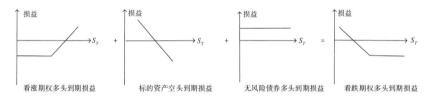

图 2-5　看跌期权的构造

2. 线性产品的构造

期权是典型的非线性金融产品,但期权的组合却可以构造出线性产品来,如图 2-6 所示,看涨期权多头+看跌期权空头=远期(期货)多头,便于投资者在市场中进行低成本①的套期保值和风险对冲。

3. "看多型"组合的构造

在"看多型"组合中,最为基础的组合为牛市差价组合。该组合通常适用于市场行情小幅上涨的走势,既可以利用看涨期权作为构建材料,也

---

① 由于相同标的资产的期权费远低于期货保证金,因此期权的杠杆率明显高于期货,利用较低成本完成相应交易。

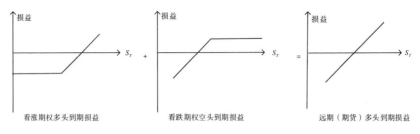

图 2-6　线性产品的构造

可以利用看跌期权作为构建材料。通过组合的构建,在小幅上涨的走势中,能够采用更少的投入获得相应的损益,或者为投机交易提供保险策略。具体损益如图 2-7 所示。

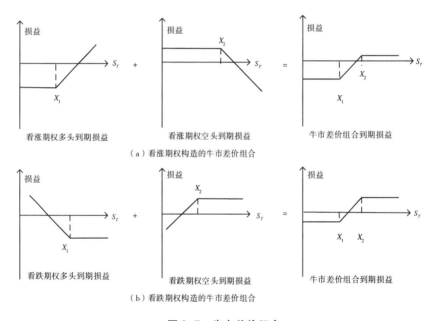

（a）看涨期权构造的牛市差价组合

（b）看跌期权构造的牛市差价组合

图 2-7　牛市差价组合

4. "看空型"组合的构造

在"看空型"组合中,最为基础的组合为熊市差价组合。该组合通常适用于市场行情小幅下跌的走势,既可以利用看涨期权作为构建材料,也可以利用看跌期权作为构建材料。通过组合的构建,在小幅下跌的走势中,能够采用更少的投入获得相应的损益,或者为投机交易提供保险策略。具体损益如图2-8所示。

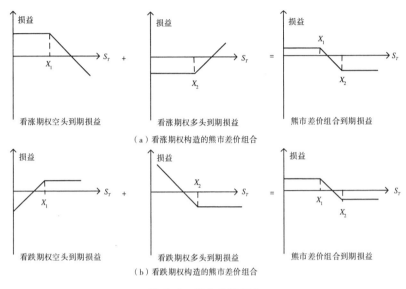

看涨期权空头到期损益　　＋　　看涨期权多头到期损益　　＝　　熊市差价组合到期损益

（a）看涨期权构造的熊市差价组合

看跌期权空头到期损益　　＋　　看跌期权多头到期损益　　＝　　熊市差价组合到期损益

（b）看跌期权构造的熊市差价组合

图2-8　熊市差价组合

5. "多空型"组合的构造

"多空型"组合的优势是带有双向盈利性,因此投资者无须判断后市的具体走向,仅需要判断后市的波动情况,当判断后市波动幅度较小时,此时投资者可以采用一些"顶"式策略,而当判断后市波动幅度较大时,此时投资者可以采用一些"底"式策略,无论采用何种策略,投资者都无须判断后市的涨跌方向,因此受到部分投资者青睐。下面将分别介绍"顶"式策略和"底"式策略。

由图2-9可以发现,"多空型"策略中的"顶"式策略通常适用于市场行情处于小幅波动的情况,但无须投资者判断行情具体变动方向。"顶"式组合通常由看涨期权和看跌期权共同组成,为了出现"顶"部,跨式和宽跨式均由空头头寸组成,而蝶式则由多头和空头共同组成,在保证"顶"出现的同时也保证了蝶翅的出现。

由图2-10可以发现,"多空型"策略中的"底"式策略通常适用于市

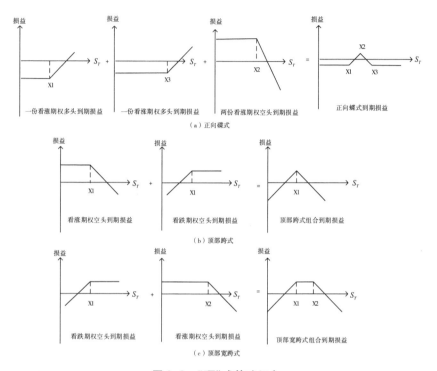

图 2-9　"顶"式策略组合

场行情处于较大幅波动的情况,但无须投资者判断行情具体变动方向。"底"式组合通常由看涨期权和看跌期权共同组成,为了出现"底"部,跨式和宽跨式均由多头头寸组成,而蝶式则由多头和空头共同组成,在保证"底"出现的同时也保证了蝶翅的出现。

五、结构化产品的组合与分解

结构化产品种类繁多,特别是场外期权在结构化产品中的广泛应用使其类型不胜枚举,在此仅以某理财产品①为例来说明结构化产品的组合与分解问题。由该产品的产品说明书可知以下信息②:

情景一:若上海金现货合约定盘价格在观察期内曾经高于高障碍价格

① 该产品的详细介绍参见第十章第二节结构化产品定价。
② 每收益计算单位理财收益按照四舍五入法精确到小数点后两位。

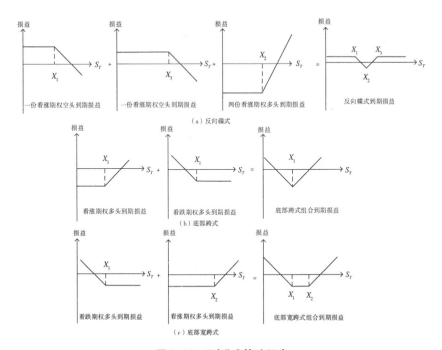

图 2-10 "底"式策略组合

或低于低障碍价格,或期末结算日与期初日价格完全一致,则理财收益率为 3.20%(年化),在此情况下,每收益计算单位理财收益的计算公式为:

每收益计算单位理财收益 = 收益计算单位份额×理财收益率×理财计划期限÷365

情景二:若上海金现货合约定盘价格在观察期内均小于或等于高障碍价格,且跌幅未超过低障碍价格,且上海金现货合约期末价格高于或等于执行价格,则理财收益率(年化)为:

理财收益率(年化)= 3.20%+上参与率×(上海金现货合约表现)

其中,上海金现货合约表现 =(期末价格−执行价格)÷期初价格×100%,理财收益率按照舍位法精确到小数点后两位。

在此情况下,每收益计算单位理财收益的计算公式为:

每收益计算单位理财收益 = 收益计算单位份额×理财收益率×理财计划期限÷365

情景三:若上海金现货合约定盘价格在观察期内均大于或等于低障碍价格,且涨幅未超过高障碍价格,且上海金现货合约期末价格低于执行价格,则理财收益率(年化)为:

理财收益率(年化)=3.20%+下参与率×(上海金现货合约表现)

其中,上海金现货合约表现=(执行价格-期末价格)÷期初价格×100%,理财收益率按照舍位法精确到小数点后两位。

在此情况下,每收益计算单位理财收益的计算公式为:

每收益计算单位理财收益=收益计算单位份额×理财收益率×理财计划期限÷365

基于上述信息可发现,该产品到期损益可由图 2-11 来表示:

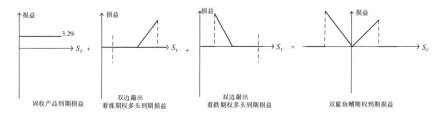

图 2-11　产品到期损益图

第三节　伊藤过程与伊藤引理

一、伊藤过程(Itô Process)

如果 $\int_0^t |a_s| ds < \infty$，$E\left(\int_0^t b_s^2 ds\right) < \infty$ 成立，且 $dX_t = a_t(\cdot)dt + b_t(\cdot)dB_t$，则称 X_t 服从伊藤过程。

其中，$dB_t = \varepsilon\sqrt{dt}$ 是维纳过程[①]；$a_t(\cdot)$、$b_t(\cdot)$ 是函数形式，且形式具

[①]　标准布朗运动(或维纳过程)、普通布朗运动的具体性质等内容可参见随机过程相关的文献资料。

有一般性特点。因此,伊藤过程可以刻画随机过程更加丰富的性质和特征。

在金融学的研究中,通常将标的资产价格变动过程所服从的随机过程用如下微分方程进行表示:

$$dX_t = a(X_t, t)dt + b(X_t, t)dB_t \qquad (2-8)$$

因此,式(2-8)也是金融分析中最为常见的一类伊藤过程,用以刻画标的资产价格变动所服从的随机过程。

其中,$a(X_t, t)$ 代表随机变量 X_t 单位时间内变化的期望,$b(X_t, t)$ 代表随机变量 X_t 单位时间内变化的标准差。

二、伊藤引理(Itô Lemma)

在衍生品的研究中,一般认为衍生品价格与标的资产价格和时间具有十分紧密的关系,而标的资产价格变动可由伊藤过程来表示,那么衍生品价格变动将如何表示? 此时需要借助其他的数学工具——伊藤引理。

1. 伊藤引理 1

假定某随机变量 X 的变化可由伊藤过程刻画:

$$dX = a(X, t)dt + b(X, t)dB \qquad (2-9)$$

令 $f(X, t)$ 表示为随机变量 X 和时间 t 的二元函数,此时可将 $f(X, t)$ 看作是标的资产 X 的一个衍生产品。该衍生品价格变动过程可表示如下:

$$df = \left(\frac{\partial f}{\partial t} + \frac{\partial f}{\partial X}a + \frac{1}{2}\frac{\partial^2 f}{\partial X^2}b^2 \right)dt + \left(\frac{\partial f}{\partial X}b \right)dB \qquad (2-10)$$

其中,$f = f(X, t)$,$a = a(X, t)$,$b = b(X, t)$

证明:

将式(2-9)改写为离散形式:

$\Delta X = a(X, t)\Delta t + b(X, t)\Delta B$,其中 $\Delta B = \varepsilon\sqrt{\Delta t}$

对 $f(X, t)$ 在 (X_0, t_0) 点进行泰勒展开

$$f(X, t) = f(X_0, t_0) + \frac{\partial f}{\partial X}\Delta X + \frac{\partial f}{\partial t}\Delta t + \frac{1}{2}\frac{\partial^2 f}{\partial X^2}\Delta X^2 +$$

$$\frac{1}{2}\frac{\partial^2 f}{\partial t^2}\Delta t^2 + \frac{\partial^2 f}{\partial X \partial t}\Delta X \Delta t + \cdots$$

当 $\Delta t \to 0$ 时，$\Delta X \Delta t = dX \times dt \to 0$，$\Delta t^2 = dt \times dt \to 0$，并且其他高次项均可视为 0。

$$\begin{aligned}
\Delta X^2 &= dX \times dX \\
&= [adt + bdB] \times [adt + bdB] \\
&= b^2 dBdB \\
&= b^2 \varepsilon^2 dt \to b^2 dt
\end{aligned} \qquad (2-11)$$

进一步整理泰勒展开式可得：

$$f(X,t) - f(X_0,t_0) = \frac{\partial f}{\partial X}\Delta X + \frac{\partial f}{\partial t}\Delta t + \frac{1}{2}\frac{\partial^2 f}{\partial X^2}\Delta X^2$$

$$\Rightarrow df = \frac{\partial f}{\partial X}(adt + bdB) + \frac{\partial f}{\partial t}dt + \frac{1}{2}\frac{\partial^2 f}{\partial X^2}b^2 dt \qquad (2-12)$$

$$= \left(\frac{\partial f}{\partial t} + \frac{\partial f}{\partial X}a + \frac{1}{2}\frac{\partial^2 f}{\partial X^2}b^2\right)dt + \frac{\partial f}{\partial X}bdB$$

证毕。

2. 伊藤引理 2

假设随机变量 X_1 和 X_2 服从如下随机过程：

$$dX_1 = a_1(X_1,t)dt + b_1(X_1,t)dB_1$$

$$dX_2 = a_2(X_2,t)dt + b_2(X_2,t)dB_2$$

令 $f = f(X_1,X_2,t)$，则 f 满足如下随机过程：

$$df = \left(\frac{\partial f}{\partial t} + \frac{\partial f}{\partial X_1}a_1 + \frac{\partial f}{\partial X_2}a_2 + \frac{1}{2}\frac{\partial^2 f}{\partial X_1^2}b_1^2 + \frac{1}{2}\frac{\partial^2 f}{\partial X_2^2}b_2^2 + \frac{\partial^2 f}{\partial X_1 \partial X_2}\rho_{12}b_1 b_2\right)dt$$

$$+ \left(\frac{\partial f}{\partial X_1}b_1 dB_1 + \frac{\partial f}{\partial X_2}b_2 dB_2\right) \qquad (2-13)$$

证明：

对 $f(X_1,X_2,t)$ 在 (X_{10},X_{20},t_0) 处进行泰勒展开

$$f(X_1,X_2,t) = f(X_{10},X_{20},t_0) + \frac{\partial f}{\partial X_1}\Delta X_1 + \frac{\partial f}{\partial X_2}\Delta X_2 + \frac{\partial f}{\partial t}\Delta t$$

$$+ \frac{1}{2} \frac{\partial^2 f}{\partial X_1^2} \Delta X_1^2 + \frac{1}{2} \frac{\partial^2 f}{\partial X_2^2} \Delta X_2^2 + \frac{1}{2} \frac{\partial^2 f}{\partial t^2} \Delta t^2$$

$$+ \frac{\partial^2 f}{\partial X_1 \partial X_2} \Delta X_1 \Delta X_2 + \frac{\partial^2 f}{\partial X_1 \partial t} \Delta X_1 \Delta t + \frac{\partial^2 f}{\partial X_2 \partial t} \Delta X_2 \Delta t + \cdots$$

$$(2-14)$$

其中，

$$\Delta X_1 \Delta X_2 = dX_1 \cdot dX_2$$
$$= [a_1 dt + b_1 dB_1] \cdot [a_2 dt + b_2 dB_2]$$
$$= b_1 b_2 dB_1 dB_2$$
$$= b_1 b_2 \varepsilon_1 \varepsilon_2 dt \rightarrow \rho_{12} b_1 b_2 dt \qquad (2-15)$$

借鉴伊藤引理 1 的证明过程，对式（2-14）泰勒展开结果进行整理可得：

$$f(X_1, X_2, t) - f(X_{10}, X_{20}, t_0) = \frac{\partial f}{\partial X_1} dX_1 + \frac{\partial f}{\partial X_2} dX_2 + \frac{\partial f}{\partial t} dt$$

$$+ \frac{1}{2} \frac{\partial^2 f}{\partial X_1^2} dX_1^2 + \frac{1}{2} \frac{\partial^2 f}{\partial X_2^2} dX_2^2 + \frac{\partial^2 f}{\partial X_1 \partial X_2} dX_1 dX_2$$

$$(2-16)$$

整理后可得：

$$df = \frac{\partial f}{\partial X_1}(a_1 dt + b_1 dB_1) + \frac{\partial f}{\partial X_2}(a_2 dt + b_2 dB_2) + \frac{\partial f}{\partial t} dt$$

$$+ \frac{1}{2} \frac{\partial^2 f}{\partial X_1^2}(a_1 dt + b_1 dB_1)^2 + \frac{1}{2} \frac{\partial^2 f}{\partial X_2^2}(a_2 dt + b_2 dB_2)^2$$

$$+ \frac{\partial^2 f}{\partial X_1 \partial X_2}(a_1 dt + b_1 dB_1)(a_2 dt + b_2 dB_2)$$

$$= \left(\frac{\partial f}{\partial t} + \frac{\partial f}{\partial X_1} a_1 + \frac{\partial f}{\partial X_2} a_2 + \frac{1}{2} \frac{\partial^2 f}{\partial X_1^2} b_1^2 + \frac{1}{2} \frac{\partial^2 f}{\partial X_2^2} b_2^2 + \frac{\partial^2 f}{\partial X_1 \partial X_2} \rho_{12} b_1 b_2 \right) dt$$

$$+ \left(\frac{\partial f}{\partial X_1} b_1 dB_1 + \frac{\partial f}{\partial X_2} b_2 dB_2 \right) \qquad (2-17)$$

证毕。

通过对伊藤引理 1 和伊藤引理 2 的介绍，我们可以发现，伊藤引理 1

可以用来研究影响因素是一维随机变量和时间的衍生产品定价过程,伊藤引理 2 可以用来研究影响因素是二维随机变量和时间的衍生产品定价过程,并且将伊藤引理 2 扩展到更高维的情形,用以研究衍生品价格受多维随机变量和时间共同影响的情况。

例 2.3 假设伦敦铜期货价格满足以下随机过程,$\dfrac{dF}{F} = \mu_F dt + \sigma_F dB_1$,人民币兑美元①汇率满足以下随机过程 $\dfrac{dX}{X} = \mu_X dt + \sigma_X dB_2$,令 $f = f(F, X, t) = FX$ 为以人民币计价的伦敦铜期货价格。求解以人民币计价的伦敦铜期货价格 f 满足的随机过程。

解:利用伊藤引理 2 求解 f 所满足的随机过程

$$df = \left(\frac{\partial f}{\partial t} + \frac{\partial f}{\partial X_1} a_1 + \frac{\partial f}{\partial X_2} a_2 + \frac{1}{2} \frac{\partial^2 f}{\partial X_1^2} b_1^2 + \frac{1}{2} \frac{\partial^2 f}{\partial X_2^2} b_2^2 + \frac{\partial^2 f}{\partial X_1 \partial X_2} \rho_{12} b_1 b_2 \right) dt + \left(\frac{\partial f}{\partial X_1} b_1 dB_1 + \frac{\partial f}{\partial X_2} b_2 dB_2 \right)$$

其中,$\dfrac{\partial f}{\partial t} = 0, \dfrac{\partial f}{\partial X_1} = \dfrac{\partial f}{\partial F} = X, \dfrac{\partial f}{\partial X_2} = \dfrac{\partial f}{\partial X} = F, \dfrac{\partial^2 f}{\partial F^2} = \dfrac{\partial^2 f}{\partial X^2} = 0, \dfrac{\partial^2 f}{\partial F \partial X} = 1$

代入整理得到:

$$\frac{df}{f} = (\mu_F + \mu_X + \sigma_{FX}) dt + \sigma_F dB_1 + \sigma_X dB_2,其中,\sigma_{FX} = \rho_{FX} \sigma_F \sigma_X。$$

三、标的资产的价格变化过程

1. 几何布朗运动过程

假定某标的资产价格服从如下随机过程:

$$dS_t = \mu S_t dt + \sigma S_t dB_t \qquad (2-18)$$

则可按照伊藤过程的定义对式(2-18)进一步分析:其中 $a(X_t, t) = \mu S_t$,表示资产价格单位时间内②变化的期望,即 $E(\Delta S_t) = \mu S_t$;$b(X_t, t) =$

---

① 伦敦铜期货以美元计价。
② 单位时间是指时间间隔 $\Delta t = 1$。下同。

σS_t,表示资产价格单位时间内变化的标准差,即 $\sqrt{\text{var}(\Delta S_t)} = \sigma S_t$。

式(2-18)所表示的标的资产价格变化过程也可改写成标的资产收益率过程:

$$\frac{dS}{S} = \mu dt + \sigma dB \text{ ①} \qquad (2-19)$$

其中,$\dfrac{dS}{S}$ 表示价格的百分比收益率;μ 表示价格百分比收益率单位时间内的期望;σ 表示价格百分比收益率单位时间内的标准差。

式(2-19)也是在金融分析过程中经常用到的一种定义——**几何布朗运动**。在金融衍生产品的分析和应用过程中,通常利用几何布朗运动来刻画标的资产的价格变化过程,一方面与实际市场保持一致,保证标的资产价格为正;另一方面,在标的资产服从几何布朗运动的假设下,可以证明出标的资产连续复利收益率服从正态分布,与实际数据拟合程度较好。

2. 对数价格变化过程

令标的资产价格服从几何布朗运动,如式(2-18)所示,则 $\ln S$ 表示对数价格,其变化过程可表示如下:

$$d\ln S = \left(\mu - \frac{1}{2}\sigma^2\right) dt + \sigma dB \qquad (2-20)$$

证明:设 $f = \ln S$,利用伊藤引理1,首先求解相关偏微分:

$$\frac{\partial f}{\partial t} = 0, \frac{\partial f}{\partial S} = \frac{1}{S}, \frac{\partial^2 f}{\partial S^2} = -\frac{1}{S^2} \qquad (2-21)$$

将上述偏微分代入式(2-10)伊藤引理1中,可得:

$$d\ln S = \left(0 + \frac{1}{S}\mu S - \frac{1}{2S^2}\sigma^2 S^2\right) dt + \frac{1}{S}\sigma S dB$$

$$= \left(\mu - \frac{1}{2}\sigma^2\right) dt + \sigma dB \qquad (2-22)$$

证毕。

---

① 为了便于分析,在此将下脚标 t 省略,其对分析结果不产生影响。下同。

由式（2-22）可知，对数收益率 $d\ln S$ 服从正态分布，其单位时间内的期望为 $\left(\mu - \dfrac{1}{2}\sigma^2\right)$，单位时间内的方差为 σ^2，且方差与百分比收益率的方差相同。鉴于此，可将 $d\ln S$ 的分布表示如下：

$$d\ln S \sim N\left[\left(\mu - \frac{1}{2}\sigma^2\right)dt, \sigma^2 dt\right] \tag{2-23}$$

将其改写为离散形式：

$$\Delta\ln S \sim N\left[\left(\mu - \frac{1}{2}\sigma^2\right)\Delta t, \sigma^2 \Delta t\right] \tag{2-24}$$

若 $\Delta t = T - t$，则 $\Delta\ln S = \ln S_T - \ln S_t$，式（2-24）改写为：

$$\ln S_T - \ln S_t \sim N\left[\left(\mu - \frac{1}{2}\sigma^2\right)(T - t), \sigma^2(T - t)\right] \tag{2-25}$$

或 $\quad \ln S_T \sim N\left[\ln S_t + \left(\mu - \frac{1}{2}\sigma^2\right)(T - t), \sigma^2(T - t)\right] \tag{2-26}$

由式（2-26）可以发现，对数价格服从正态分布，单位时间内的期望为 $\ln S_t + \left(\mu - \dfrac{1}{2}\sigma^2\right)$，单位时间内的方差为 σ^2。

3. 标的资产价格的表示

至此得到标的资产对数价格的变动过程，仍没有得到标的资产价格的变动过程，但可在上述过程中得到启发，可对式（2-22）两端同时求积分：

$$\int_t^T d\ln S_u = \int_t^T \left(\mu - \frac{1}{2}\sigma^2\right)du + \int_t^T \sigma dB_u \tag{2-27}$$

求解积分可得：

$$\ln S_T - \ln S_t = \left(\mu - \frac{1}{2}\sigma^2\right)(T - t) + \sigma(B_T - B_t) \tag{2-28}$$

整理可得标的资产价格过程：

$$S_T = S_t e^{\left(\mu - \frac{1}{2}\sigma^2\right)(T-t) + \sigma(B_T - B_t)} \tag{2-29}$$

或 $\qquad S_T = S e^{\left(\mu - \frac{1}{2}\sigma^2\right)T + \sigma B_T} \tag{2-30}$

思 考 题

1.试利用无套利分析法给出欧式看跌期权定价的具体过程或步骤。

2.试分析无套利分析法和积木分析法在金融资产定价过程中的作用和意义。

3.沪铜期货标的资产为阴极铜,与伦敦铜期货标的资产一致,两个产品是否可以进行套利?

4.试对伊藤引理2进行高维形式的扩展(至少3维),并举例说明其适用场景。

5.是否可以利用几何布朗运动的微分形式,通过求解积分得到标的资产价格的表达式?

第三章　金融工程应用基础

由于衍生品市场交易的流动性高,而且交易者可以不受约束地进入合约的一方,因此吸引了大量的投资者。根据投资者的投资需求,衍生品可以用于套期保值、套利和投机交易。进行衍生品交易的套期保值者(Hedger)是为了利用衍生品来应对资产价格未来变动的不确定性可能造成的损失;套利者(Arbitrageur)是利用期货价格偏离现货和期货之间的理论价格关系时带来的价格差异,来构建投资组合以获得盈利;投机者(Speculators)根据其对资产价格的未来走势进行下注,尤其是在期货交易中利用保证金制度进入资产头寸实现杠杆效应。

第一节　套期保值理论及应用

套期保值(Hedge),又称对冲,在衍生产品交易市场中是指在持有资产头寸的情况下,为了避免现货资产价格变动的不确定性带来的损失,而利用现货资产和衍生品的价格联动性、同时在衍生产品市场上建立头寸,以实现在两个市场上盈亏冲抵的投资策略,可见套期保值是一个风险管理的过程。

一、远期(期货)套期保值

按套期保值时选择的衍生品类型可分为:远期(期货)对冲、互换和期权对冲。远期(期货)套期保值是通过在期初建立与资产现货相反的远期(期货)头寸,在期末时对远期(期货)进行平仓,使得现货市场的盈亏在期货市场得到弥补,以实现管理资产价格风险的投资策略。当盈亏完全抵消时是完美套期保值。为建立套期保值组合,需要解决的问题包括:期货合约的选择,头寸方向的选择,期货最优头寸数量的选择等。

根据套期保值组合中的期货头寸可以将套期保值分为多头和空头套期保值。多头套期保值(Long Hedge)是指对冲者通过做多期货合约进行套期保值,这相当于未来按照交割价格买入资产现货,担心未来资产价格上涨的投资者会采用该策略,以锁定未来的买入价格。空头套期保值(Short Hedge)是指对冲者通过做空期货合约进行套期保值,这相当于未来按照交割价格卖出资产现货,担心未来资产价格下跌的投资者会采用该策略,以锁定未来的卖出价格。比如,未来会收到外汇货款并转换为人民币的出口企业。

1. 案例一:面粉厂的多头套期保值

假设某面粉厂在 4 月 1 日收到面粉订单,预计在 7 月 1 日需要 500 吨小麦进行生产,当前时刻小麦的价格是 2950 元每吨。面粉厂可以在当前时刻买入小麦以备生产面粉使用,但是考虑到当期市场供应问题且会产生存货成本。另一种方式是通过买入期货合约来满足未来的需求,而受天气条件影响,该面粉厂认为小麦产量将会下降,市场价格提高。因此为了规避价格上涨带来的成本增加,面粉厂以每吨 3000 元的价格买入 10 手 7 月到期的普通小麦期货,并在 7 月 1 日进行平仓(如果交割发生恰好是 500 吨)。

如果市场符合面粉厂的预期(情形 1),比如在 7 月 1 日市场价格是 3100 元每吨。如果不对冲,面粉厂需要用 3100 元的价格从市场买入 500 吨小麦。如果对冲,面粉厂可以通过期货合约盈利(3130−3000)×50×10 = 130×500 = 65000 元,相当于购买小麦的实际价格是 3100−130 = 2970 元每吨。这一操作降低了小麦价格上涨导致的成本上升的程度。

如果市场不符合面粉厂的预期(情形 2),比如在 7 月 1 日市场价格是 2840 元每吨。如果不对冲,面粉厂需要用 2840 的价格从市场买入 500 吨小麦。如果对冲,在期货市场亏损是(3000−2900)×50×10 = 100×500 =

50000 元,相当于购买小麦的实际价格是 2840+100＝2940 元每吨。这一操作相对提高了成本。

如果市场符合面粉厂的预期(情形 3),比如在 7 月 1 日市场价格是 3012 元每吨。如果不对冲,面粉厂需要用 3012 元的价格从市场买入 500 吨小麦。如果对冲,面粉厂可以通过期货合约盈利(3012－3000)×50× 10＝12×500＝6000 元,相当于购买小麦的实际价格是 3012－12＝3000 元每吨。这一操作降低了小麦价格上涨导致的成本上升的程度。

可以看出套期保值并不一定意味着面粉厂会从中获利,而是可以降低发生损失时的程度。不论何种情形,实际交易价格被锁定在 3000 元每吨附近。以上套期保值过程如表 3-1 所示。

表 3-1　面粉厂套期保值效果表

时刻		现货价格	期货价格	基差	实际买入价格
4 月 1 日		2950 元/吨	3000 元/吨	-50	2950 元/吨
7 月 1 日	情形 1	3100 元/吨	3130 元/吨	-30	2970 元/吨
	情形 2	2840 元/吨	2900 元/吨	-60	2940 元/吨
	情形 3	3012 元/吨	3012 元/吨	0	3000 元/吨

注:郑州商品期货交易所的普通小麦期货的交易单位是 50 吨/手。

2. 案例二:农场主的空头套期保值

假设在 4 月 1 日小麦的价格是 2950 元每吨,而种植小麦的某个农场主预计在 7 月 1 日将会收割 500 吨小麦并卖出。由于商品存在卖空限制,农场主现在无法卖出小麦。但是可以通过期货空头锁定未来的卖出价格。受天气条件影响,该农场主认为小麦将会丰收,市场价格下降,为此该农场主以每吨 3000 元的价格卖出 10 手 7 月份到期的普通小麦期货,并在 7 月 1 日进行平仓(虽然交割发生时是 500 吨,但是小麦产量不一定是 500 吨,产量超过 500 吨时超过部分未被对冲)。

如果市场不符合农场主的预期(情形 1),比如在 7 月 1 日市场价格是 3100 元每吨,那么它在期货合约亏损(3130－3000)×50×10＝130×

500=65000元,相当于卖出小麦的价格是3100-130=2970元每吨。此时,套期保值这一操作使得农场主的收益相对减少了。

如果市场符合农场主的预期(情形2),比如在7月1日现货的市场价格是2840元每吨,那么在期货市场盈利是(3000-2900)×50×10=100×500=50000元,总体上相当于卖出小麦的价格是2840+100=2940元每吨。部分地弥补现货市场价格下跌给农场主带来的损失。

如果市场不符合农场主的预期(情形3),比如在7月1日市场价格是3012元每吨,那么在期货市场亏损是(3012-3000)×50×10=12×500=6000元,相当于卖出小麦的价格是3012-12=3000元每吨。

不论何种情形,实际交易价格被锁定在3000元每吨附近。以上套期保值过程如表3-2所示。

表3-2 农场主空头套期保值效果表

时刻		现货价格	期货价格	基差	实际卖出价格
4月1日		2950元/吨	3000元/吨	-50	2950元/吨
7月1日	情形1	3100元/吨	3130元/吨	-30	2970元/吨
	情形2	2840元/吨	2900元/吨	-60	2940元/吨
	情形3	3012元/吨	3012元/吨	0	3000元/吨

注:郑州商品期货交易所的普通小麦期货的交易单位是50吨/手。

3. 案例三:股指期货的多头套期保值

在7月1日,上证50指数在2685点,9月到期的上证50股指期货的报价是2695点,某基金公司预期在9月10日将会有一笔808500元的资金配置于上证50指数的成分股。为了防止在9月股市上涨,该基金公司可以买入1手9月到期的上证50股指期货(其合约乘数是每点300元)进行套期保值。

如果9月10日(情形1)上证50指数报价2780点,上证50股指期货报价2793点,那么基金公司以2780买入上证50指数,并在期货市场上盈利2793-2695=98点,相当于以2780-98=2682点买入上证50指数。

上证 50 指数上涨带来的风险被完全抵消。

如果 9 月 10 日(情形 2)上证 50 指数报价 2606 点,上证 50 股指期货报价 2637 点,那么基金公司以 2606 买入上证 50 指数,并在期货市场上亏损 2695-2637=58 点,相当于以 2606+58=2664 点买入上证 50 指数,资金剩余 9300 元。

如果 9 月 10 日(情形 3)上证 50 指数报价 2730 点,上证 50 股指期货报价 2730 点,那么基金公司以 2730 买入上证 50 指数,并在期货市场上盈利 2730-2695=35 点,相当于以 2730-35=2695 点买入上证 50 指数,将未来的买入价格锁定在当前的期货价格水平。

不论何种情形,实际交易价格被锁定在 2695 点附近。以上套期保值过程如表 3-3 所示。

表 3-3 股指期货多头套期保值效果表

时刻		上证 50 指数	上证 50 股指期货	基差	实际买入价格
7 月 1 日		2685	2695	-10	2685
9 月 10 日	情形 1	2780	2793	-13	2682
	情形 2	2606	2637	-31	2664
	情形 3	2730	2730	0	2695

4. 案例四:股指期货的空头套期保值

在 7 月 1 日,某基金公司持有上证 50 的成分股构成的投资组合,价值 808500 元。如果基金经理担心 9 月 10 日股指下跌,可以现在以 2695 点的价格卖出部分投资组合待到股指下跌后再买回,但是这种操作的交易费用往往较高。也可以卖出 1 手 9 月到期的上证 50 股指期货进行套期保值。

如果 9 月 10 日(情形 1)上证 50 指数报价 2780 点,上证 50 股指期货报价 2793 点,那么基金公司以 2780 卖出上证 50 指数,并在期货市场上亏损 2793-2695=98 点,相当于以 2780-98=2682 点卖出上证 50 指数。

如果 9 月 10 日(情形 2)上证 50 指数报价 2606 点,上证 50 股指期货报价 2637 点,那么基金公司以 2606 卖出上证 50 指数,并在期货市场上盈利 2695-2637＝58 点,相当于以 2606+58＝2664 点卖出上证 50 指数。

如果 9 月 10 日(情形 3)上证 50 指数报价 2730 点,上证 50 股指期货报价 2730 点,那么基金公司以 2730 卖出上证 50 指数,并在期货市场上亏损 2730-2695＝35 点,相当于以 2730-35＝2695 点卖出上证 50 指数,将未来的卖出价格锁定在当前的期货价格水平。

不论何种情形,实际交易价格被锁定在 2695 点附近。以上套期保值过程如表 3-4 所示。

表 3-4 股指期货空头套期保值效果表

时刻		上证 50 指数	上证 50 股指期货	基差	实际卖出价格
7 月 1 日		2685	2695	−10	2685
9 月 10 日	情形 1	2780	2793	−13	2682
	情形 2	2606	2637	−31	2664
	情形 3	2730	2730	0	2695

更一般化,不考虑数量规模时,引入符号:

H:被套保的资产的价格

F:用于套保的期货的价格

S:用于套保的期货的标的资产的价格

在套期保值中,基差(Basis)是指被对冲现货的价格和用于对冲的期货的价格之差,将其表示为 $b=H-F$。

用带下标 0 和 1 的变量分别表示相应变量在套期保值开始时刻和结束时刻的取值。用 EP 表示实际交易价格(Effective Price),那么:

$$EP = H_1 - (F_1 - F_0) = F_0 + (H_1 - F_1) \tag{3-1}$$

可见,为了锁定未来交易价格,需要知道到期时的基差($b_1 = H_1 - F_1$),而这在当前时刻是未知的,所以套保并不一定能够完全锁定未来的交易价格,但是值得注意的一点是,由于 F_0 是已知的,原来面临的价格 H 变动的不确定性在套保后转换成了 EP 变动或者说 b_1 变动的不确定性,而基差风险是小于现货价格风险的。

5. 完美和不完美套期保值

在套期保值过程中,当到期时期货和现货价格相等时,不论现货价格如何变动,实际交易价格被锁定在套保开始时的期货价格,此时实现了完美的套期保值。这一情形对应于到期时的基差为零,往往发生在被套保资产和用于套保期货的标的资产相同,且期货到期日是套保到期日的情况下。更多的情形是期货和现货市场的盈亏不能完全抵消,价格风险未被完全对冲,这被称为不完美套期保值。在案例三情形 3 的套期保值过程中,价格风险被完全对冲,这种情形被称为完美套期保值。因此,从套期保值能否完全对冲价格风险的视角,可以分为完美和不完美套期保值。

从案例中可以看到,套期保值不能完全对冲价格风险的原因可能是:(1)期货标的资产和被对冲现货资产不一致;(2)对冲到期日和期货到期日不一致;(3)被套保资产规模事先未知;(4)期货规模不匹配。前两种情况体现在到期时期货价格和被对冲现货的价格不一致,即到期时的基差是不确定的,统称为存在基差风险。后两种情况带来了数量风险,一般被套保的资产规模并不恰好是用于套保的期货的规模的整数倍,因此先不考虑数量风险。

6. 不完美套期保值:基差风险

基差可以用于分析套期保值的收益和风险。为说明基差的作用,我们假设一单位的资产现货空头用一单位的期货多头进行套期保值,那么套期保值期间的收益可以表示为:

$$\pi = (-H_1 + F_1) - (-H_0 + F_0) = -b_1 + b_0 \qquad (3-2)$$

如果一单位的资产现货多头用一单位的期货空头进行套期保值,则套保收益表示为:

$$\pi = (H_1 - F_1) - (H_0 - F_0) = b_1 - b_0 \qquad (3-3)$$

其中,加上下标 0 和 1 的变量分别表示该变量在套期保值开始时刻和结束时刻的取值。

由于变量在套期保值开始时的取值都是已知的,那么 b_1 决定了套期保值收益是否确定,若 b_1 已知,则能够完全消除价格风险。下面引入套期保值结束时期货的标的资产价格 S_1 对 b_1 进行分析：

$$b_1 = H_1 - F_1 = (H_1 - S_1) + (S_1 - F_1) \tag{3-4}$$

如果被套保的现货恰好是用于套保的期货的标的资产，且期货到期日正好是现货的交易日，根据期货价格到期时收敛于标的资产价格的原理，$H_1 = S_1$，$S_1 = F_1$，$b_1 = 0$，此时，套保组合的收益是确定的，实现完美套期保值。

如果被套保的现货和用于套保的期货的标的资产是不同的资产，或者期货到期日与现货的交易日不同，那么 $H_1 = S_1$ 不成立，或者 $S_1 = F_1$ 不成立，从而 b_1 是不确定的，是不完美套期保值。

7. 交叉对冲

当被套保的现货恰好是用于套保的期货标的资产时，比如案例一中对冲 500 吨小麦用到的小麦期货所覆盖的交割量正好是 500 吨，将套期保值比率（Hedge Ratios）定义为用于对冲的期货的头寸和被对冲的现货资产头寸的比值，那么此时的套保比率是 1。

当被套保的现货和用于套保的期货的标的资产是不同的资产时，称为交叉对冲（Cross Hedging），此时套保比率不一定是 1。

资产实际交易价格 $EP = F_0 + (H_1 - F_1) = F_0 + (H_1 - S_1) + (S_1 - F_1)$。

8. 套期保值比率

套期保值比率是用于对冲的期货的头寸和被对冲的现货资产头寸的比值。

对冲的目的是减少资产价格变动带来的资产价值的变动，即与原资产价值受到价格变动的影响程度相比，套保组合的价值受到资产价格变动的影响更小。因此，建立套保组合时需要选择一个套保比率使得套保组合的风险最小，一般通过两种方式衡量风险：灵敏度和波动性。

9. 最优套期保值比率

用灵敏度来度量套保组合的风险，即资产价格变动一单位引起的套保组合价值变动的程度，使得灵敏度为零的套保比率被称为最优套保比率。

假设一单位资产空头用 n 单位的期货多头进行套保，套保组合的价值变动表示为：

$$\Delta \pi = \pi_1 - \pi_0 = (-H_1 + nF_1) - (-H_0 + nF_0) = -\Delta H + n\Delta F$$

$$(3-5)$$

对资产价格变动的敏感度为：

$$\frac{\partial \Delta \pi}{\partial \Delta H} = -1 + n\frac{\partial \Delta F}{\partial \Delta H} \qquad (3-6)$$

令其等于零，得到：

$$n = \frac{\partial \Delta H}{\partial \Delta F} = \frac{\partial r_H}{\partial r_F}\frac{H_0}{F_0} \qquad (3-7)$$

其中 $r_H = \frac{\Delta H}{H_0}$，$r_F = \frac{\Delta F}{F_0}$ 分别表示资产现货和期货在套保期间的收益率。可见 n 是被套保资产的价格变动 ΔH 对期货价格变动 ΔF 的灵敏度。特别是，由于 H_0 和 F_0 是已知的，当被对冲资产恰好是用于对冲的期货的标的资产（$H_1 = S_1$），且套保到期日恰好是期货到期日（$S_1 = F_1$）时，$n = 1$。

可以看到，n 可以通过两个偏导数计算出来。为了根据历史数据求解以上 n 值，可以建立 ΔH 对 ΔF 的回归方程，或者 r_H 对 r_F 的回归方程：

$$\Delta H = a + b\Delta F + \varepsilon \qquad (3-8)$$

$$r_H = \alpha + \beta r_F + \varepsilon \qquad (3-9)$$

根据回归方程的系数估计值即可计算出最优套保比率：

$$n = b = \beta\frac{H_0}{F_0} \qquad (3-10)$$

建立回归方程时，价格变化量或收益率的计算区间理论上应该与套保期间一致，即选择不重叠的时长相等的时间区间来构建数据集。但在实践中，这一要求会限制能够获取的样本数。另外，由于收益率数据具有更好的统计性质，往往选择收益率建立回归模型。

以上讨论建立在一单位被对冲现货资产的条件下，实践中要考虑被对冲现货的头寸数量（Q_H）和一份期货合约的规模（Q_F），此时的最优套保数量为：

$$N = n\frac{Q_H}{Q_F} \qquad (3-11)$$

10. 最小方差套保比率

用波动性(比如方差)来衡量套保组合的风险,构建套保组合时要选择套保比率使得套保组合价值变动的波动性最小,得到最小方差套保比率。沿用上面的讨论,套保组合价值变动 $\Delta\pi$ 的方差是:

$$Var(\Delta\pi) = Var(\pi_1 - \pi_0) = Var\big[(-H_1 + nF_1) - (-H_0 + nF_0)\big]$$
$$= Var(-\Delta H + n\Delta F) = Var(\Delta H) + n^2 Var(\Delta F) - 2nCov(\Delta H, \Delta F)$$
$$(3-12)$$

根据最小化的一阶条件,得到:

$$n = \frac{Cov(\Delta H, \Delta F)}{Var(\Delta F)} = \frac{\rho_{\Delta H, \Delta F}\,\sigma_{\Delta H}\,\sigma_{\Delta F}}{Var(\Delta F)} = \rho_{\Delta H, \Delta F}\frac{\sigma_{\Delta H}}{\sigma_{\Delta F}} \qquad (3-13)$$

其中, $\rho_{\Delta H,\Delta F}$ 表示变量 ΔH 和 ΔF 之间的相关系数, $\sigma_{\Delta H}$ 和 $\sigma_{\Delta F}$ 分别表示变量 ΔH 和 ΔF 的标准差。

值得注意的一点是,此时 n 的表达式与一元回归方程 $\Delta H = a + b\Delta F + \varepsilon$ 的系数估计值 $b = \rho_{\Delta H\Delta F}\dfrac{\sigma_{\Delta H}}{\sigma_{\Delta F}}$ 是一致的,这也说明了两种不同的风险测度视角下得到的最优套保比率本质上是一致的。

特别是,当 $\rho_{\Delta H\Delta F} = 1$ 且 $\sigma_{\Delta H} = \sigma_{\Delta F}$ 时, $n = 1$;因 $\sigma_{\Delta H} = H_0\sigma_{r_H}$, $\sigma_{\Delta F} = F_0\sigma_{r_F}$, $\rho_{\Delta H,\Delta F} = \rho_{r_H,r_F}$,故 $n = \rho_{r_H,r_F}\dfrac{\sigma_{r_H}}{\sigma_{r_F}}\dfrac{H_0}{F_0}$ 。

11. 套期保值效率

将对冲消除的方差占总方差的比率称为对冲效率(Hedge Effectiveness)。

$$e^* = \frac{\sigma_{\Delta H}^2 - \sigma_{\Delta\Pi}^2}{\sigma_{\Delta H}^2}$$

而

$$\sigma_{\Delta\Pi}^2 = \sigma_{\Delta H}^2 + n^2\sigma_{\Delta F}^2 - 2n\sigma_{\Delta H,\Delta F} = \sigma_{\Delta H}^2 + n^2\sigma_{\Delta F}^2 - 2n\rho_{\Delta H,\Delta F}\sigma_{\Delta H}\sigma_{\Delta F}$$

$$n = \rho_{\Delta H,\Delta F}\frac{\sigma_{\Delta H}}{\sigma_{\Delta F}}$$

故

$$e^* = \frac{\sigma_{\Delta H}^2 - \sigma_{\Delta\Pi}^2}{\sigma_{\Delta H}^2} = \frac{\sigma_{\Delta H}^2 - (\sigma_{\Delta H}^2 + n^2\sigma_{\Delta F}^2 - 2n\rho_{\Delta H,\Delta F}\sigma_{\Delta H}\sigma_{\Delta F})}{\sigma_{\Delta H}^2}$$

$$= \frac{- n^2 \sigma^2_{\Delta F} + 2n \rho_{\Delta H, \Delta F} \sigma_{\Delta H} \sigma_{\Delta F}}{\sigma^2_{\Delta H}} = \frac{- \rho^2_{\Delta H, \Delta F} \sigma^2_{\Delta H} + 2 \rho^2_{\Delta H, \Delta F} \sigma^2_{\Delta H}}{\sigma^2_{\Delta H}} = \rho^2_{\Delta H, \Delta F}$$

$$e^* = \rho^2_{\Delta H, \Delta F} = \frac{\mathrm{cov}^2(\Delta H, \Delta F)}{\mathrm{var}(\Delta H) \mathrm{var}(\Delta F)} = \frac{\mathrm{cov}^2(H_0 r_H, F_0 r_F)}{\mathrm{var}(H_0 r_H) \mathrm{var}(F_0 r_F)} = \rho^2_{r_H r_F}$$

$$(3-14)$$

可见恰好是 ΔH 对 ΔF 的回归方程的拟合优度 R^2，且等于 $\rho^2_{\Delta H, \Delta F} = \rho^2_{r_H r_F}$，因此实践中我们通常可以利用判别系数 R^2 来检验套期保值的有效性，R^2 越接近 1，套期保值的效果越好。

12. 尾随对冲：每日盯市结算

以上讨论不考虑每日盯市结算的问题，因此适用于远期合约。对于期货合约，可以考虑进行一系列的日度对冲。某日的最优套保比率表示为：

$$N = \rho_{\Delta H, \Delta F} \frac{\sigma_{\Delta H}}{\sigma_{\Delta F}} \frac{Q_H}{Q_F} = \rho_{r_H, r_F} \frac{\sigma_{r_H}}{\sigma_{r_F}} \frac{H}{F} \frac{Q_H}{Q_F} = \rho_{r_H, r_F} \frac{\sigma_{r_H}}{\sigma_{r_F}} \frac{V_H}{V_F} \quad (3-15)$$

此处 ΔH 和 ΔF 表示日度价格变化的绝对量，r_H 和 r_F 代表日度收益率，带下标的 ρ 和 σ 表示相应下标指示的变量的相关系数和标准差，Q_H 和 Q_F 表示某日被对冲资产数量和期货规模，V_H 和 V_F 分别表示被对冲资产的价值和期货价格乘以期货合约规模。

考虑到剩余对冲期限内的利率，这一分析可以进行精练。比如假设年利率是 5%，对冲剩余一年，那么套保比率可以修正为 $N(1 + 5\%)$。这被称为尾随对冲(Tailing the Hedge)。

13. 动态对冲

以上分析在套保期间没有对期货头寸进行调整。从套期保值过程中是否对套期保值组合进行调整的视角，如果套期保值组合设定后不进行调整，即对冲开始确认期货头寸后直到对冲期结束才平仓，那么这种套期保值策略被称为静态对冲或保完即忘策略(Hedge-and-Forget Strategy)，反之则是动态对冲策略(Dynamic Hedging Strategy)。

期货对现货的套保，根据最小方差套保比率 $n = \rho_{r_H, r_F} \frac{\sigma_{r_H}}{\sigma_{r_F}} \frac{H_0}{F_0}$，由于受到市场信息的影响，期货和现货收益率的相关系数和方差是时变的，因此最优套保比率也应该随时间改变。为了估计时变的方差和相关系数,前面通过回归方程计算的方法不再适用,而是可以建立期货和现货收益率的多元 GARCH 类模型或随机波动 SV 类模型。

14. 内插保值法

在案例一、案例二中,选择 7 月到期的期货合约进行套期保值,而小麦期货合约的交割月份是 1 月、3 月、5 月、7 月、9 月。在案例三、案例四中选择的上证 50 股指期货合约是 9 月到期的,而上证 50 股指期货的到期月是当月、下月及随后两个季月。像案例一、案例二这样的情况,当套期保值期跨越多个期货合约期限或在多个合约之间时,一般选择多个期货合约来进行套期保值,这种方法称作内插保值法。在最近的合约到期后,进入下一个期限的合约,如果长期的期货合约具有足够流动性,为了节省在套保中途的操作精力,则可以在期初时建立期货组合不再改变。

二、期权对现货资产的套期保值策略

1. 保险策略

当投资者持有现货资产时,如果投资者认为未来资产价格可能大跌(方向性看空+波动性看多),那么可以进入看跌期权的多头,以管理未来标的资产价格下跌带来的风险。此时投资者在组合头寸上的收益是:

$$R_T = S_T - S_t + \max(K - S_T, 0) - p_t e^{r(T-t)}$$
$$= \max(K, S_T) - p_t e^{r(T-t)} - S_t \tag{3-16}$$

当 $S_T > K$ 时, $R_T = S_T - p_t e^{r(T-t)} - S_t$,是关于 S_T 的线性增函数,此时看跌期权放弃行权,而持有的现货资产价值上升,虽然损失了期权费但仍保证了现货价格上涨的收益;当 $S_T < K$ 时, $R_T = K - p_t e^{r(T-t)} - S_t$,是组合收益的最低水平,期权无限正收益将抵消现货资产价格下降的损失,现货价格大跌的风险得到控制。存在一个使得该组合盈亏平衡的点 S_T^* ,即当 $S_T = S_T^*$ 时,两个头寸上的盈亏抵消:

$$\max(K, S_T) - p_t e^{r(T-t)} - S_t = 0 \tag{3-17}$$

从而当 $S_T = S_T^* = p_t e^{r(T-t)} + S_t$ 时,盈亏平衡。当价格 S_T 超过 S_T^* 时,组合收益可以无限,反之价格下跌时风险被控制。以上利用看跌期权多头管理现货风险的方法被称作期权保险策略,适用于现货价格大跌的情形。

对于看跌期权类型的选择,需要考虑到 K, p_t, r 和 $(T-t)$。对于风险厌恶投资者,选择实值或平值期权($K-S_t$ 和 p_t 更高),能保证最低收益水平 R_T 更高;对于风险偏好投资者可以使用虚值期权降低成本。而对于期权期限的选择,如果期权合约到期后,仍持有现货资产,那么可以平仓后再进入其他期权合约以展期;如果现货资产价格上涨,那么可以向上转仓,即平仓原期权后再进入行权价较高的看跌期权多头。

2. 备兑策略

当投资者持有现货资产时,如果投资者认为未来资产价格可能下跌但幅度不大(方向性看空+波动性看空),那么可以进入看涨期权的空头,获得权利费。此时组合收益:

$$R_T = S_T - S_t - \max(S_T - K, 0) + c_t e^{r(T-t)}$$
$$= \min(S_T, K) - S_t + c_t e^{r(T-t)} \tag{3-18}$$

当 $S_T > K$ 时,$R_T = K + c_t e^{r(T-t)} - S_t$,是分段函数的最高部分,价格上涨带来的收益被期权损失抵消,为使 R_T 更高应该选择 K 更高的实值期权,尤其对于无收益欧式期权根据平价公式,有 $R_T = p_t e^{r(T-t)}$ 更高的 K 对应更高的 p_t;当 $S_T < K$ 时,$R_T = S_T + c_t e^{r(T-t)} - S_t$,价格小幅下跌的损失被期权费弥补。这一利用看涨期权空头管理现货下跌风险的方法被称作备兑策略。

3. 合成期货套保策略

如果在持有现货资产时,同时进入看跌期权多头和看涨期权空头,根据平价公式可知该组合相当于一个远期或期货合约的空头,期权组合的价值是 $K-S_T$。这一现货期权的组合相当于直接卖出现货,因此价格风险被完全对冲,对于期权合约的选择应该使用行权价更高的合约,而且应该选择流动性更好的。这一策略与使用股指期货套保的差异不大,因此被称为合成期货套保策略。

当投资者持有现货资产空头头寸时,可做同样分析。比如投资者认为未来资产价格可能大涨,那么可以进入看涨期权的多头,以管理未来标的资产价格上涨带来的风险。此时投资者在期权头寸上的收益是:$\max(S_T - K, 0) - c_t e^{r(T-t)}$。

当资产未来价格 $S_T < K$ 时,放弃行权,直接以较低的市场价格从市场购买现货资产,但是要考虑到损失的期权费的程度;当 $S_T > K$ 时,行使权利,期权有正收益,可以抵消一部分现货资产价格上升造成的成本上升。

第二节　套　利

一、期货套利

狭义上,由于受到相同的市场信息的影响,期货与现货的价格差应该在一定区间内,当偏离这一基差时,可以通过在借贷市场、现货市场和期货市场的同时交易,构建投资组合获得无风险收益,这时市场存在套利机会,这是期货定价的基础。广义上,套利交易也可以利用多种期货合约的组合来进行。总之,基差是套利交易的基础,当实际的基差与理论基差存在差异时,即可进行套利,这种基差不仅存在于期现货之间,也存在于期货之间,因此套利交易可以有多种类型。

根据期货现货价格之间的理论关系,利用期现货市场之间的价格关系的不合理偏离来进行套利的交易,称为期现套利。

根据期货定价公式,不同期限的期货价格之间存在一定关系,即存在期货价格的期限结构,利用不同期限的期货合约进行的套利被称为跨期套利。具体而言,在同一交易所同时买进、卖出具有相同标的资产、不同交割月份的期货合约,在有利时机同时将这两个交割月份不同的期货合约平仓。可以先买进近期月份期货合约同时卖出远期月份期货合约,再在一定时期后平仓期货合约,也可以卖出近期月份期货合约同时买入远期月份期货合约,再在一定时期后平仓期货合约,前者称为买近卖远套利,后者称为卖近买远套利。

特别是,由两个共享居中交割月份的买近卖远套利和卖近买远套利组成的套利交易,被称为蝶式套利。套利者认为中间交割月份的期货合约价格与两旁交割月份期货合约价格之间的相关关系将会出现差异。

在不同的期货交易所同时买入、卖出同一交割月份的、具有相同标的资产的期货合约，并在未来两期货合约价差变动有利时再平仓获利的交易行为，称为跨市场套利。

如果两种不同的资产是互相关联的，那么利用以它们为标的资产的期货合约进行的套利，被称为跨品种套利。

二、期权套利

期权的套利可以分为无风险套利和统计套利。无风险套利理论上是指无风险地获得正收益的投资策略。通常，有效的金融市场中，每个投资者都是理性的，市场能够快速地纠正被错误定价的资产价格，使其迅速回归合理水平。但实际交易中存在较多摩擦，往往会出现交易价格与理论价格差异较大的情况，此时，无套利机会出现。检测无风险套利机会有利于提高投资机构的收益，同时也有效纠正了市场的错误定价。统计套利是建立在对历史数据统计分析的基础之上，估计相关变量的概率分布，并结合基本面数据进行分析用以指导套利的交易，然而统计套利的结果依赖于每个交易者的假设模型与历史数据的获取渠道。本节主要讨论期权的无风险套利。

1. 平价套利

欧式期权看涨看跌平价公式表明，不存在套利机会时，行权价和到期时间相同的期权价格满足 $c + Ke^{-rT} = p + S$，其中 c 为看涨期权价格，p 为看跌期权价格，K 为期权行权价，S 为标的资产价格。当市场不满足该关系时，无风险套利机会出现。当等号左边大于右边时，采用正向平价套利策略：以无风险利率借入资金 $p + S - c$（小于 Ke^{-rT}），买进期权的标的资产，同时买进看跌期权、卖出看涨期权（具有相同行权价格和到期日）。当等号左边小于右边时，采用反向平价套利策略：卖空期权的标的资产，同时买进看涨期权、卖出看跌期权（具有相同行权价格和到期日），剩余资金 $p + S - c$（大于 Ke^{-rT}）进行无风险投资。

正向平价套利策略的盈亏分析：期权到期日，若 $S_T > K$，看涨期权被要求行权，若 $S_T \leq K$，看跌期权行权，无论哪种情况，均为卖出标的资产行权，收入现金 K，归还借贷本息 $(p + S - c)e^{rT}$（小于 K）后的剩余资产即为套利收益。

反向平价套利策略的盈亏分析:期权到期日,无风险投资的总收益为 $(p+S-c)e^{rT}$(大于 K),若 $S>K$,看涨期权被要求行权;若 $S\leqslant K$,看跌期权行权,无论哪种情况,均为买入标的资产行权,支付现金 K,剩余的无风险投资收益即为套利收益。

2. 箱体套利

箱体套利是一种复合组合,套利机会来源于相同到期日、不同行权价格的多组配对期权所隐含的标的无套利远期价格之间的差异。

根据欧式期权看涨看跌平价公式可知,行权价分别为 K_1 和 K_2($K_1<K_2$)的看涨期权(c_1 和 c_2)和看跌期权(p_1 和 p_2)的价格应该满足关系: $c_1+K_1e^{-rT}-p_1=S$ 和 $c_2+K_2e^{-rT}-p_2=S$。由于标的资产相同,所以四种期权价格应满足:

$$c_1-p_1=c_2-p_2+(K_2-K_1)e^{-rT} \tag{3-19}$$

若左边小于右边,意味着低行权价配对期权所隐含的无套利远期价格低于高行权价的配对期权所隐含的无套利远期价格,可采取正向箱体套利策略。具体来看,以无风险利率借入资金 $c_1-p_1-c_2+p_2$,买入开仓低行权价的认购期权、卖出开仓低行权价的认沽期权;卖出开仓高行权价的认购期权、买入开仓高行权价的认沽期权。期权到期时,低行权价构成的组合行权,以 K_1 买入标的资产;高行权价构成的组合行权,以 K_2 卖出相同数量的标的资产,最终收益为 K_2-K_1,由于 $c_1-p_1-c_2+p_2<(K_2-K_1)e^{-rT}$,所以贷款本息和小于 K_2-K_1,归还期初贷款本息和后剩余资金为套利收益。若左边大于右边,采取反向箱体套利策略,此时的操作与上述过程相反。

也可以通过价差组合理解该策略。重新整理式(3-19)得到:

$$c_1-c_2=p_1-p_2+(K_2-K_1)e^{-rT} \tag{3-20}$$

等号左边是由看涨期权构成的牛市价差组合,等号右边的 p_1-p_2 是由看跌期权构成的牛市价差组合。正向箱体策略相当于由看涨期权牛市价差组合和看跌期权熊市价差组合构成。图 3-1 在无风险利率为零的情况下分别给出了两种组合的盈亏以及正向箱体策略的盈亏。

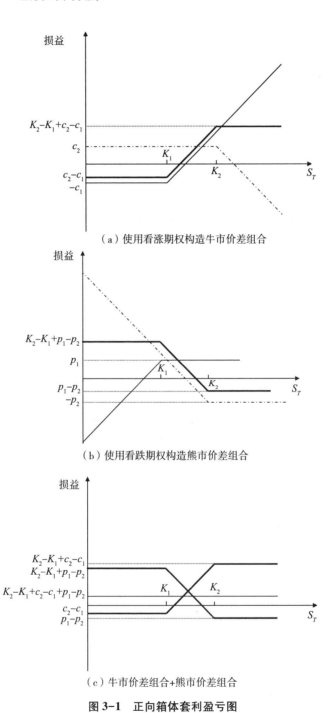

（a）使用看涨期权构造牛市价差组合

（b）使用看跌期权构造熊市价差组合

（c）牛市价差组合+熊市价差组合

图 3-1 正向箱体套利盈亏图

第三节　风险管理

一、风险度量的波动性方法

相比收益率,波动率是不能直接从市场上观测到的变量。在 BSM 定价公式中,唯一不能从市场上直接观测到的变量就是波动率。但是,波动率存在聚集现象,直观地表现为市场剧烈波动的时间以及风平浪静的时间会扎堆出现。正是因为上述原因,如何对市场的波动水平进行更加准确的度量成为学界和业界关注的焦点。围绕这一研究话题,在过去几十年间,研究人员开发出了不同的模型及度量方法,这些研究成果在资产定价、风险管理以及资产配置中发挥了重要的作用。

1. 标准差法

度量资产价格波动率的一种最简单的方法是使用收益率的标准差。记 r_t 是第 t 日的日收益率, σ_t 是由日收益率序列计算得到的日标准差。根据统计学上的样本方差的计算方法可得:

$$\sigma_t^2 = \frac{1}{T-1} \sum_{i=1}^{T} (r_{t-i} - \bar{r})^2 \qquad (3-21)$$

其中 $\bar{r}$ 是第 $t-T$ 期至第 $t-1$ 期的平均日收益率。由日波动率 σ_d 求得年化波动率 σ_y 时,通常使用交易日天数,而非自然天数,并且假设收益率序列是独立同分布的。按照美国市场 年有 252 个交易日计算,两者之间的转换关系如下:

$$\sigma_y = \sqrt{252}\, \sigma_d \qquad (3-22)$$

2. GARCH 模型

在实际的市场中,资产价格的波动率并不是一个常数,而是时变的,并且存在着聚集现象,对此恩格尔(Engle,1982)提出了自回归条件异方差模型(Autoregressive Conditional Heteroscedasticity, ARCH)。这一突破性的理论创新,开创了对波动率建模的先河,恩格尔也因此获得了 2003

年的诺贝尔经济学奖。不久后,恩格尔的学生博勒斯列夫(Bollerslev,1986)提出了广义自回归条件异方差模型(Generalized ARCH,GARCH)。后续波动率方程的建模主要围绕更好地刻画非对称的杠杆效应展开,比较常用的 GARCH 类模型包括:纳尔逊(Nelson,1991)提出的 EGARCH 模型;格洛斯顿等(Glosten 等,1993)提出的 GJR-GARCH 模型(采用论文的三位作者姓氏的首字母命名),也被称为 TGARCH 模型;恩格尔等(1993)提出的 NGARCH 模型。接下来我们将重点介绍 GARCH 模型,其模型设定如下所示:

$$r_t = \mu + \varepsilon_t$$
$$h_t = \alpha_0 + \alpha_1 h_{t-1} + \beta \varepsilon_{t-1}^2 \qquad (3-23)$$

这里的 r_t 是第 t 期的收益率,扰动项 ε_t 的设定如下:

$$\varepsilon_t = \sqrt{h_t}\, z_t \qquad (3-24)$$

其中,$z_t \sim N(0,1)$,不同期之间满足独立同分布。由式(3-23)可知,h_t 在第 $t-1$ 期便已知。下面计算 ε_t 基于第 $t-1$ 期信息集 F_{t-1} 的条件均值和条件方差:

$$E_{t-1}(\varepsilon_t) = 0 \qquad (3-25)$$
$$Var_{t-1}(\varepsilon_t) = h_t \qquad (3-26)$$

因此,h_t 是 ε_t 的条件方差。进一步可知,基于信息集 F_{t-1},r_t 服从条件正态分布 $N(\mu, h_t)$,条件密度函数为:

$$f(r_t \mid F_{t-1}) = \frac{1}{\sqrt{2\pi h_t}} \exp\left[-\frac{(r_t - \mu)^2}{2 h_t} \right] \qquad (3-27)$$

对式(3-25)使用重期望定理,$E(\varepsilon_t) = E[E_{t-1}(\varepsilon_t)] = 0$,因此 ε_t 的无条件均值为 0。$E(\varepsilon_t^2)$ 的计算过程如下:

$$E(\varepsilon_t^2) = E[E_{t-1}(h_t z_t^2)] = E(h_t) \qquad (3-28)$$

进一步对式(3-23)的条件方差方程两端同时取数学期望,可得:

$$E(h_t) = \alpha_0 + \alpha_1 E(h_{t-1}) + \beta E(\varepsilon_{t-1}^2)$$
$$= \alpha_0 + (\alpha_1 + \beta) E(h_{t-1}) \qquad (3-29)$$

若要保证 h_t 满足弱平稳,则 $\alpha_1 + \beta < 1$。弱平稳意味着 $E(h_t) =$

$E(h_{t-1})$，因此无条件方差 $E(h_t)$ 即可求得：

$$E(h_t) = E(\varepsilon_t^2) = \frac{\alpha_0}{1 - \alpha_1 - \beta} \tag{3-30}$$

GARCH 模型的参数需要用到极大似然函数法进行估计，对数似然函数如下所示：

$$\sum_{t=1}^{T} \ln[f(r_t \mid F_{t-1})] = \sum_{t=1}^{T} \left[\ln \frac{1}{\sqrt{2\pi h_t}} - \frac{(r_t - \mu)^2}{2h_t} \right] \tag{3-31}$$

求解的过程需要使用数值优化的方法。初始的条件方差 h_0 的取值可以设置为式（3-28）的无条件方差，也可以把它当作一个未知的参数直接估计出来。

3. 已实现波动率

随着计算机对海量数据处理能力的提高以及交易所对高频数据的公开，安德森和博勒斯列夫（Andersen 和 Bollerslev，1998）探究了使用日内高频数据计算的已实现波动率的性质。假定资产价格 P_t 服从如下的扩散过程：

$$\frac{dP_t}{P_t} = \mu_t dt + \sigma_t dW_t \tag{3-32}$$

其中，μ_t 是漂移项，σ_t 是瞬时波动率，W_t 是标准布朗运动。一日之内的潜在的不可观测的总方差 IV（Integrated Variance）如下：

$$IV_t = \int_{t-1}^{t} \sigma_s^2 ds \tag{3-33}$$

由高频收益率数据计算的已实现方差 RV（Realized Variance）为：

$$RV_t = \sum_{i=1}^{M} r_{t,i}^2 \tag{3-34}$$

其中，M 是一日内的采样频率，$r_{t,i}$ 是在第 i 个采样区间内的对数收益率。这篇论文最终证明了，随着采样频率的增加，RV_t 是 IV_t 的一致估计量。在实际计算中，通常选取 5 分钟的高频数据进行计算。

上述三种波动率的度量方法都是使用收益率序列计算而来的，接下来要介绍的 VIX 指数是基于期权数据计算而来。由于交易者在进行期权交易时,会充分考虑到未来市场收益和风险的走势,因此由期权数据构建的 VIX 指数中蕴含着丰富的前瞻性信息,而前者仅包含历史信息。

4. VIX 指数

在 BSM 定价公式中,唯一的未知变量就是波动率。我们可以使用上述介绍的三种方法进行波动率的估计,或者使用样本数据校准(Calibration)出这个未知变量,进而得到模型给出的期权价格。但在实际市场中,交易员更喜欢使用期权的市场价格,通过反解 BSM 定价公式来求出期权市场价格所隐含的波动率,因此这一波动率被称为隐含波动率(Implied Volatility),这里以看涨期权为例介绍具体过程:

$$c_{t,bsm}(\sigma_{imp}^{call}) = c_t^{mkt} \tag{3-35}$$

$$\sigma_{imp}^{call} = c_{t,bsm}^{-1}(c_t^{mkt}) \tag{3-36}$$

其中,c_t^{mkt} 是看涨期权的市场价格,$c_{t,bsm}$ 是 BSM 给出的模型价格。由期权的希腊字母 Vega(ν)恒正可知,BSM 模型价格随波动率单调递增,因此两者之间存在反函数关系,记为 $c_{t,bsm}^{-1}(\Delta)$。但由于两者之间存在着复杂的非线性关系,$c_{t,bsm}^{-1}(\Delta)$ 不存在一个显示的表达式,因此求解隐含波动率 σ_{imp}^{call} 需要借助方程求根的数值方法,比如二分法等。大多数软件都已经配备了内置函数,可以方便读者迅速地求出期权的隐含波动率。最后需要注意的一点是,在看涨期权和看跌期权的市场价格满足看跌—看涨平价公式的前提下,即在市场不存在套利机会时,具有同一执行价格和到期期限的看涨期权和看跌期权,其隐含波动率是相等的。

在同一交易日,当我们把不同剩余期限和执行价格对应的隐含波动率求解后,便得到隐含波动率曲面。沿着剩余期限这一维度,便得到隐含波动率的期限结构;沿着执行价格这一维度,便得到隐含波动率的微笑曲线。进一步观察可知,隐含波动率并不是像模型假定的那样是一个常数,这的确是模型的一个缺点。尽管如此,由于 BSM 模型结构简单和易于计算的特点,在期权市场的日常交易中得到了广泛的使用。

从期权交易量的分布来看,平值合约的交易量最大,虚值合约次之,实值合约最小;近期限合约的交易量要高于远期限的合约。期权合约的交易越活跃,隐含波动率所蕴含的前瞻性信息就会越丰富。在 1993 年,美国芝加哥期权交易所(CBOE)采用威利(Whaley,1993)的方法基于 S&P 100 指数期权推出了 VIX 指数。早期 VIX 指数的编制方法本质就是在隐含波动率曲面上,通过对执行价格和到期期限两个维度分别进行线性插值求得平值-30 天(自然日)的隐含波动率。随着期权市场的发展,投资者逐渐意识到除了平值附近的期权外,微笑曲线的其他部位,特别是交易活跃的虚值合约中同样包含了有用的信息,基于 BSM 模型反解的隐含波动率同时会存在一定的模型风险,加之学术界对无模型隐含波动率的研究取得进展,在 2003 年 CBOE 同高盛合作改进了对 VIX 指数的计算方法。新版 VIX 指数的计算基于当时交易已经更加活跃的 S&P 500 指数期权合约,而旧版 VIX 指数的计算方法仍然用于 S&P 100 指数期权(交易代码:VXO)。新版 VIX 指数的编制方法可以参考 2019 年 CBOE 发布的白皮书。

VIX 指数在风险管理领域中发挥着重要作用,是市场风险的一个重要测度指标。VIX 指数的走势和 S&P 500 指数之间存在反向且非对称的关系,即在市场下跌时波动率的增加要大于市场上涨时波动率的减少,通常将这种现象称为"杠杆效应"。由于波动率指数大幅上升时通常伴随着市场收益率的大幅下跌,因此威利(2000)将 VIX 指数称为"恐慌指数",是市场情绪的压力计。目前,全球主要金融市场,如美国、欧洲、日本、韩国、印度以及中国的香港和台湾地区,均推出了各自的波动率指数,甚至推出了相关的衍生产品。我国在 2016 年 11 月 28 日推出的上证 50 ETF 波动率指数(指数简称:iVIX)在 2018 年 2 月 24 日停止更新。

二、风险的敏感性分析

衍生产品价值受到标的资产价格 S_t、无风险利率 r、波动率 σ_t 和剩余期限 $T-t$ 等因素的影响,这种影响可以通过衍生产品价值对影响因素的导数来衡量。假设在 t 时刻衍生产品的价值函数为 $f_t = f(S_t, r, \sigma_t, T-t)$,那么,根据泰勒展开有:

$$\Delta f_t = \frac{\partial f_t}{\partial S_t} \Delta S_t + \frac{\partial f_t}{\partial r} \Delta r + \frac{\partial f_t}{\partial \sigma_t} \Delta \sigma_t + \frac{\partial f_t}{\partial t} \Delta t + \frac{1}{2} \frac{\partial^2 f_t}{\partial S_t^2} (\Delta S_t)^2$$

$$(3-37)$$

记 $\Delta_t = \frac{\partial f_t}{\partial S_t}$，$\Gamma_t = \frac{\partial^2 f_t}{\partial S_t^2}$，$\Theta_t = \frac{\partial f_t}{\partial t}$，$\nu_t = \frac{\partial f_t}{\partial \sigma_t}$，用 Delta（$\Delta$）、Theta（$\Theta$）、Vega（$\nu$）值分别表示标的资产价格变动、时间变动和标的资产价格波动率的变动导致的衍生产品价值的变动,用 Gamma（Γ）表示标的资产价格变动导致的 Delta 的变动。

根据 BSM 模型有：

$$\frac{\partial f}{\partial t} + r S_t \frac{\partial f}{\partial S} + \frac{1}{2} \frac{\partial^2 f}{\partial S^2} \sigma^2 S_t^2 = r f_t \qquad (3-38)$$

可得希腊字母之间的关系：

$$\Theta_t + r S_t \Delta_t + \frac{1}{2} \sigma^2 S_t^2 \Gamma_t = r f_t \qquad (3-39)$$

对于标的资产,其 Δ 值为 1;对于远期,其 Δ 值也是 1;对于期货,因为每日盯市结算,其标的资产价格变动引起的价值变动可以通过期货多头定价公式计算得 $\Delta_t = e^{(c-r)(T-t)}$;对于期权,可以根据 BSM 定价公式计算 Δ 值,比如无收益资产的欧式看涨期权多头的 $\Delta_t = N(d_1) = \dfrac{\ln\left(\dfrac{S_t}{K}\right) + \left(r + \dfrac{\sigma^2}{2}\right)(T-t)}{\sigma\sqrt{T-t}}$;对于具有同种标的资产的资产组合,其 Δ 值是各资产 Δ 值的和。

当资产是空头时,其 Δ 值相反;因此可以通过选择组合内的资产的头寸方向和数量,使得组合的 Δ 值等于零,这称为处于 Δ 中性状态,此时资产组合的价值不受标的资产价格的影响,实现了对标的资产价格的套期保值。但是如果组合中存在期货和期权,由于它们的 Δ 值是随时间改变的,因此这一状态是瞬时的,那么为了维持资产组合的 Δ 中性需要不断调整头寸,这是一个动态套期保值过程。对于 Delta 中性的资产组合,可得希腊字母之间的关系：

$$\Theta_t + \frac{1}{2}\sigma^2 S_t^2 \Gamma_t = rf_t \tag{3-40}$$

对于标的资产现货、远期和期货合约，Γ 值都是零；期权的 Γ 值可以通过对 Δ 值的一阶导数得到；资产组合的 Γ 值是各资产的 Γ 值之和。当资产组合的 Γ 值为零时，称为处于 Γ 中性状态。由于只有期权的 Γ 值非零，因此需要同时存在期权多头和空头才能使得资产组合处于 Γ 中性。对于 Gamma 中性的资产组合有：

$$\Theta_t + rS_t\Delta_t = rf_t \tag{3-41}$$

对于同时实现 Delta 中性和 Gamma 中性的资产组合有：

$$\Theta_t = rf_t \tag{3-42}$$

标的资产和远期和期货的 ν 等于零；而期权的 ν 值由于 BSM 定价公式假设 σ 是常数，无法用公式求导得到；当资产组合的 ν 值为零时，称为处于 ν 中性状态。因为只有期权可以改变 ν 值，所以选择合适的期权头寸可以使资产组合处于 ν 中性。

第四节　Python 基础知识

由于 Python 的语法总体上和用于描述科学问题或者金融算法的数学语法接近，且为开源软件，因而正被越来越多的金融研究者和金融爱好者接受，并获得飞速发展。

一、Python 环境配置

为解决 Python 应用中包管理及不同版本的问题，出现了不少发行版的 Python，比如 WinPython、Anaconda 等，它们将 Python 和许多常用的 Package 打包，以方便人们直接使用，还提供了 virtualenv、pyenv 等工具管理虚拟环境。

Anaconda 是一个常用的 Python 发行版本，其包含了 conda、Python 等 180 多个科学包及其依赖项，是科学计算领域非常流行的 Python 包以及集成环境管理的应用。它的优势主要表现在以下几个方面：

（1）默认可以安装好 Python 主程序，而不用单独下载安装。

（2）常用的数据工作包，包含数据导入、清洗、处理、计算、展示等各个环节的主要包都已经安装好，如 Pandas、NumPy、SciPy、Statsmodels、Scikit-Learn（sklearn）、NetworkX、Matplotlib 等。常用的非结构化数据处理工具也一应俱全，如 beautifulsoup4、lxml、NLTK、pillow、scikit-image 等。

（3）很多包的安装有依赖，这点在 Linux 系统上非常常见，而 Anaconda 已经将这些依赖的问题统统解决。尤其在离线环境下做 Python 和大量库的安装部署工作时，Anaconda 大大降低了实施难度，是项目开发过程中必不可少的有效工具。

（4）提供了类似于 pip 的包管理功能的命令 conda，可以对包进行展示、更新、安装、卸载等常用操作。

（5）多平台、多版本的通用性，而且紧跟 Python 主程序更新的步伐。Anaconda 支持 Windows、MacOS 和 Linux 系统，且同时包含 32 位和 64 位的 Python 版本（Python 2 和 Python 3 全都支持）。

（6）提供了 IPyton、Jupyter、Spyder 交互环境，可以直接通过界面化的方式引导用户操作，易用程度非常高。

Anaconda 软件可以在官方网站（https://www.anaconda.com）上下载，Windows 平台其安装过程与其他应用软件类似。本书下载使用的是 Anaconda3-2022.11-Windows-x86_64 版本。

安装完成后，点击 Win 键，在所有应用中选择 Anaconda3（64-bit）文件夹，点击文件夹中 Anaconda Navigator（或者直接点击 Spyder），在打开的配置界面中点击 Spyder 则得到 Python 的开发环境。值得指出的是，Spyder 是 Python（x,y）的作者为它开发的一个简单的集成开发环境。和其他的 Python 开发环境相比，它最大的优点就是模仿 MATLAB 的"工作空间"的功能，可以很方便地观察和修改数组的值。

二、常见的 Python 库

Python 库的概念是具有相关功能模块的集合，这也是 Python 的一大特色之一。在 Python 语言库中,分为 Python 标准库和 Python 的第三方库。Python 标准库是随着 Python 安装的时候默认自带的库,Python 的第三方库,需要下载后安装到 Python 的安装目录下,不同的第三方库安装及使用方法不同。它们调用方式是一样的,都需要用 import 语句调用。常用的标准库如下:

(1)os:提供与操作系统相关联的函数库

os 包是 Python 与操作系统的接口。可以用 os 包来实现操作系统的许多功能,比如管理系统进程,改变当前路径,改变文件权限等。但要注意,os 包是建立在操作系统的平台上的,许多功能在 Windows 系统上是无法实现的。另外,在使用 os 包中,要注意其中的有些功能已经被其他包取代。

我们通过文件系统来管理磁盘上储存的文件。查找、删除、复制文件以及列出文件列表等都是常见的文件操作。这些功能通常可以在操作系统中看到,但现在可以通过 Python 标准库中的 glob 包、shutil 包、os.path 包以及 os 包的一些函数等,在 Python 内部实现。

(2)random:用于生成随机数的库

Python 标准库中的 random 函数,可以生成随机浮点数、整数、字符串,甚至帮助你随机选择列表序列中的一个元素,打乱一组数据等。

(3)math:提供了数学常数和数学函数

标准库还包含了 random 包,用于处理随机数相关的功能。math 包补充了一些重要的数学常数和数学函数,比如 pi、三角函数等。

(4)datetime:日期和时间的操作库

日期和时间的管理并不复杂,但容易犯错。Python 标准库中对日期和时间的管理颇为完善,用户不仅可以进行日期时间的查询和变换,还可以对日期时间进行运算。通过这些标准库,还可以根据需要控制日期时间输出的文本格式。

除了上述标准库以外,Python 在金融分析时,通常会用到下列库。

(1)NumPy:可用来存储和处理大型矩阵,比 Python 自身的嵌套列表(Nested List Structure)结构要高效得多,该结构也可以用来表示矩阵

（matrix），支持大量的维度数组与矩阵运算，此外也针对数组运算提供大量的数学函数库。

（2）pandas：拥有强大、灵活的数据分析和探索工具，包括数据的导入与导出、数据清理、数据挖掘与探索、为分析做数据处理与准备等。相对于 R 等统计软件，pandas 借鉴了 R 的数据结构，因此拥有 R 语言的很多方便的数据操作特性。pandas 的底层给予 NumPy 搭建，因此 pandas 拥有了 NumPy 的全部优点。对于金融用户来讲，pandas 提供了一系列适用于金融数据的高性能时间序列与工具，例如面板分析、时间序列分析等。

（3）Matplotlib：Python 最著名的 2D 绘图库，提供强大的数据可视化工具、作图库等。

（4）SciPy：一个用于数学、科学、工程领域的常用软件包，可以处理最优化、线性代数、积分、插值、拟合、特殊函数、快速傅里叶变换、信号处理、图像处理、常微分方程求解器等。它可以与其他标准科学计算程序库进行比较，比如 GSL 或者 Matlab 工具箱，SciPy 是 Python 中科学计算程序的核心包，用于有效地计算 NumPy 矩阵，让 NumPy 和 SciPy 协同工作。

（5）Statsmodels：强大的统计分析库，包含假设检验、回归分析、时间序列分析等功能，能够很好地与 Numpy 和 Pandas 等库结合起来，提高工作效率。

（6）Scikit-Learn：具有各种分类，回归和聚类算法，包括支持向量机，随机森林，梯度提升，k 均值和 DBSCAN，并且旨在与 Python 数值科学库 NumPy 和 SciPy 联合使用。

（7）Seaborn：在 Matplotlib 的基础上进行了更高级的 API 封装，从而使得作图更加容易。在大多数情况下使用 Seaborn 就能制作很具有吸引力的图，而使用 Matplotlib 就能制作具有更多特色的图。应该把 Seaborn 视为 matplotlib 的补充。Seabn 是基于 Matplotlib 的 Python 可视化库。它为绘制有吸引力的统计图形提供了一个高级接口。

查看安装了哪些库的方法：（1）点击开始菜单，找到 Anaconda3 文件夹；（2）展开文件夹，找到并打开 Anaconda Prompt；（3）执行命令【conda list】即可。如果要安装新的库，只需要在 Anaconda Prompt 中输入"conda install 库名"即可。

三、Python 应用基础

1. 数据类型和函数

Python 主要有五种数据类型:整数型(Int)、长整型(Long)、浮点型(Float)、布尔型(Bool)和复数型(Complex)。Python2 中,32 位机器上的整数型取值范围是-2^{31}~$2^{31}-1$,64 位机器上的整数型取值范围是-2^{63}~$2^{63}-1$。Python3 中,理论上整数型的长度理论上是无限的。2.7788、3.2277、8.88 等都是浮点型。布尔型只有 True 和 False 两种结果。2+2j、-9+20j 等都是复数型。

虽然 Python 解释器已经内置了很多的功能,这些功能大多被存储在模块或者多个模块组成的包中,其在使用前必须先行导入。示例如下:

```
In [1]:a = 3
In [2]:sin(a)
Traceback(most recent call last):
File "C:\Users\AppData\Local\Temp\ipykernel_17088\3968245271.py",line
1,in <module>
sin(a)
NameError:name 'sin' is not defined
In [3]:from math import sin
In [4]:sin(a)
Out[4]:0.1411200080598672
```

如果要想表明 sin 函数来自 math 模块,我们需要先导入 math 模块,而不是模块所包含的函数。如下所示。

```
In [1]:b = 4
In [2]:import math
In [3]:math.sin(b)
Out[3]:-0.7568024953079282
```

可以用 Python 定义自己的函数,形式如下。

```
In [1]:def f(x):
    ...:return x * * 3+x * * 2-2 * x
In [2]:f(3)
Out[2]:30
In [3]:c=2
In [4]:f(c)
Out[4]:8
```

此处,"x * * 3"表示 x^3。在 Python 中,不需要将函数内容放在括号中,而是使用缩进表示函数内容。如上例所示,"return x * * 3+x * * 2-2 * x"的前面有缩进,因此是函数 f(x) 的内容。for 命令、if 命令、while 命令等也是使用这种方式标识。

通常,我们编写程序时,一些使用频率比较高的代码希望存储起来以后再利用,这时可以直接新建一个文件并将代码保存起来。Python 的脚本文件后缀是".py",脚本文件可以使用专门的 Python 编辑器或文本编辑器来撰写,实际上,Python 的脚本也是文本文件。例如,我们可以将上述代码保存为脚本文件,例如文件名为"My_python.py"。

```
def f(x):
    return x * * 3+x * * 2-2 * x
f3=f(3)
c=2
fc=f(c)
print('f(3)= %6.3f' % f3)
print('f(c)= %6.3f' % fc)
```

在 Spyder 集成开发环境中运行上述代码得到如下结果:

```
f(3)= 30.000
f(c)=  8.000
```

2. Numpy

NumPy 是高性能科学计算和数据分析的基础包,是 Pandas、StatModels 等库的构建基础。对于一般的金融数据分析而言,大部分功能可由更高级的 Pandas 实现,并不需要在 NumPy 上花费过多精力,但是回过头来深入学习 NumPy 可以帮助我们更好地理解面向数组编程的思维方式。一般对 NumPy 的引入约定为:

```
import numpy as np
```

因此,一旦在代码中看到 np,就是使用了 NumPy。

NumPy 的主要对象是 ndarray,该对象是一个快速、灵活的大数据容器。需要注意,在 ndarray 与 Python 中内置的 list、tuple 并不相同。在 Python 中,元素的数据类型可以不同,而在 ndarray 中,所有元素的数据类型必须相同。

```
In [2]:data = [1,2,3,4]
In [3]:arr = np.array(data)
In [4]:arr
Out[4]:array([1,2,3,4])
```

等长序列组成的列表将会被转换为一个多维数组。

```
In [5]:datal = [data,data]
In [6]:arrl = np.array(datal)
    …:arrl
Out[6]:
array([[1,2,3,4],
[1,2,3,4]])
```

除了 np.array 函数,还有其他函数可以快速创建数组:

```
In[8]:np.zeros((3,3))
Out[8]:
array([[0.,0.,0.],
[0.,0.,0.],
[0.,0.,0.]])
In[9]:np.ones((3,3))
Out[9]:
array([[1.,1.,1.],
[1.,1.,1.],
[1.,1.,1.]])
In[10]:a=np.arange(1,20,2)
Out[10]:
In[11]:a
Out[11]:array([ 1,3,5,7,9,11,13,15,17,19])
In[12]:np.linspace(1,10,4)
Out[12]:array([ 1.,4.,7.,10.])
In[13]:a.resize(2,5)
Out[13]:
In[14]:a
Out[14]:
array([[ 1,3,5,7,9],
[11,13,15,17,19]])
In[15]:a[0]
Out[15]:array([1,3,5,7,9])
In[16]:a[1]
Out[16]:array([11,13,15,17,19])
In[17]:a[1,4]
Out[17]:19
In[18]:a[1,2:4]
Out[18]:array([15,17])
```

从上面的例子可以看出,数组的下标从 0 开始,且切片操作的输出结果不包括最后一个值。借助 NumPy 可以对数组内的元素进行操作,如下所示。

```
In［19］:a * 0.5
Out［19］:
array([[0.5,1.5,2.5,3.5,4.5],
[5.5,6.5,7.5,8.5,9.5]])
In［20］:a * * 2
Out［20］:
array([[ 1,9,25,49,81],
[121,169,225,289,361]],dtype＝int32)
In［21］:a+a
Out［21］:
array([[ 2,6,10,14,18],
[22,26,30,34,38]])
```

也可以使用前面定义的函数 f(x) 对数组进行操作,如下所示。

```
In［22］:def f(x):
   Out［22］:…:return x * * 3+x * * 2-2 * x
In［23］:f(a)
Out［23］:
array([[ 0,30,140,378,792],
[1430,2340,3570,5168,7182]])
```

3. 随机数

NumPy 还可以用来生成伪随机数,负责这一功能的是其子库 numpy. random。首先,导入 numpy.random。

```
In [1]:import numpy.random as npr
   ...:import matplotlib.pyplot as plt

In [2]:npr.rand(3,2)
   ...:a = 2
   ...:b = 4
   ...:npr.rand(3,2) * (b - a) + a
Out[2]:
array([[2.48704273,2.90244504],
  [2.82253449,3.71785294],
  [3.09111831,3.66240056]])
```

上述过程生成了(0,1)的随机多维数组,并将随机区间转化为(2,4)。除 rand 函数外,还有 randn:生成标准正态分布随机数、randint:生成半开区间[low,high)内的随机整数、choice:生成在给定的一维组中的随机样本、bytes:生成随机字节。

4. 绘图

在交互式金融分析中,我们经常会想将计算或模拟的结果可视化。matplotlib 库在 2d 和 3d 可视化上非常强大。衍生工具分析最重要的图形是点线图、柱状图和直方图。

```
In [1]:import matplotlib.pyplot as plt
   ...:import numpy as np
   ...:b = np.random.standard_normal((4,5))
   ...:plt.plot(np.cumsum(b))
   ...:plt.xlabel('x axis')
Out[1]:Text(0.5,0,'x axis')
In [2]:plt.ylabel('y axis')
   ...:plt.grid(True)
In [3]:plt.show()
```

图 3-2 展示了运行结果。

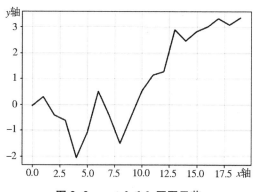

图 3-2　matplotlib 画图示范

使用 subplot 可以画出多个子图,如下所示。

```
In [5]:c = np.resize(b,20)
   ...:plt.figure()
   ...:plt.subplot(211)
   ...:plt.plot(c,'ro')
   ...:plt.grid(True)
   ...:plt.subplot(212)
   ...:plt.bar(range(len(c)),c)
   ...:plt.grid(True)
   ...:plt.show()
```

5. Pandas

Pandas 是基于 NumPy 衍生出的一种工具,用于解决数据分析问题,它纳入了大量的库和一些标准的数据模型,提供了可用于高效操作大型数据集的工具,是使 Python 成为强大而高效的数据分析工具的重要因素之一。通常将 Pandas 引入约定为:

```
import pandas as pd
```

Pandas 的数据结构主要有三种:Series(一维数组)、DataFrame(二维

81

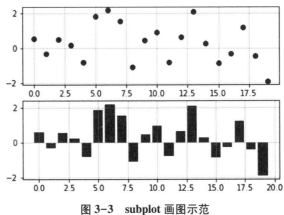

图 3-3　subplot 画图示范

的表格型数据结构）和 Panel（三维数组）。

（1）Series 对象

Python 最基本的数据结构是 list，这也是了解 pandas.Series 对象的一个很好的起点。Series 是根据列表创建一个新对象，一个 Series 对象包含两个组件：值和索引。

```
In［1］:import pandas as pd
    …:revenues = pd.Series（［5555,7000,1980］）
    …:revenues
Out［1］:
0 5555
1 7000
2 1980
dtype:int64
```

可以分别使用.values 和.index 来访问这些组件。revenues.values 返回值 Series，而 revenues.index 返回位置索引。

```
In［2］:revenues.values
Out［2］:array（［5555,7000,1980］,dtype＝int64）
In［3］:revenues.index
Out［3］:RangeIndex（start＝0,stop＝3,step＝1）
```

一个 Series 也可以具有任意类型的索引。我们可以将此显式索引视为特定行的标签:

```
In［4］:city_revenues = pd. Series（［4200, 8000, 6500］, index =［"Amsterdam","Toronto","Tokyo"］）

In［5］:city_revenues
Out［5］:
Amsterdam 4200
Toronto 8000
Tokyo 6500
dtype:int64
```

以下是 Series 从 Python 字典构造带有标签索引的方法:

```
In［6］:city_employee_count = pd.Series（｛"Amsterdam":5,"Tokyo":8｝）
In［7］:city_employee_count
Out［7］:
Amsterdam 5
Tokyo 8
dtype:int64
```

字典键成为索引,而字典值即为 Series 值。就像字典一样,Series 也支持.keys()和 in 索引:

```
In［8］:"Tokyo" in city_employee_count
Out［8］:True
In［9］:"New York" in city_employee_count
Out［9］:False
```

（2）DataFrame 对象

按照之前的 Series 示例,现在已经有两个 Series 以城市为键的对象:city_revenues 和 city_employee_count。我们可以 DataFrame 通过在构造函数中提供字典将这些对象组合为一个。字典键将成为列名,并且值应包含 Series 对象:

```
In［10］:city_data = pd.DataFrame（｛"revenue":city_revenues,"employee_
count":city_employee_count｝）

In［11］:city_data
Out［11］:
revenue employee_count
Amsterdam 4200 5.0
Tokyo 6500 8.0
Toronto 8000 NaN
```

注意到 Pandas 用 NAN 替换了 employee_count 的缺失值。新 DataFrame 索引是两个 Series 索引的并集。

```
In［12］:city_data.index
Out［12］:Index（［'Amsterdam','Tokyo','Toronto'］,dtype='object'）
```

就像 Series 一样,DataFrame 还将其值存储在 NumPy 数组中。

```
In〔13〕:city_data.values
Out〔13〕:
array(〔〔4.2e+03,5.0e+00〕,
〔6.5e+03,8.0e+00〕,
〔8.0e+03,nan〕〕)
```

（3）使用 Pandas 读取与写入数据

Pandas 可以方便地读取本地文件如 csv、txt、xlsx 等,示例如下（"hs300_data.csv"是本书提供的数据,将其放在工作目录下即可运行下列程序）。

```
In〔14〕:ret300 = pd.read_csv("hs300_data.csv")


In〔15〕:ret300
Out〔15〕:
Unnamed:0 index returns rea_var rea_vol
0 2012−03−28 2474.9000 −0.028772 0.206962 0.454931
1 2012−03−29 2443.1220 −0.012923 0.124357 0.352643
2 2012−03−30 2454.8990 0.004809 0.084832 0.291259
3 2012−04−05 2512.8320 0.023325 0.097627 0.312453
4 2012−04−06 2519.8300 0.002781 0.078488 0.280157
… … … … … …
2429 2022−03−25 4174.5742 −0.018214 0.051523 0.226987
2430 2022−03−28 4148.4663 −0.006274 0.051506 0.226949
2431 2022−03−29 4134.1441 −0.003458 0.051486 0.226905
2432 2022−03−30 4254.0989 0.028603 0.051549 0.227044
2433 2022−03−31 4222.5968 −0.007433 0.051533 0.227010


〔2434 rows x 5 columns〕
```

使用 to_将 DataFrame 输出到文件中。

85

```
In [18]:city_data.to_csv('city_data.csv')
```

除上述应用外,读者还需掌握 Pandas 的根据已有列生成新列,Dat-aFrame 的删除、排序、重命名和去重,Pandas 的数据替换等操作。读者可以阅读希尔皮斯科(Hilpisch,2014)的《Python 金融大数据分析》一书,对Python 做进一步的学习。

思 考 题

1. 假设投资者 A 持有某资产价值为 1000000 元,目前现价为 100元。拟运用某种标的资产与该资产相似的期货合约进行 3 个月期的套期保值。如果该现货资产价格季度变化的标准差为 0.65 元,该期货价格季度变化的标准差为 0.81 元,两个价格变化的相关系数为0.8,每份期货合约规模为 100000 元,期货价格为 50 元。如何进行套期保值?

2. 某投资者以 1.5 元的价格买入 10000 份上证 50ETF,他的目标价位是 1.6,以每份 0.07 元备兑卖出了上证 50ETF 购 9 月 1600,然而两周后上证 50ETF 上涨至 1.65。此时他改变看法,把目标价位上移至 1.7元,然后进行向上移仓。假设此时上证 50ETF 购 9 月 1600 和上证 50ETF购 9 月 1700 的价格分别是 0.11 和 0.09(合约单位均为 10000),那么移仓前后的盈亏平衡点分别是多少?

3. 行权价格 50 的认购期权 5.5 元,行权价格 60 的认购期权 1.5 元,不考虑交易费用,行权价格 55 的认购期权在价格分别为 2.6 和 3.5 时是否存在套利机会?

4. 股票价格为 50 美元,无风险年利率为 10%,一个基于这个股票、执行价格都为 40 美元的欧式看涨和欧式看跌期权价格相差 7 美元,都将于 6 个月后到期。这其中是否存在套利机会? 如果有,应该如何进行套利?

5. 假设某投资组合处于 Gamma 中性状态,其 Delta 值和 Vega 值分别是 2000 和 3100。期权 1 的 Delta 值为 0.6, Gamma 值是 0.8, Vega 值是 2。期权 2 的 Delta 值为 -0.4, Gamma 值是 1.5, Vega 值是 1.4。应持有多少期权头寸, 使得投资组合处于 Delta 和 Vega 中性状态?

6. 假设无风险利率是 2%, 股票价格年波动率是 20%, 那么剩余期限为 6 个月的标的资产无收益的平价欧式看涨期权的 Delta 值是多少?

第二篇　理论篇

实践是理论的基础,实践对理论具有决定作用;理论对实践具有反作用,科学的理论对实践具有积极的指导作用。随着金融创新实践的层出不穷,金融工程理论的研究也蓬勃发展,在金融创新、金融风险管理、投资组合等方面发挥着重要的指引作用。因此,有必要梳理国内外学术前沿,针对学界和业界的热点问题给予学术性的评述,帮助读者准确把握金融工程领域相关理论的产生、发展、研究现状和发展趋势。本篇通过梳理理论、定价、应用三大领域的研究为读者提供未来可能的研究方向和思路。

第四章　金融工程理论研究

第一节　金融工程理论文献综述

一、经典相关理论

过去40多年,金融工程迅猛发展,形成了很多经典理论,主要集中于资产组合、定价、资本市场的运营等领域。马柯维茨于1952年提出了均值—方差准则(M-V准则),可以看成是现代资产组合理论的开拓者,也是金融工程理论分析的基石。此后,莫迪利安尼和米勒于1958年提出资本结构定理(MM定理),即在完美的市场中企业的市场价值与资本结构无关。MM定理将无套利作为金融学的分析范式,证明了在一个无摩擦(不考虑税收、破产成本、信息不对称,且市场有效)的金融市场上,不存在零投资、零风险却能获取正收益的机会,因而被誉为金融学发展史上的一座里程碑。夏普(1964)、林特尔(1965)和莫平(1966)等人在资产组合理论的基础上,创造了资本资产定价模型(Capital Asset Pricing Model, CAPM),该模型建立了证券收益与风险的关系,揭示了证券风险报酬的内部结构。由于CAPM模型应用研究有很大局限性,所以罗斯(1976)提出套利定价理论(Arbitrage Pricing Theory, APT)。该理论在更加广泛的意义上建立了证券收益与宏观经济中其他因素的联系,与证券走势分析相比,可以提供更好的拟合。

与此同时,期权定价理论也迎来了发展。布莱克和舒尔茨(1973)在一系列假设的前提下,提出著名的 Black-Scholes 模型。随后,学术界围绕着 Black-Scholes 模型的框架对期权定价理论进行研究。莫顿(1973)首次将时变波动率引入期权定价模型。Cox(1976)则提出了固定波动率弹性模型(CEV 模型)。Lo 等(2000)则将时间因素引入到 CEV 模型。Brigo 和 Mercurio(2002)推导出股票价格服从随机过程的期权定价模型。布里戈等(2003;2004)则在此基础上进一步发展了波动率混合分布模型。此外,一些学者基于 Black-Scholes 模型研究其隐含波动率的估算方式,如 Jiang 和 Tian(2005)则在此基础上加入了价格跳跃情况的处理,并检验了这种方法计算的隐含波动率所蕴含的信息和对未来的预测能力。

近些年,现代金融理论大量应用金融数学取得了丰硕成果。其中,值得重视的应用领域是解决带有随机性的问题,而解决这个问题的重要手段就是随机最优控制理论。例如,莫顿(1971)使用连续时间方法论述消费和资产组合的问题,Brock 和 Mirman(1972)在不确定情况下使用离散时间方法进行的经济最优增长问题。此后,随机最优控制方法应用到大多数金融领域中,最为代表的彭实戈(2017)建立了以 g 期望、非线性布朗运动,非线性大数定律、非线性中心极限定理以及 G 期望为核心的一系列重要定理,为概率分布的不确定性下情况稳健分析和计算提供了重要理论基础,并成功地应用到解决实际金融问题中,适用于解决金融、经济中普遍存在的不确定性,特别是波动率不确定性下金融风险的稳健度量,为金融学和经济学的研究开辟了一个崭新的研究领域。同时,在现代金融市场理论的发展中有一种重要理论称之为鞅理论。Karatzas 和 Shreve(1998)提出将鞅理论引入到现代金融理论中,利用等价鞅测度的概念研究衍生证券的定价问题。此后,鞅理论作为随机过程的一个分支迅速发展起来。Hechner 和 Heinkel(2010)讨论了巴纳赫空间中推广的鞅方法;Muhle-Karbe 和 Kallsen(2010)、Mayerhofer 等(2011)研究了仿射过程中指数鞅的一些重要性质。此外,脉冲最优控制、微分对策、最优停时等理论同样是现代金融理论的重要成果,这一系列理论研究了证券投资决策问题。

二、前沿相关理论

金融工程领域并不只限于应用在公司和金融机构层面。当前,许多创造性的金融创新主要集中于信用评估、投资组合管理以及财务预测和规划等方面。其中,Hernandez Tinoco 和 Wilson(2013)将人工神经网络应用于公司破产的预测;Lahmiri 和 Bekiros(2019)使用基于大数据分析和机器学习方法进行公司破产预测。其他值得注意的研究包括:Ghosh 等(2021)和 Liu 等(2021)关于股价预测的研究;Verma(2021)、Malliaris(2013)以及 Manogna 和 Mishra(2021)关于石油、黄金和农产品价格预测的研究;Garcia Bedoya 等(2020)、Jullum 等(2020)、Eling 等(2022)以及 Goel 和 Uzuner(2016)的反洗钱、欺诈检测和风险管理的研究;Bhatia 等(2020)、Thalmann 等(2020)以及 Faelix 等(2020)关于行为金融的研究;以及 Hanafy 和 Ming(2021)、Huang 等(2017)关于大数据分析和数据挖掘的研究。此外,Arismendi 等(2016)、Borovkova 和 Schmeck(2017)、Fanelli 和 Schmek(2019)将商品和能源市场的季节性特征纳入考量并对其进行建模,他们认为电力期权与石油、天然气或玉米等其他商品期权不同,其隐含波动性相对于交付期而言是具有季节性的,即期权定价要取决于合同的交付期,同时区分了交易日的季节性和交付期的季节性。Arismendi 等(2016)对商品期货使用季节性随机波动模型。与 Heston 模型一样,随机波动遵循平方根过程,但具有季节性均值回归水平。Kemper 等(2022)基于萨缪尔森效应、季节性和随机波动性等特征,探究电力互换和期权的无套利定价。Goodell 等(2021)发现了金融领域 AI 和 ML 研究的三个主要集群:投资组合构建、估值和投资者行为;财务欺诈和困境;情绪推断、预测和规划。

第二节　金融工程理论热点问题

一、实物期权理论

实物期权理论是在金融期权理论的基础上进一步发展起来的。金融期权是处理金融市场上交易金融资产的一类金融衍生工具,而实物期权是处理一些具有不确定性投资结果的非金融资产的一种投资决策工具。布莱克和舒尔茨(1973)讨论了实物期权的定价问题并提出了著名的B-S模型。此后,Musiela 和 Rutkowski(2004)提出了广义 Cox-Ross-Rubinstein 二项式模型,可用于对离散时间期权进行定价。在多阶段二叉树模型中,Muzzioli 和 Torricelli(2004)使用了标准三角模糊数估计股票价格变动的概率分布,然后根据获得的概率计算股票的未来走势。Carlsson 和 Fullér(2003)则使用梯形模糊数估计项目现金流折现值和投资成本,使用 B-S 定价模型计算延迟实物期权的价值。之后,梯形模糊数被应用于多阶段风险投资以及求出三叉树模型中的不确定参数。Zmeska(2010)将模糊数用于企业价值的计算并推导了模糊随机二叉树模型。杨招军等(2016)基于实物期权的视角下,运用或有可转换债券(CCS)来解决公司的最优融资问题。郑征和朱武祥(2019)估计了模糊实物期权框架下初创企业的价值。

二、非线性期望理论

非线性期望理论发展得非常迅速,这与当前对于风险的稳健量化分析和计算的迫切需求密切相关。自 1991 年彭实戈开创性地提出倒向随机微分方程(BSDE)后,迅速吸引了全世界知名学者的关注与研究。此后,彭实戈(1997)基于倒向随机微分方程发展了一种动态一致(Dynamic Consistent)的非线性期望(命名为 g-期望)。彭实戈(2006)又提出一种全新的非线性期望 G-期望。这些技术能够很好地应用到金融中,诸如资产定价问题（El Karoui 等，1997，Epstein 和 Ji，2013），风险管理（Peng，2004；Rosazza Gianin，2006；宫晓琳，2015；宫晓琳等，2019），风险投资（Nishimura 和 Hiroyuki，2007）。特别是，利用倒向随机微分方程技术，2002 年陈增敬教授与美国艺术与科学院士、著名经济学家爱泼斯坦（Epstein）得到了 Chen-Epstein 的资产定价公式，成果被诺贝尔经济学奖获得者萨金特（Sargent）和汉森（Hansen）等国际著名专家引用与推广。

三、资产定价理论

传统资产定价理论强调经济基本面的变化是驱动资产价格波动的唯一因素。现有文献已从四因子模型（Carhart，1997）到五因子模型（Fama 和 French，2015）并已拓展到六因子模型（Fama 和 French，2018）。然而，中国股票市场与美国股票市场存在一定的差异性，故因子模型存在一定的争议性。如：吴世农和许年行（2004）指出，中国股票市场存在规模效应。同样地，田利辉等（2014）也支持了吴世农和许年行（2004）的研究观点。在中国股票市场的因子模型适用性问题上，高春亭和周孝华（2016）、李志冰等（2017）均认为五因子模型更具有优势，但赵胜民等（2016）却并不认同。当前，针对资产定价研究更多的是改进因子模型，如：Liu 等（2019）在传统因子模型的基础上更换了部分价值因子，从而解释了异象组合收益率问题；Hu 等（2019）针对中国股票市场进行研究时仍然采用了三因子模型，但却发现规模因子是解释股票截面收益率最有力的因子。

李爱忠等（2021）从企业的股权、债权关系出发，基于违约距离构建无向图网络，分析了不确定性风险以网络形式进行传染、溢出和蔓延等现象，通过最小生成树的稀疏网络优化方法最大限度降低资产组合的非线性风险影响。倪宣明等（2023）从三因子、四因子、五因子的经典因子模型的异质收益率出发，通过在残差空间中进行投资组合优化构造异质收益率因子来识别基准因子模型中的遗漏信息，从而对基准模型下的异质收益率定价。

根据目前国内外的研究现状,可发现金融工程经典理论主要集中于资产组合、定价等方面的研究,且经典理论受到当时经济形势的影响。随着经济一体化和金融自由化的加快,金融市场更为复杂,这使得一些经典理论不能很好地解释当前经济行为。因此,在金融工程经典理论的基础上,结合当前经济实际以及数字化技术,拓展或建立更为科学的理论则是未来研究重点。

第五章　金融工程定价研究

第一节　金融工程定价文献综述

一、期货定价

目前,无套利定价是最广泛的商品期货定价思想。现货商品的价格由反映商品稀缺性的最终消费品价格和反映未来商品期望值以及预期风险溢价的资产价格共同决定。

Hart 和 Hicks(1939)在商品现货价格的期望值上提出风险溢价模型。此后,Mayer(1972)、Hirshleifer(1989)进一步发展了套期保值压力假说,并开创了一般均衡模型。该模型认为,由于交易者参与的有效性或非交易性效应,套期保值压力会对商品期货的风险溢价水平产生影响。Brennan(1958)将商品期货价格的时变性与储存量以及存货量联系起来对风险溢价的决定进行了初步的分析。近几年,学者们将标的商品的稀缺性也引入到商品期货定价的风险溢价模型研究框架中来,这使得商品期货定价理论体系更加趋于完整和成熟。比如,Khan(2008)在一个条件资产定价框架中,对风险溢价和商品稀缺性的关系进行了实证研究。Basu(2011)指出,基于套期保值压力的风险溢价会随着商品市场的滞后波动而出现,商品风险交叉溢价也为正。宋军和缪夏美(2012)证明了通过便利收益调整后的风险溢价为套期保值净需求的理想代理变量。

同时,Working(1948)提出便利收益模型(Convenience Yield Model),

该模型是建立在当前商品现货价格以及期货价格之上的。便利收益的原始意义指持有商品存货的固有收益。此后,Brennan(1958)提出了"存储理论"。他们发现,存货和便利收益之间存在负斜率的凸的关系。Markert 和 Zimmerman(2007)指出,风险溢价模型和便利收益模型在理论上存在一定的关系。然而,这种理论上的关系并不能揭示利率、便利收益以及风险溢价变量之间存在相互影响和因果关系。实际上,存储理论中便利收益也不能解释交割延期。比如,Wright 等(1989)对存储的价格和交割延期作出了解释,具有正的缺货概率的跨期消费和存货策略的模型会得到类似的结论。Routledge(2000)也并未采用商品流的租金和服务来解释便利收益,这个收益是对未来消费或储存商品的实物持有者时间选择权的一种溢价,并且正的缺货概率是解释正的便利收益的一个充分条件。危慧惠等(2012)从现有的商品便利收益期货定价模型出发,利用商品期货市场的不完全性和现货市场价格服从 Poisson 跳跃过程,并运用随机贴现因子与随机便利收益将商品期货现货价格与期货价格联系起来,在随机便利收益条件下,提出不完全期货市场的期货定价模型。

Bukkapatanam 等(2012)以三因素模型为切入点,建立以天然气现货价格、随机便利收益和长期收益为状态变量的期货定价模型。郑振龙和林璟(2015)发现我国期货市场上存在显著的正向的定价偏差,并且表现出一定的持续性。Bakshi 等(2019)针对美国市场提出了包含市场、基差和动量的三因子模型;Boons 和 Prado(2019)提出了基差动量因子,发现其在美国市场具有显著收益率。欧阳若澜等(2021)基于沪铜的期货价格,构建包含商品现货价格、随机便利收益以及随机波动率的三因子模型,对沪铜期货进行定价研究。冯玉林等(2022)构建了适用于我国大宗商品期货市场的包含市场、基差以及基差动量的三因子定价模型,验证了经典的存储理论在我国的适用性。

二、期权定价

Black-Scholes 模型构成了期权定价的主流理论。随后,大部分学者针对 B-S 模型进行了改进,如:Margrabe(1978)在 Black-Scholes 框架下给出了欧式交换期权的定价公式；Kemna 和 Vorst(1990)确定了定价解析公式；Hilliard 等(1991)建立了随机利率期权定价模型；Buraschi 和 Jackwerth(2001)研究了固定波动率模型和随机波动率模型；Bakshi(2003)在建立随机波动率、随机利率及价格跳跃定价模型的基础上,检验了改进的 B-S 模型的有效性；Yung 和 Zhang(2003)比较了 EGARCH 模型与 B-S 模型的优劣。同时,部分学者也关注到了期权交易行为对期权定价的影响。如：Manaster 和 Rendleman(1982)通过 B-S 模型计算隐含的股票价格；Easley 等(1998)通过探讨交易者的交易行为,研究了期权交易量和股票价格；Chakravarty 等(2004)研究了期权对于价格发现的作用。此外,部分学者还研究了期权价格跳跃风险、市场偏度等。如：Bates(2008)将扩散风险和跳跃风险纳入同一研究框架；Cremers 等(2015)构建了跳跃因子与波动因子的定价模型；Bali 和 Murray(2013)研究了风险中性偏度的期权定价；Chang 等(2013)研究了期权价格与市场偏度之间的关系。

Ji 等(2015)基于不确定微分方程提出不同跳跃形式下的单个股票期权定价模型。Gao 等(2016)在此基础上,进一步提出带有不确定跳跃风险的双资产的期权定价模型。陈森鑫等(2018)基于随机波动率随机跳跃强度期权定价模型,结合实证研究,指出在期权定价过程中,跳跃风险溢酬远超过波动率风险溢酬。Bianchi 等(2018)研究了不确定性冲击在股东最优反应下的驱动估值、支付和杠杆,指出不确定性冲击及其相互作用对企业决策和股票风险溢价的影响。何朝林等(2020)在 Black-Scholes 期权定价模型中引入等级参数测度金融市场上的奈特不确定性程度,提出奈特不确定性下欧式期权定价的新模型。

三、其他产品定价

学者们也关注衍生品市场与股票市场之间的关系。大多数学者认为,衍生品市场与股票市场存在相关关系。Pan 和 Poteshman(2006)指出衍生品市场比股票市场的收益更大。Cao 等(2005)指出在特殊事件发生时,衍生品市场比股票市场的反应更快。Ang 等(2006)认为衍生品的波动率变化与股票市场收益间存在相关关系。An 等(2014)发现看涨期权波动率的上升会引起股票收益率的上升。Cremers 和 Weinbaum（2010）通过研究衍生品市场的买权和卖权，发现买卖权之间存在信息不对称。此外，学者们主要聚焦于保险、碳金融等产品定价。如：Duan 等（1995）将莫顿（1977）的模型扩展为包含随机利率，明确解释了期限结构对存款保险定价的影响；Falkenheim 和 Pennacchi（2003）建立了多期存保定价模型；Bunn 和 Fezzi（2007）研究了能源现货（包括电、天然气）与碳现货价格之间的相互关系；Sousa 等（2014）研究了煤价、碳价、电价之间的相互作用关系；Brauneis 等（2013）研究了碳期权价格波动对电力企业投资的影响。

第二节　金融工程定价热点问题

一、气候类衍生品定价

1997 年安然公司与科赫能源公司签订了第一张天气衍生品合约，自此天气衍生品逐渐进入金融市场。2017 年大连商品交易所与国家气象中心签订了战略合作协议，双方围绕天气衍生品展开研究，包括作物产量气象因子系列指数合作研发等，并进一步针对不可抗力气候衍生品、天气系列指数、期货交割气象资讯服务等方面展开研究。围绕着气候类衍生品定价，现有文献研究成果颇丰，如：Dornier 等（2000）运用 O-U 模型评估日均气温变化，并在此基础上开发了气温衍生品。然而，气候类衍生品与传统金融衍生品存在最大的不同在于，气候类衍生品无法直接交易。对此，气候类衍生品无法构建一个无风险的投资组合来对冲风险，传统金融产品定价模型，如 Black-Scholes 模型无法运用于气候类衍生品定价，这也是现有学术界针对气候类衍生品开发新定价模型的原因。在已有研究中，Alaton 等（2002）运用随机过程 O-U 模型对气候类衍生品进行定价，该类模型规避了气候类衍生品无法直接交易的问题。故此，随机过程 O-U 模型在气候类衍生品定价研究中被广泛应用。此外，部分学者也运用其他类模型对气候类衍生品进行不同程度的应用,如:Caballero 等(2002)使用的时间序列分析方法,Ahcan 等(2012)使用的统计模型分析方法,Fujita 等(2012)使用的算法模型分析方法、Yamada 等(2007)使用的效用函数模型分析方法。

二、碳期货定价

碳交易作为新事物,其研究一直处于探索发展过程中。Benz 和Truck(2009)研究发现,天然气、石油价格与碳排放配额(European Union Allowance,EUA)价格存在一定的波动关系,而极端类天气影响 EUA 现货的需求量。Mansanet 等(2007)同样发现碳价会受到能源类价格波动和极端天气的影响。Paolella 和 Taschini(2008)则研究了碳现货价格收益率的情况。Sousa 等(2014)认为煤炭价格的波动会导致碳价波动,而碳价波动是引起电价波动的诱因。Koop 和 Tole(2013)发现了碳市场波动的主要原因,并成功预测了碳市场中期货和现货价格。Alberola 等(2008)通过探究碳价变动情况,验证了 Mansanet 等(2007)的研究结论,认为极端天气和管制因素扰乱了碳交易市场的价格发现功能。Nazifi(2013)通过研究碳市场上进行交易的各类产品,发现不同碳产品存在价格波动不一致的原因是产品规则不同。Daskalakis 等(2008)发现了碳产品风险溢价的表现形式。Hintermann(2010)、Keppler 和 Mansanet - Bataller(2010)发现天气变化会引起碳价格波动。Mansanet 等(2011)认为次贷危机对碳价格的影响程度有限,反而是次贷危机会引致不同碳产品存在价差。此外,Kanamura(2016)、Silva 等(2016)、Atsalakis(2016)、Alana(2016)、Ibrahim 和 Kalaitzoglou(2016)、Hammoudeh 等(2014)对碳期货同样进行了深入研究。

三、碳期权定价

在碳交易的早期,碳期权产品就随之被开发。Daskalakis 等(2006)通过建立跳跃—扩散模型分析了碳期权与期货市场的关系。Milunovich 和 Joyeux(2007)认为,共享碳现货和期货市场的信息有利于价格发现,且证明了现货和期货市场存在波动性转移。Wagner 和 Uhrig－Homburg（2009）指出，银行政策是导致碳期权产品出现大幅波动的主要原因。Rittler（2012）分析了碳现货市场与碳期货市场之间的关系，发现碳期货市场是价格发现的先行者。Theissen（2009）对碳期货市场的价格发现功能进行了研究，发现当存在套利机会的时候，期货市场比现货市场反应更灵敏，能吸收更多的市场信息和信号。同样地，Arouri 等（2012）的研究也表明碳现货与碳期货价格之间存在一定关系。

从金融工程定价相关研究来看，定价理论方面的研究已较为成熟。如何结合金融产品特点，探讨金融产品定价理论，并考虑当前金融产品发展趋势，合理设计金融产品定价模型将是未来研究的重点。同时，期货、期权等衍生品已有研究进行了充分论证，未来研究的重点将放在新金融产品上，例如：保险定价、碳金融定价、气候类衍生品定价等方面。此外，可考虑将衍生品、能源、股票等产品结合研究，考察不同金融产品间的联动关系。

第六章 金融工程应用研究

第一节 金融工程应用文献综述

一、金融衍生工具

1. 运用衍生工具的动机

在经典金融工程理论发展的同时,一部分国内外学者对金融衍生工具开展了研究,可将这些文献按照动机与效果进行分类。其中,运用金融衍生工具的动机方面主流文献可分为:

一是减少预期税收假说。Smith 和 Stulz(1985)首次指出企业运用金融衍生工具是为对冲风险。Nance 等(1993)指出,课税扣除与金融衍生工具的运用存在显著的正向关系。该理论也证实了企业运用金融衍生工具的动机在于节税。此外,Dolde(1995)、Dionne 等(2004)的研究也同样证明了衍生工具的运用具有节约税收的作用。

二是财务危机成本假说。企业面临财务危机时,其运用金融衍生工具进行风险管理的动机越强烈。Geczy 等(1997)、Judge(2006)认为企业的杠杆率越高,其越可能通过金融衍生工具来对冲财务风险。Graham 和 Rogers(2002)研究也证明了资产负债率与风险对冲呈正相关。

三是避免投资不足假说。Nance 等(1993)指出当企业现金流不足时,为保障企业的投资机会,其越可能运用金融衍生工具来规避风险。实际上,在以往的研究中多用研发支出(R&D)、市盈率(PE)等变量衡量企业的投资机会(Nance 等,1993;Geczy 等,1997)。但 Lel(2006)认为研发支出(R&D)、市盈率(PE)等变量并不能反映出企业成长机会。这也就是说企业投资机会与金融工具的运用存在质疑。然而,Oslo(2008)的研究却很好地规避了此问题,并指出当企业具有较高的成长机会时会采用金融衍生工具来规避风险。

2. 运用衍生工具的效果

已有研究证实,企业的金融风险主要来自于汇率、利率以及商品价格的变动对公司现金流的影响。而企业运用衍生工具的目的则是对冲此类风险。那么,按照企业金融衍生工具的运用可分为远期、期货、期权以及互换四大类基本工具。Gordon 等(1995)通过调研数据发现,企业运用金融衍生工具首先是规避汇率风险,其次则是利率风险,最后才是商品价格变动的风险。Bartram 等(2003)指出,企业金融风险与衍生工具运用动机正相关。这也就是说企业运用衍生工具的主要目的是规避金融风险。Adam 等(2017)认为,当持有衍生金融工具的头寸变化远远超过对冲衍生金融工具的基础资产所需的头寸时,这种选择性套期保值行为就是投机行为,反之则是套期保值。Carr 和 Wu(2014)认为,动态增量套期保值与静态套期保值均能帮助企业管理金融风险,但在连续和不连续价格动态下静态套期保值的作用更好。Blöchlinger(2015)提出了离散时间的动态期限结构模型,该模型主要评估期权风险。Hull 和 White(2017)认为,相较于随机波动率模型,最小方差增量模型更具优势。Hilliard(2019)通过建立跳跃扩散模型和套期保值模型研究期权模型的适用性,指出看跌期权更适合 Black-Scholes 模型,而看涨期权则适用于跳跃扩散模型。Nian 等(2021)采用直接数据驱动的方法,对最优离散期权套期保值模型进行改进,并与传统模型进行对比。Chung 等(2013)运用静态套期保值组合(SHP)方法对 Black-Scholes 模型进行拓展,发现拓展后的 Black-Scholes 模型更具有优势。Wu 和 Zhu(2016)提出了一种新的基于合同特征近似匹配的套期保值策略。

二、金融工程在微观领域的应用

1.企业价值

企业价值的理念最早由阿尔弗雷德·马歇尔(Alfred Marshall)提出,其认为企业若想实现可持续发展则需要利润远大于投资成本,并基于该理念建立了企业盈利模型,以分析企业的未来发展情况。此后,莫迪利安尼和米勒(1959)指出上市公司价值为股票与负债市场价值之和。随着经济的快速发展,尤其是经济全球化带来的影响,学者们对上市公司价值进行了深入研究,认为企业价值应按照企业现有资源和获利能力来综合评估。Frykman 和 Tolleryd(2006)则指出,企业价值应是企业资产索赔权的价值,而资产索赔权价值是除了企业权益和债务经济索取权外,还包括企业职工退休补贴等所有方面的经济索取权价值的总和。可以说,弗吕克曼和托勒鲁德(2006)对企业价值的界定更贴合现实。

根据现有研究文献,可将企业价值的研究分两类:一类是金融衍生工具对企业价值的影响,即衍生金融工具的使用可以提高企业价值的理论。具有代表性的是公司价值最大化理论,该理论认为,通过降低市场摩擦成本,可以明显增加企业未来的现金流。如:Carter(2004)研究发现,企业运用金融衍生品会增加企业价值。Brunzell 等(2011)指出,企业使用套期保值会增加企业账面价值。另一类则是企业外部行为对企业价值的影响。如:LaFond(2008)认为,当企业提升信息披露质量时,会降低代理成本增加会计的稳健性,进而有助于提升企业价值。

2.股权激励

企业委托代理问题的产生在于公司所有权与经营权的分离,而如何缓解委托代理冲突则成为公司金融领域的研究核心(Jensen 和 Meckling,1976)。当前,国内外学者普遍认同,建立监管之外,设计有效的激励机制也是缓解委托代理冲突的重要手段。从已有研究看,股权激励方面的研究主要包括:

一是股权激励方案设计。学者们普遍认同股权激励可以提高激励对象的主人翁意识,而股权授予数量则代表了股权激励强度,给予激励对象适当的激励强度有助于减少代理冲突(Mehran,1995)。李丹蒙和万华林(2017)指出,股权激励有助于提高企业创新水平,且股权激励强度越大,公司创新水平越高。此外,部分学者认为股权激励是倒"U"形曲线,即股权激励强度存在最优值,超过一定阈值反而会增加代理冲突(Dittmann 和Maug,2007)。

二是在激励对象方面。部分学者指出激励对象应当存在一定范围,若全覆盖则会出现"搭便车"问题,削弱股权激励效果(Hall 和 Murphy,2003;黄群慧等,2014)。企业实施股权激励计划还是要出于人力资本的考虑(吕长江等,2011),尽可能地扩大股权激励对象,从而提高员工工作积极性(Oyer 和 Schaefer,2005)。

三是在股权激励时效方面。从理论上说,股权激励时间越长、对激励对象约束力越大,激励效果越好。若股权激励时间过短,则会失去股权激励本来的作用,反而会导致盈余操纵(黄新建和尤珊珊,2020)。同时,在企业对激励对象设置业绩指标时,不应采用单一利润指标,应考虑更全面的业绩指标(Murphy 和 Oyer,2002)。此外,我国股权激励的行权条件较为宽松,这可能会削弱股权激励效应(黄新建和尤珊珊,2020)。

四是股权激励实施效果。国内外学者对股权激励实施效果褒贬不一。Fang 等(2015)认为,股权激励是解决代理冲突的主要手段,能够降低代理成本,提升企业绩效。Marianna(2006)认为股权激励有利于促进企业创新;Shue 和 Townsend(2017)认为股权激励提升了企业风险承担。然而,谢德仁等(2018)指出,股权激励可能是管理者自谋福利。同样地,Benmelech 等(2010)认为股权激励有可能促进管理层操纵企业业绩,以达到行权条件。

3. 信用风险

当前,国内外学者对信用风险仍保持着较高的研究热潮。结合已有文献,可将现有信用风险的研究分为信用风险影响因素、评估指标以及评估方法。

一是信用风险影响因素。当前,学者们普遍从企业外部环境和内部环境视角,对企业信用风险影响因素展开研究。如:Xu 等(2016)认为,企业信用风险的发生源于内部控制质量;Tsai 等(2016)认为,控制企业信用风险需要提高企业竞争力和运营能力。

二是信用风险评估指标。针对企业信用风险评估指标的研究多集中于指标体系的选取。如:Zhang 等(2016)采取动态激励性指标,对企业进行信用风险的全面动态评估。Andrikopoulos 等(2018)构建企业违约风险时综合了企业市场信息与财务指标,并取得了较好的预测效果。Nguyen 等(2020)将企业年报中的情感信息加入企业信用风险指标体系,获得了不错的预测结果。

三是信用风险评估方法。过往研究主要运用统计学模型对企业信用风险进行预测,如:Maritin(1977)运用 logistic 模型评估企业违约风险;Ohlson 等(1980)运用多层逻辑回归评估企业信用风险。随着机器学习方法的普及,现有研究更多地采用神经网络(ANN)(West,2000)、决策树(DT)(Hung 和 Chen,2009)、支持向量机(SVM)(Schebesch 和 Stecking,2005)等方法。

三、金融工程在宏观领域的应用

金融工程在宏观领域的运用可以分为两类文献。一是运用期权的思想改造资产负债表。资产负债表注重的是对国家各个部门的资产负债表存量信息和资产负债头寸的分析。其重点考察某一时点资产和权益的存量,对于传统流量模型是一个补充(张培,2011)。Allen 等(2002)首次系统性地运用资产负债表分析方法研究宏观金融风险。但是,资产负债表作为会计报表,只记载历史的数据,它的资产项、负债项和权益项只能够体现账面价值的改变,而没有考虑到资产价值存在波动性。然而,外界风险因素的变化,势必会对现金流、价格、流动性造成冲击,最后往往都转化为信用风险。当资产价值下跌到不足以偿付债务的账面价值之时,违约已经发生,反映到资产负债表上为时已晚。

为了将市场信息反映到资产负债表中,Gray 等(2006)首次提出运用或有权益资产负债表(CCA)方法并且编制了一套国家各部门的或有权益资产负债表对宏观金融风险进行分析。或有权益资产负债表方法克服了传统资产负债表方法的缺陷,将市场信息和风险信息考虑到资产负债表中,其理论基础是布莱克和舒尔茨(1973)、莫顿(1974)提出的期权定价理论及其在企业风险权益定价中的应用。

Gray等(2006)认为任何一个经济部门都可以被看作是由一套内部之间存在关联的"资产—负债—担保"的投资组合,而一个国家或地区的经济部门之间也可以被视为这样的组合,即将所有的部门划分为四类——公共部门(包括政府部门及中央银行)、金融部门、非金融企业部门以及家庭部门。其中,公共部门、金融部门、企业部门、家庭部门也都可以被视为看涨期权或看跌期权来分析。

叶永刚(2009)运用期权定价理论和或有权益的分析方法研究和编制宏观或有权益资产负债,使宏观金融的静态分析变成了动态分析。具体而言,叶永刚(2009)运用宏观资产负债表和宏观或有权益资产负债表的相关数据和指标,构建了宏观金融风险的指标体系,并在宏观压力测试和蒙特卡罗模拟的基础上,确定宏观金融风险的安全区域。张培和叶永刚(2011)编制了2002—2008年东亚及东南亚八个国家(地区)金融部门和企业部门的或有权益资产负债表,利用或有权益资产负债表,将或有权益资产负债率、资产市值波动率以及违约距离进行比较分析。宫晓琳(2012)利用或有权益分析方法(也称为未定权益分析方法),在汇集、处理与整合编制多方数据的基础上,通过建立国民经济机构部门层面的风险财务报表,测度了2000—2008年我国的宏观金融风险,并直观展示和分析了该期间国民经济各机构部门风险敞口的动态演变情况。此后,宫晓琳和杨淑振(2013)利用未定权益分析方法,基于我国2000—2008年系统性宏观金融存量数据,深入探讨了宏观金融风险的演变速度与机制。宫晓琳等(2020)在随机分析与计算领域国际前沿研究成果的基础上,通过从本质上改变未定权益分析方法对概率统计模型的基本假设,将"确定性"假设条件下的风险度量拓展到"不确定性"假设条件下,进一步改进了未定权益分析方法在宏观风险度量等领域的运用。

二是宏观金融问题的工程化。叶永刚和宋凌峰(2007)将微观金融工程的有关思想和分析方法应用到宏观金融层面,研究部门和国家的金融风险和金融资源使用状况,即宏观金融工程。他们认为宏观金融工程是通过金融工具与手段的创新设计与重新组合、金融结构的调整和金融制度的变革来解决宏观金融问题。叶永刚等(2011)提出了宏观金融工程的理论和分析框架。将整个经济体作为分析对象,以部门结构为依托,从宏观资产负债表、宏观金融风险管理和宏观经济资本管理三个层面分析国家金融风险和金融资源的使用状况,并通过金融工具、手段、机制、结构等的创新为经济体系带来活力。叶永刚等(2013)运用宏观金融工程的方法对我国东、中、西部地区以及各省(自治区、直辖市)的金融风险进行结构性研究,通过金融工具与手段的创新设计与重新组合来研究和解决我国的宏观金融风险和经济发展问题。

第二节 金融工程应用热点问题

一、气候类衍生品应用

在天气衍生品相关的应用方面,目前相关研究主要集中在到农业、旅游业、能源业等易受天气条件影响的行业。Muneepeerakul 等(2017)将降雨强度与降雨频率纳入到降雨指数的开发中。Dalhaus 等(2018)研究了冬小麦生长中的干旱风险,进而将小麦增长阶段纳入天气衍生品的开发中。Hainaut(2019)为对冲玉米生产过程中的风险,开发了累计平均温度指数的天气衍生品。Lemmerer 等(2019)将标的物设为太阳活跃程度,开发出了空间衍生品定价模型。Prabakaran 等(2020)将气候类衍生品定价模型运用至电力市场中,认为温度的变化会引起期权价格的波动。Salgueiro 等(2021)将天气温度和降雨量纳入到气候类衍生品的开发中。毛利民等(2021)分析了对流天气影响下的管制运行特点,从空域、交通和气象的角度量化了影响终端区起降容量的特征,进行了基于信息增益的特征筛选,建立了基于随机森林的终端区小时起降容量预测模型。Robayo 等(2021)为控制能源零售商的风险,建立了以电价和天气指数为主的气候类衍生品对冲方案。Boyle 等(2021)研究了气候类衍生品在云雨天气中的应用。Li 等(2021)通过建立综合保险指数来对冲玉米生产风险。Zulkafli 等(2021)将温度和供水纳入气候类衍生品工具中来对冲稻米生产过程中的风险。Sun(2022)通过构建天气收益模型对冲水稻生产风险。Bucheli 等(2022)验证了天气指数保险能降低小麦和油菜籽生产中的风险。Anghileri 等(2022)分析了遥感数据集合与玉米产量之间的关系,为降低天气指数保险空间基础风险提供了识别方法。

二、信用风险相关研究

现有信用风险评价方法分三类:一是基于数理统计方法的信用风险评价方法。代表性的有判别分析法(李哲和迟国泰,2021;迟国泰和李鸿禧,2019)和 Logit 回归法(Guo 等,2016)等。数理统计模型背后原理是找到解释变量的最优线性组合,从而对客户违约风险进行建模、分析和预测(Chen 等,2016)。牟刚和袁先智(2016)依据精度高、变量少、数据可获取原则,分析了结构模型、生存分析模型和 Logit 模型在信用评价中的适用性,得出二元 Logit 选择模型更加现实和可行的结论。吕德宏和朱莹(2017)运用 Logit-ISM 模型,研究影响不同类型农户小额信贷风险的主要因素,以及主要影响因素的层次结构差异性。上述方法对低维信用数据建模具有一定优势,但对高维、非线性数据具有一定的挑战。二是基于浅层机器学习的信用风险评价方法。现实中,由于贷款数据呈现高维、非线性的特点,而机器学习方法在解决非线性问题方面具有很大优势,因此越来越多的浅层机器学习算法如支持向量机(Angilella 和 Mazzù,2015;衣柏衡等,2016)、决策树(董路安和叶鑫,2020)等被应用于信用评价。同时,为了增强模型表达能力、提高模型预测水平,也有学者将多分类器系统和集成模型应用于信用评价(Xia 等,2017)。在使用浅层机器学习算法进行分类或预测前,需要先完成特征工程。该过程通常需要人为设计或选取某些指标作为机器学习的输入,实现指标提取。三是基于深度学习的信用风险评价方法。叶永刚和吴良顺(2016)基于 BP 神经网络模型,构建了创业板上市公司的信用评级模型并进行信用风险评估。杨莲和石宝峰(2022)针对违约样本,尤其是违约样本中困难样本识别不足的问题,将图像识别中得以广泛应用的焦点损失 Focal Loss 函数引入信用评价,构建 Focal Loss 修正交叉熵损失函数的信用风险评价模型。

三、系统性风险相关研究

自 2007 年美国爆发金融危机以来,宏观金融风险成为业界及学界关注的重要议题。危机后,学术界及金融监管当局提出的有关宏观金融风险测度的新理论及新方法,往往将流动性(Liquidity)、杠杆率(Leverage)、损失损耗(Losses)和联动效应(Linkages)作为宏观金融风险研究的切入点。当前,系统性风险测度研究较为多元化,可将其归为四类研究:一是基于条件在险价值法(CoVaR)。如 Girardi 等(2013)修正了 Adrian 和 Brunnermeier(2011)提出的条件在险值方法,将单个金融机构的危机事件从原来定位为某个准确的在险值扩展到为小于某个在险值的区间,扩大了风险事件的概率范围,可以更好地研究单个金融机构的系统性风险贡献度。二是预期损失法(SRISK)。如 Acharya 等(2012)提出了基于 SRISK 指数的系统性风险测度方法。该方法根据每个金融机构独立特有的参数估计系统性风险,克服了系统预期损失的固定参数缺点;Idier 等(2014)基于 Acharya 等(2012)提出的方法计算了商业银行的动态边际预期损失。三是违约概率的测度法(PoD)。如 Huang 等(2009)提出,风险保费可以测度系统性风险事件发生时的金融系统的预期总体损失也可以测度单个金融机构对金融系统损失的贡献程度;Black 等(2013)基于风险保费理论测度方法分析了欧洲银行系统性风险。四是基于或有权益法(CCA)。如:Gray 等(2013)将或有权益法与 GVAR 方法相结合,该方法分析了银行部门风险、主权债务风险、公司部门风险与实体经济活动的相互关系;叶永刚等(2019)以武汉市为研究范本,在编制出武汉市账面资产负债表的基础上,将或有权益分析法应用于武汉市的四大部门,分析了武汉市金融风险。

四、保险产品应用研究

此外,保险是一种特殊的金融工具,是金融资产的重要组成部分。经济社会的高质量发展和投资者金融素养、风险管理理念的不断提升,正不断加速以经济补偿为基础、以风险管理为核心的保险产品在金融资产配置过程中发挥积极作用(孙积禄,2005)。在相关研究中,一类文献研究了投资者对保险产品的购买力,包括:宏观经济环境(刘威等,2019),居民收入水平(徐为山等,2006;尹成远等,2008;李韬等,2020),家庭人员结构(樊纲治等,2015),金融可得性(尹志超等,2015)等。另一类文献研究了投资者对保险产品的购买意愿,如投资者风险厌恶程度(黄毓慧等,2013)、认知能力(王晓全等,2019)、金融知识水平(Agnew 等,2012)、保险素养(Agnew 等,2005)以及险产品的信任感(Dohmen 等,2010)。

关于金融工程实务研究,现有文献做了很多有意义的工作,但还有些问题值得深入探讨:

一是衍生工具方面。现有衍生工具的研究多集中于衍生工具动机方面,衍生工具风险管理类文献相对较为薄弱,尤其是利用高维数据研究我国衍生品实际问题。因此,在强化我国关于金融衍生产品风险管理方面研究的同时,如何从我国衍生品市场出发,揭示衍生品市场内在规律,是我国学者亟待解决的问题。

二是微观领域应用方面。现有研究较为丰富,但结合数字化技术,利用大数据、高频数据进行分析的研究仍然不足。因此,如何结合数字化技术改进现有模型将是未来研究的重点问题。

三是宏观领域应用方面。国内外已有文献主要集中于 2006 年提出的运用或有权益资产负债表对宏观金融风险进行分析。然而,受信息技术现代化的影响,各国间的金融风险比以前更加具有传染性也更加复杂。因此,未来宏观金融风险方面的研究,需要考虑大量的经济变量,且需要将实际数据与模拟分析相结合,建立更为科学的宏观风险预测。

第三篇　方法篇

金融工程的一项重要工作是对资产进行定价,本篇对资产定价的方法给予详细的数理说明,主要包括 BSM 定价方法、数值定价方法和鞅方法三章。在 BSM 定价方法中主要对 B-S 模型以及 BSM 模型给予说明,并通过具体产品的定价过程让读者熟悉 BSM 定价方法;在数值定价方法中对网格树方法、有限差分方法和蒙特卡洛模拟方法给予介绍,并创新性地给出倒向随机微分方程使用三种方法的过程;在鞅方法中着重对测度变化给予介绍和应用,给出风险中性环境和 Knight 不确定环境中资产定价的过程。通过本篇的学习,能够帮助读者顺利开展金融产品定价工作,并对不同定价方法的异同有所理解。

第七章　布莱克—舒尔茨—莫顿定价方法

第一节　无收益资产衍生品定价

一、无收益资产衍生品定价的偏微分方程

假设:股票价格 S_t 遵循几何布朗运动;股票交易是连续的,价格变动也是连续的;所有证券都完全可分,可交易任何比率的股票;没有交易费用和税收;允许卖空标的证券;不存在无风险套利机会;衍生证券有效期内标的证券没有现金收益支付;衍生证券有效期内,无风险利率 r 为常数。

由于假设股票价格 S_t 遵循几何布朗运动,因此:

$$d S_t = \mu S_t dt + \sigma S_t dB_t \qquad (7-1)$$

在一个小的时间间隔 Δt 中, S_t 的变化值 ΔS_t 为:

$$\Delta S_t = \mu S_t \Delta t + \sigma S_t \Delta B_t \qquad (7-2)$$

设 f_t 是依赖于 S_t 的衍生证券的价格,则 f_t 一定是 S_t 和 t 的函数,根据伊藤引理可得:

$$d f_t = \left(\frac{\partial f}{\partial S} \mu S_t + \frac{\partial f}{\partial t} + \frac{1}{2} \frac{\partial^2 f}{\partial S^2} \sigma^2 S_t^2 \right) dt + \frac{\partial f}{\partial S} \sigma S_t dB_t \qquad (7-3)$$

在一个小的时间间隔 Δt 中, f_t 的变化值 Δf_t 满足:

$$\Delta f_t = \left(\frac{\partial f}{\partial S} \mu S_t + \frac{\partial f}{\partial t} + \frac{1}{2} \frac{\partial^2 f}{\partial S^2} \sigma^2 S_t^2 \right) \Delta t + \frac{\partial f}{\partial S} \sigma S_t \Delta B_t \qquad (7-4)$$

为了消除式(7-2)和式(7-4)中相同的风险源 ΔB_t ,可以构建一个包括一单位衍生证券空头和 $\dfrac{\partial f}{\partial S}$ 单位标的证券多头的组合。

令 Π_t 代表该投资组合的价值,则:

$$\Pi_t = -f_t + \frac{\partial f}{\partial S} S_t \tag{7-5}$$

在 Δt 时间后,该投资组合的价值变化 $\Delta\Pi_t$ 为:

$$\Delta\Pi_t = -\Delta f_t + \frac{\partial f}{\partial S} \Delta S_t \tag{7-6}$$

代入式(7-2) ΔS_t 和式(7-4) Δf_t 可得:

$$\Delta\Pi_t = \left(-\frac{\partial f}{\partial t} - \frac{1}{2} \frac{\partial^2 f}{\partial S^2} \sigma^2 S_t^2 \right) \Delta t \tag{7-7}$$

由于消除了风险,在小的 Δt 内,组合价值 Π 的变化是确定的,在无套利条件下,组合在 Δt 中的瞬时收益率等于 Δt 内的无风险收益率,即:

$$\Delta\Pi_t = r\Pi_t \Delta t \tag{7-8}$$

把式(7-5) Π_t 和式(7-6) $\Delta\Pi_t$ 代入得:

$$\left(-\frac{\partial f}{\partial t} - \frac{1}{2} \frac{\partial^2 f}{\partial S^2} \sigma^2 S_t^2 \right) \Delta t = r\left(-f_t + \frac{\partial f}{\partial S} S_t \right) \Delta t \tag{7-9}$$

化简可得:

$$\frac{\partial f}{\partial t} + r S_t \frac{\partial f}{\partial S} + \frac{1}{2} \frac{\partial^2 f}{\partial S^2} \sigma^2 S_t^2 = r f_t \tag{7-10}$$

这就是著名的 Black-Scholes 偏微分方程,它适用于其价格取决于标的证券价格 S 的所有衍生证券的定价。求解这一偏微分方程可得到 f ,但是只有在设定临界条件的情况下,其解才是唯一的,对于衍生品而言是到期回报。比如对于欧式看涨期权而言,其临界条件为到期回报 $c_T = \max(S_T - K, 0)$, S_T 和 K 分别是到期日股价和交割价格。

二、无收益资产的欧式看涨期权定价

根据无收益资产的欧式看涨期权的到期回报,其定价需要求解如下模型:

$$\frac{\partial c_t}{\partial t} + r S_t \frac{\partial c_t}{\partial S} + \frac{1}{2} \frac{\partial^2 c_t}{\partial S^2} \sigma^2 S_t^2 = r c_t$$

$$c_T = \max(S_T - K, 0) \tag{7-11}$$

这个偏微分方程是 Feynman-Kac 公式的一种形式,其在 $t=0$ 时的答案是:

$$c_0 = e^{-rT} \hat{E}_0[\max(S_T - K, 0)] \tag{7-12}$$

对上式右侧求期望,用 $f(X)$ 表示随机变量 X 的概率密度函数,得到:

$$\hat{E}_0[\max(S_T - K, 0)] = \int_{-\infty}^{\infty} \max(S_T - K, 0) f(S_T) d S_T$$

$$= \int_{K}^{\infty} S_T f(S_T) d S_T - \int_{K}^{\infty} K f(S_T) d S_T$$

$$= \int_{\ln K}^{\infty} e^{\ln S_T} f(\ln S_T) d(\ln S_T) - \int_{\ln X}^{\infty} K f(\ln S_T) d(\ln S_T) \tag{7-13}$$

引入记号分别表示 $\ln S_T$ 的均值 m、标准差 s 以及标准化形式 W_T:

$$W_T = \frac{\ln S_T - m}{s} \tag{7-14}$$

$$m = \hat{E}_0(\ln S_T) = \ln S + \left(r - \frac{\sigma^2}{2}\right)(T - t) \tag{7-15}$$

$$s = \sqrt{Var(\ln S)} = \sigma \sqrt{T - t} \tag{7-16}$$

则

$$W_T \sim N(0, 1) \tag{7-17}$$

其概率密度函数为:

$$f(W_T) = \frac{1}{\sqrt{2\pi}} e^{-\frac{W_T^2}{2}} \tag{7-18}$$

$$\hat{E}_0[\max(S_T - K, 0)] = \int_{\frac{\ln K - m}{s}}^{\infty} e^{sW + m} f(W_T) d W_T - \int_{\frac{\ln K - m}{s}}^{\infty} K f(W_T) d W_T$$

$$= \int_{\frac{\ln K - m}{s}}^{\infty} e^{sW + m} \frac{1}{\sqrt{2\pi}} e^{-\frac{W^2}{2}} d W_T - \int_{\frac{\ln K - m}{s}}^{\infty} K f(W_T) d(W_T)$$

$$= \int_{\frac{\ln K - m}{s}}^{\infty} e^{\frac{s^2}{2}+m} \frac{1}{\sqrt{2\pi}} e^{-\frac{(W-s)^2}{2}} d\,W_T - KN\left(\frac{m-\ln K}{s}\right)$$

$$= \int_{\frac{\ln K - m}{s}-s}^{\infty} e^{\frac{s^2}{2}+m} f(W_T) d\,W_T -$$

$$KN\left[\frac{\ln\frac{S}{K} + \left(r - \frac{\sigma^2}{2}\right)(T-t)}{\sigma\sqrt{T-t}}\right]$$

$$= \hat{E}_0(S_T) N\left[\frac{\ln\frac{S}{K} + \left(r + \frac{\sigma^2}{2}\right)(T-t)}{\sigma\sqrt{T-t}}\right] -$$

$$KN\left[\frac{\ln\frac{S}{K} + \left(r - \frac{\sigma^2}{2}\right)(T-t)}{\sigma\sqrt{T-t}}\right] \qquad (7-19)$$

再引入记号

$$d_1 = \frac{\ln\left(\frac{S}{K}\right) + \left(r + \frac{\sigma^2}{2}\right)(T-t)}{\sigma\sqrt{T-t}} \qquad (7-20)$$

$$d_2 = \frac{\ln\left(\frac{S}{K}\right) + \left(r - \frac{\sigma^2}{2}\right)(T-t)}{\sigma\sqrt{T-t}} = d_1 - \sigma\sqrt{T-t} \qquad (7-21)$$

则

$$C_t = SN(d_1) - Ke^{-r(T-t)}N(d_2) \qquad (7-22)$$

第二节　有收益资产衍生品定价

一、有收益资产衍生品定价的偏微分方程

Black-Scholes 模型没有考虑标的资产支付现金股息,莫顿将之延伸到标的资产支付现金股息下的期权模型。假设标的资产在期权有效期内

连续支付(现金)股息 q , q 是股价的确定百分比。这时股票价格 S_t 的随机过程可以表示为:

$$d S_t = (\mu - q) S_t dt + \sigma S_t dB_t \tag{7-23}$$

以其为标的资产的期权的价格 $f_t = f_t(S_t, t)$,根据伊藤引理可得:

$$d f_t = \left[\frac{\partial f}{\partial S}(\mu - q) S_t + \frac{\partial f}{\partial t} + \frac{1}{2} \frac{\partial^2 f}{\partial S^2} \sigma^2 S_t^2 \right] dt + \frac{\partial f}{\partial S} \sigma S_t dB_t$$
$$\tag{7-24}$$

在一个小的时间间隔 Δt 中, S_t 和 f_t 的变化值满足:

$$\Delta S_t = (\mu - q) S_t \Delta t + \sigma S_t \Delta B_t \tag{7-25}$$

$$\Delta f_t = \left[\frac{\partial f}{\partial S}(\mu - q) S_t + \frac{\partial f}{\partial t} + \frac{1}{2} \frac{\partial^2 f}{\partial S^2} \sigma^2 S_t^2 \right] \Delta t + \frac{\partial f}{\partial S} \sigma S_t \Delta B_t$$
$$\tag{7-26}$$

用一单位衍生证券空头和 $\frac{\partial f}{\partial S}$ 单位标的证券多头来构造无风险投资组合,用 Π_t 代表该投资组合的价值,即:

$$\Pi_t = -f_t + \frac{\partial f}{\partial S} S_t \tag{7-27}$$

在 Δt 时间后,该投资组合的价值变化 $\Delta \Pi_t$ 为:

$$\Delta \Pi_t = -\Delta f_t + \frac{\partial f}{\partial S}(\Delta S_t - q S_t \Delta t)$$

$$= \left[\frac{\partial f}{\partial S}(\mu - q) S_t + \frac{\partial f}{\partial t} + \frac{1}{2} \frac{\partial^2 f}{\partial S^2} \sigma^2 S_t^2 \right] \Delta t + \frac{\partial f}{\partial S} \sigma S_t \Delta B_t +$$

$$\frac{\partial f}{\partial S}(\Delta S_t - q S_t \Delta t)$$

$$= -\left(\frac{\partial f}{\partial t} + \frac{1}{2} \frac{\partial^2 f}{\partial S^2} \sigma^2 S_t^2 \right) \Delta t - \frac{\partial f}{\partial S} q S_t \Delta t \tag{7-28}$$

而无风险投资组合的价值变化满足:

$$\Delta \Pi_t = r \Pi_t \Delta t \tag{7-29}$$

得到:

$$\frac{\partial f}{\partial t} + (r - q) S_t \frac{\partial f}{\partial S} + \frac{1}{2} \frac{\partial^2 f}{\partial S^2} \sigma^2 S_t^2 = r f_t \tag{7-30}$$

这是有收益资产作为标的资产时的衍生品定价公式。当设定临界条件后,比如某种衍生品的到期回报作为终点条件,则能够得到上述偏微分方程的解析表达式。

二、有收益资产的欧式看涨期权定价

根据有收益资产的欧式看涨期权的到期回报,其定价需要求解如下模型:

$$\frac{\partial c_t}{\partial t} + (r - q) S_t \frac{\partial c_t}{\partial S} + \frac{1}{2} \frac{\partial^2 c_t}{\partial S^2} \sigma^2 S_t^2 = r c_t$$

$$c_T = \max(S_T - K, 0) \tag{7-31}$$

式(7-31)是 Feynman-Kac 公式的一种形式,与第一节推导过程相同,仅需将式(7-19)中的 r 替换为 $r - q$,其在 $t = 0$ 时答案是:

$$c_0 = e^{-(r-q)T} \hat{E}_0 [\max(S_T - K, 0)] = Se^{-qT}N(d_1) - Ke^{-rT}N(d_2)$$

$$\tag{7-32}$$

其中,

$$d_1 = \frac{\ln\left(\frac{S}{K}\right) + (r - q + \frac{\sigma^2}{2})T}{\sigma \sqrt{T}} \tag{7-33}$$

$$d_2 = \frac{\ln\left(\frac{S}{K}\right) + (r - q - \frac{\sigma^2}{2})T}{\sigma \sqrt{T}} = d_1 - \sigma \sqrt{T} \tag{7-34}$$

思 考 题

1. 求解有收益资产的欧式看跌期权的定价公式。

2. 证明无收益资产的欧式看涨期权和看跌期权之间的价格关系。

3. 根据期权定价公式,证明 $N(d_1) = \frac{\partial c}{\partial S}$。

4. 假设某股票的价格是 100 元,市场无风险利率是 2%,年波动率是

20%,则到期前无收益、行权价为 100 元、剩余期限 6 个月的欧式看涨期权的价格是多少?

5. 某股票当前价格为 60 元,假设一个月后的价格可能是 64 元,也可能是 56 元,市场无风险利率是 3%,那么行权价格为 62 的三个月期的欧式看涨期权价格是多少?

第八章　数值定价方法

　　布莱克和舒尔茨(1973)给出了不支付红利的欧式期权价格所满足的 Black-Scholes 微分方程,并得到该微分方程的封闭解形式(Closed-form Solution,也称为解析解,Analytical Solution)。然而,在大多情形下,人们一般无法得到期权价格所满足微分方程的解析解。例如,有限行权期限的美式期权、时间依赖期权(如百慕大期权)、路径依赖期权(强路径依赖期权诸如算术平均的亚式期权、回溯期权;弱路径依赖期权,诸如障碍期权)等。若得不到期权价格的封闭解,一般采用数值方法得到期权价格所满足微分方程的数值解(Numerical Solution)。

　　由前述内容可知,期权定价原理包含风险中性定价(鞅定价)、无套利定价等。期权定价的数值方法主要有网格树方法(Lattice Tree Methods)、有限差分法(Finite Difference Algorithms)、蒙特卡洛模拟法(Monte Carlo Simulation)等。其中,期权定价的树方法包括二叉树(Binomial Trees)和三叉树(Trinomial Trees)等。相对于二叉树,三叉树具有更快的收敛速度;有限差分方法用于计算期权定价对应的偏微分方程(Partial Differential Equation,PDE)。当然,计算 PDE 数值问题的方法较多,诸如谱方法、有限元方法,但是一般期权定价对应的 PDE 非线性程度较低,边界条件比较常规,所以有限差分法可以解决大部分的求解问题;蒙特卡洛方法适用范围比较广泛。四种期权定价方法的优缺点见表8-1。

表8-1 期权定价方法的优缺点

定价方法	优点	缺点
BS 模型	具有解析解,计算快。可以通过拆分组合技术得到一些种类期权的定价公式,诸如二值期权	无法解决大部分的期权定价问题
树方法	具有直观的金融学意义、便于理解、可以利用树图倒向递推的方法得到各个节点的价格,适合含权的产品定价,如美式期权	难于解决高维度问题(如多标的资产期权定价),不擅长路径依赖期权定价
有限差分法	计算速度快	难于解决高维度问题、路径依赖问题
蒙特卡洛模拟法	适用性强,适合计算路径依赖期权,可为多标的资产期权定价,Regression-based Monte Carlo 可用于提前行权的期权(Longstaff 和 Schwartz,2002)	计算速度慢

第一节 期权定价的网格树方法

本节重新讨论网格树方法中的二叉树模型,并分析二叉树模型的连续极限。

一、二叉树期权定价模型

二义树期权定价模型的基本思路为将期权期限 T 分为若干时间间隔 Δt,时间间隔越小,标的资产价格的变化越接近连续性。假设在每个时间间隔内标的资产价格 S 只有两种运动的可能:标的资产价格上升到原来的 u 倍,即 Su($u > 1$);或标的资产价格下降到原先的 d 倍,即为 Sd($d < 1$),标的资产及其看涨期权的二叉树图示见图 8-1。

假设标的资产不派发红利,且类似布莱克和舒尔茨(1973)假设标的资产价格服从几何布朗运动,在等价鞅测度(风险中性)测度下满足如下系统:

$$dS_t = rS_t dt + \sigma S_t dB_t \, , \, t \in [0,T]$$

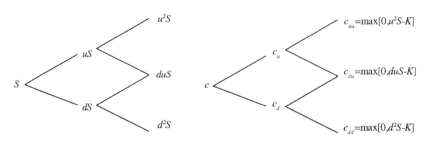

图 8-1 二叉树图示

其中,无风险利率 r 和波动率 σ 均为常数,$\{B_t\}_{t \in [0,T]}$ 为风险中性测度下的一维标准布朗运动。记 S_t 和 $S_{t+\Delta t}$ 分别表示当前时刻 t 和 Δt 时间后的资产价格,$\frac{S_{t+\Delta t}}{S_t}$ 服从对数正态分布。一方面,在风险中性测度下,$\ln \frac{S_{t+\Delta t}}{S_t}$ 服从以均值 $(r - \frac{\sigma^2}{2})\Delta t$ 和方差 $\sigma^2 \Delta t$ 的正态分布。$\frac{S_{t+\Delta t}}{S_t}$ 的均值和方差分别为 $e^{r\Delta t}$ 和 $e^{2r\Delta t}(e^{\sigma^2 \Delta t} - 1)$。另一方面,假设风险中性世界下的上涨概率为 p,资产价格比 $\frac{S_{t+\Delta t}}{S_t}$ 的数学期望和方差(直接由定义可得)分别为

$E[\frac{S_{t+\Delta t}}{S_t}] = pu + (1 - p)d$ 和 $Var(\frac{S_{t+\Delta t}}{S_t}) = E[(\frac{S_{t+\Delta t}}{S_t})^2] - E(\frac{S_{t+\Delta t}}{S_t})^2 = pu^2 + (1 - p)d^2 - [pu + (1 - p)d]^2$。

为求得 p、u 和 d 三个参数,设连续和离散模型中标的资产价格比的均值和方差相等,得:

$$pu + (1 - p)d = e^{r\Delta t} \qquad (8-1)$$

$$pu^2 + (1 - p)d^2 - e^{2r\Delta t} = e^{2r\Delta t}(e^{\sigma^2 \Delta t} - 1) \qquad (8-2)$$

由式(8-1)得出 $p = \frac{e^{r\Delta t} - d}{u - d}$。式(8-1)、式(8-2)为三个未知量 u,d 和 p 提供了两个方程式,仍需第三个条件。选择如下对称条件(Cox 等,1979):

$$u = \frac{1}{d} \qquad (8-3)$$

这表明与二叉树相关联的网格节点是对称的,即当二叉树过程实现了一次向上跳跃和一次向下跳跃时,资产价格返回到相同的值。

令 $\sigma^2 = e^{2r\Delta t} e^{\sigma^2 \Delta t}$,由式(8-1)、式(8-2)和式(8-3)联立解得:

$$u = \frac{\hat{\sigma}^2 + 1 + \sqrt{(\hat{\sigma}^2 + 1)^2 - 4e^{2r\Delta t}}}{2e^{r\Delta t}} \ , \ p = \frac{e^{r\Delta t} - d}{u - d} \qquad (8-4)$$

以上公式中的 u 的表达式似乎相当烦琐。通过将式(8-4)中定义的 u 泰勒展开,得:

$$u = 1 + \sigma\sqrt{\Delta t} + \frac{\sigma^2}{2}(\sqrt{\Delta t})^2 + \frac{4r^2 + 4\sigma^2 r + 3\sigma^4}{8\sigma}(\sqrt{\Delta t})^3 + O(\Delta t^2)$$

观察到上述泰勒展开式中的前三项与 $e^{\sigma\sqrt{\Delta t}}$ 的一致。因此选择如下参数值:

$$u = e^{\sigma\sqrt{\Delta t}} \ , \ d = e^{-\sigma\sqrt{\Delta t}} \ , \ p = \frac{e^{r\Delta t} - d}{u - d} \qquad (8-5)$$

与式(8-4)相比,参数值形式更简单。

接着给出二叉树模型的一般定价过程。以无收益证券的美式看跌期权为例。假设把该期权有效期划分为 N 个长度为 Δt 的小区间,令 f_{ij} 表示在时间 $i\Delta t$ 时第 j 个节点处的美式看跌期权的价值,其中 $0 \leqslant i \leqslant N$, $0 \leqslant j \leqslant i$,将 f_{ij} 称为节点 (i,j) 的期权价值,同时用 $Su^j d^{i-j}$ 表示节点 (i,j) 处的证券价格。由于美式看跌期权在到期时的价值是 $\max[K - S_T, 0]$,其中 K 为期权的执行价格, S_T 为证券到期时价格,所以有:

$$f_{N,j} = \max(K - Su^j d^{i-j}) \ , j = 0,1,\cdots,N \qquad (8-6)$$

假定在风险中性世界中从节点 (i,j) 移动到节点 $(i+1,j+1)$ 的概率为 p ,移动到 $(i+1,j)$ 的概率为 $1-p$ 。期权不被提前执行,则节点 (i,j) 的期权价值为:

$$f_{i,j} = e^{-r\Delta t}[pf_{i+1,j+1} + (1-p)f_{i+1,j}] \qquad (8-7)$$

其中 $0 \leqslant i \leqslant N-1, 0 \leqslant j \leqslant i$,该式事实上是欧式期权在节点 (i,j) 处的期权价值,由于美式期权有可能被提前执行,因此式(8-7)中求出的

$f_{i,j}$ 必须与该节点提前执行期权的收益 $K - Su^j d^{i-j}$ 比较,并取两者中的较大者。因此:

$$f_{i,j} = \max\{K - Su^j d^{i-j}, e^{-r\Delta t}[pf_{i+1,j+1} + (1-p)f_{i+1,j}]\} \qquad (8-8)$$

按这种倒推法计算,当时间区间的划分趋于无穷大,或者说当每一区间 Δt 趋于 0 时,就可以求出美式看跌期权的准确价值。若计算欧式期权价值,只需根据式(8-7)进行倒推即可。若仅求期权价值,一般将时间区间分成 50 步及以上就可以得到较理想的结果,但如果还要使用二叉树模型估计相应的风险指标,那么就需要更多的步数才能保证结果更精确。

二、二叉树模型的连续极限

在式(8-5)中给出 u,d 和 p 的参数值,考虑在 $\Delta t \to 0$ 时的定价公式 $c = [pc_u^{\Delta t} + (1-p)c_d^{\Delta t}]e^{-r\Delta t}$ 的渐近极限。以上定价公式的连续模拟可以写成:

$$c(S, t - \Delta t) = [pc(uS, t) + (1-p)c(dS, t)]e^{-r\Delta t} \qquad (8-9)$$

$c(S, t - \Delta t)$ 表示当前时间 $t - \Delta t$ 下当前标的资产价值为 S 的期权费。假设 $c(S,t)$ 有足够的连续性,在 (S,t) 处进行泰勒展开,

$$-c(S, t - \Delta t) + [pc(uS, t) + (1-p)c(dS, t)]e^{-r\Delta t}$$

$$= \frac{\partial c}{\partial t}(S, t)\Delta t - \frac{1}{2}\frac{\partial^2 c}{\partial t^2}(S, t)\Delta t^2 + \cdots - (1 - e^{-r\Delta t})c(S, t)$$

$$+ e^{-r\Delta t}\{[p(u-1) + (1-p)(d-1)]S\frac{\partial c}{\partial S}(S, t)$$

$$+ \frac{1}{2}[p(u-1)^2 + (1-p)(d-1)^2]S^2\frac{\partial^2 c}{\partial S^2}(S, t)$$

$$+ \frac{1}{6}[p(u-1)^3 + (1-p)(d-1)^3]S^3\frac{\partial^3 c}{\partial S^3}(S, t) + \cdots\}$$

因为 $1 - e^{-r\Delta t} = r\Delta t + O(\Delta t^2)$,所以有:

$$e^{-r\Delta t}[p(u-1) + (1-p)(d-1)] = r\Delta t + O(\Delta t^2),$$

$$e^{-r\Delta t}[p(u-1)^2 + (1-p)(d-1)^2] = \sigma^2\Delta t + O(\Delta t^2),$$

$$e^{-r\Delta t}[p(u-1)^3 + (1-p)(d-1)^3] = O(\Delta t^2)$$

将上述结果代入式(8-9),得:

$$- c(S,t - \Delta t) + [pc(uS,t) + (1 - p)c(dS,t)]e^{-r\Delta t}$$

$$= \left[\frac{\partial c}{\partial t}(S,t) + rS\frac{\partial c}{\partial S}(S,t) + \frac{\sigma^2}{2}S^2\frac{\partial^2 c}{\partial S^2}(S,t) - rc(S,t)\right]\Delta t + O(\Delta t^2)$$

因为 $c(S,t)$ 满足式(8-6),所以得到:

$$0 = \frac{\partial c}{\partial t}(S,t) + rS\frac{\partial c}{\partial S}(S,t) + \frac{\sigma^2}{2}S^2\frac{\partial^2 c}{\partial S^2}(S,t) - rc(S,t) + O(\Delta t)$$

当 $\Delta t \to 0$ 时,从二项公式中获得的 $c(S,t)$ 满足 Black-Scholes 微分方程。

三、Black-Scholes 定价公式的渐近极限

由以上分析知,二叉树期权定价公式的连续极限趋向于 Black-Scholes 微分方程。同理,当 $n \to \infty$, n 期二叉树期权价格也会收敛于 Black-Scholes 看涨期权价格公式。

在 n 期二叉树模型中,由 j 次上涨, $n - j$ 次下跌的风险中性概率表示为 $C_j^n p^j (1 - p)^{n-j}$ 。则 n 期二叉树模型中无收益资产看涨期权价值可以表示为:

$$c = e^{-nr\Delta t}\sum_{j=0}^{n} C_j^n p^j (1 - p)^{n-j}\max(u^j d^{n-j}S - K,0) \qquad (8\text{-}10)$$

令 k 是 n 期二叉树步骤中看涨期权的标的资产价格大于执行价格的最小次数,即 k 为最小的非负整数使得 $u^k d^{n-k}S \geq K$ 成立,因此有 $k \geq$

$\dfrac{\ln\dfrac{K}{Sd^n}}{\ln\dfrac{u}{d}}$, $\max(u^j d^{n-j}S - K,0) = \begin{cases} u^j d^{n-j}S - K,若 j \geq k \\ 0,若 j < k \end{cases}$

则式(8-10)可以进一步简化为:

$$c = Se^{-nr\Delta t}\sum_{j=k}^{n} C_j^n p^j (1 - p)^{n-j}u^j d^{n-j} - Xe^{-nr\Delta t}\sum_{j=k}^{n} C_j^n p^j (1 - p)^{n-j}$$

$$(8\text{-}11)$$

令 $\Phi(n,k,p) = \sum_{j=k}^{n} C_j^n p^j (1 - p)^{n-j}$ 表示 n 期二叉树模型中标的资产

价格满足 $u^k d^{n-k} S \geqslant K$ 的次数大于或等于 k 的风险中性概率。设 $p = upe^{-r\Delta t}$。则式（8-11）可以进一步改写为 $c = S\Phi(n,k,p) - Ke^{-nr\Delta t}\Phi(n,k,p)$。

若证当 $n \to \infty$ 时，n 期二叉树期权价格也会收敛于 Black-Scholes 看涨期权价格公式，即证：

$$\lim_{n\to\infty}\left[S\Phi(n,k,p) - Ke^{-nr\Delta t}\Phi(n,k,p)\right] = SN(d_1) - Ke^{-rT}N(d_2)$$

$$(8-12)$$

其中

$$d_1 = \frac{\ln\dfrac{S}{K} + \left(r + \dfrac{\sigma^2}{2}\right)T}{\sigma\sqrt{T}}, \quad d_2 = d_1 - \sigma\sqrt{T}。$$

设 Y 是服从二项分布参数为 n 和 p 的随机变量，其中 n 是二项试验的次数。当 n 充分大时，Y 是近似正态的，且均值为 np，方差为 $np(1-p)$。

因为

$$1 - \Phi(n,k,p) = P(j < k-1) = P\left(\frac{j - np}{\sqrt{np(1-p)}} < \frac{k-1-np}{\sqrt{np(1-p)}}\right)$$

$$(8-13)$$

其中，$\dfrac{j - np}{\sqrt{np(1-p)}}$ 是具有零均值和单位方差的归一化二项变量。设 S 和 S^* 分别表示当前时间的已知资产价格和 n 期后的标的资产价格。由于 $S^* = u^j d^{n-j} S$，资产价格比的对数也是二项变量，并且有以下形式

$$\ln\frac{S^*}{S} = j\ln\frac{u}{d} + n\ln d \qquad (8-14)$$

对于二项随机变量 j，其均值和方差分别为 $E[j] = np$ 和 $var(j) = np(1-p)$。由于 $\ln\dfrac{S^*}{S}$ 和 j 是线性相关的，所以 $\ln\dfrac{S^*}{S}$ 的均值和方差分别是：

$$E\left[\ln\frac{S^*}{S}\right] = E[j]\ln\frac{u}{d} + n\ln d = n\left(p\ln\frac{u}{d} + \ln d\right)$$

$$var(\ln\frac{S^*}{S}) = var(j)\,(\ln\frac{u}{d})^2 = np(1-p)\,(\ln\frac{u}{d})^2$$

当 $n\to\infty$ 时,离散二项模型和连续 Black-Scholes 模型的价格比对数的均值和方差应该一致,即:

$$\lim_{n\to\infty}n(p\ln\frac{u}{d}+\ln d) = (r-\frac{\sigma^2}{2})T \qquad (8\text{-}15)$$

$$\lim_{n\to\infty}np(1-p)\,(\ln\frac{u}{d})^2 = \sigma^2 T,\ T=n\Delta t \qquad (8\text{-}16)$$

因为 k 是大于或等于 $\dfrac{\ln\dfrac{K}{Sd^n}}{\ln\dfrac{u}{d}}$ 的最小非负整数,则有:

$$k-1 = \frac{\ln\dfrac{K}{Sd^n}}{\ln\dfrac{u}{d}} - \alpha,\ 其中\ 0<\alpha\le 1。$$

因此

$$1-\Phi(n,k,p) = P(j<k-1)$$

$$= P(\frac{j-np}{\sqrt{np(1-p)}} < \frac{\ln\dfrac{K}{S} - n(p\ln\dfrac{u}{d}+\ln d) - \alpha\ln\dfrac{u}{d}}{\sqrt{np(1-p)}\ln\dfrac{u}{d}})$$

$$(8\text{-}17)$$

当 $n\to\infty$ 或等效为 $\Delta t\to 0$ 时,数量 $\sqrt{np(1-p)}\ln\dfrac{u}{d}$ 和 $n(p\ln\dfrac{u}{d}+\ln d)$ 是有限的,而 $\alpha\ln\dfrac{u}{d}$ 是 $O(\sqrt{\Delta t})$。由于二项分布的正态近似特性,归一化二项变量 $\dfrac{j-np}{\sqrt{np(1-p)}}$ 成为标准正态随机变量。结合式(8-15)、式(8-16)得:

$$\lim_{n \to \infty} \Phi(n,k,p) = 1 - N(\frac{\ln \frac{K}{S} - (r - \frac{\sigma^2}{2})T}{\sigma\sqrt{T}}) = N(\frac{\ln \frac{S}{K} + (r - \frac{\sigma^2}{2})T}{\sigma\sqrt{T}})$$

$$(8\text{-}18)$$

四、倒向随机微分方程的二叉树法

帕尔杜和彭(Pardoux 和 Peng,1990)研究了一类 Lipschitz 条件下非线性倒向随机微分方程解的唯一解。随后研究发现,金融市场的许多重要的衍生证券的价值都可以用倒向随机微分方程问题,诸如许多类型期权定价、资产定价、风险管理和投资等问题能够转化为求解倒向随机微分方程(El Karoui 等,1997;Peng,2004;Rosazza Gianin,2006;Nishimura 和 Hiroyuki,2007;宫晓琳等,2019)。实际应用中,倒向随机微分方程的求解方法很关键。除少数线性倒向随机微分方程具有解析解外,多数情况需借助数值技术。多位学者利用二叉树法对倒向随机微分方程做过相关研究(Coquet 等,1998;Briand 等,2001;Peng 和 Xu,2003;Ma 等,2002)。

本部分以随机游走逼近标准布朗运动为例来阐述倒向随机微分方程的二叉树方法。给定时间 T,有如下倒向随机微分方程:

$$\begin{cases} - dy_t = g(y_t, z_t, t)dt - z_t dB_t \\ y_T = \xi \end{cases} \tag{8-19}$$

当 g 与边界满足一定条件时,倒向随机微分方程存在唯一解 (y_t, z_t)。

按照标准布朗运动的性质,布朗运动的增量系列 $\Delta B_t = B_{t+\Delta t} - B_t$ 满足独立同分布性质,且服从正态分布 $N(0, \Delta t)$。根据中心极限定理,满足一定条件下二项分布的极限分布为正态分布,所以可以利用随机游走过程逼近标准布朗运动。

选取独立同分布序列 ζ_i,ζ_i 分别以概率 0.5 取值为 1 或 -1,且其均值为 0,方差为 1。定义离散形式的标准布朗运动为 $B_t^n = \sqrt{\frac{T}{n}} \sum_{i=1}^{n} \zeta_i$,$n$ 为时间分割点数。由倒向递推的方法给出式(8-19)的离散形式,得到:

$$y_j = y_{j+1} + g(y_j, z_j, t)\Delta t - z_j\sqrt{\Delta t}\zeta_j \qquad (8-20)$$

在式(8-20)两侧同时乘以 ζ_i 并取关于 t 时刻的条件期望,因为 ζ_i 是均值为0,方差为1的独立同分布序列,可得如下计算格式:

$$z_j = \frac{1}{\sqrt{\Delta t}} E[y_{j+1}\zeta_j \mid F_j] = \frac{1}{2\sqrt{\Delta t}}(y_{j+1}^{+} - y_{j+1}^{-}) \qquad (8-21)$$

对式(8-20)两侧取关于 t 时刻的条件期望:

$$y_j = E[y_{j+1} \mid F_j] + g(y_j, z_j, t)\Delta t = \frac{1}{2}(y_{j+1}^{+} + y_{j+1}^{-}) + g(y_j, z_j, t)\Delta t$$

$$(8-22)$$

由上式首先得到 z_j 的取值,然后代入 y_j 的表达式(y_j 的压缩映射),即可利用迭代算法求出 y 值。

第二节　有限差分方法

有限差分法是解决由微分方程建模的科学和工程问题的常用数值方法。利用有限差分求解微分方程首先需对微分方程进行离散化,即需要对求解区域进行网格剖分,有关有限差分的更详细的解释可参见李荣华(2010)、陆金甫和关治(2016)。有限差分法最早是由布伦南和施瓦茨(Brennan 和 Schwartz,1978)应用在期权定价上的。塔韦利亚和兰达尔(Tavella 和 Randall,2000)对有限差分方法应用到金融工具的数值定价方法进行了全面综述。

一、显式有限差分法

本部分以无收益的欧式看涨期权的 Black-Scholes 微分方程为例,首先通过一系列的变换进行转为更易计算的形式。通过变量代换 $x = \ln S$,无收益的欧式看涨期权的 Black-Scholes 微分方程转化为:

$$\frac{\partial V}{\partial t} = \frac{\sigma^2}{2}\frac{\partial^2 V}{\partial x^2} + \left(r - \frac{\sigma^2}{2}\right)\frac{\partial V}{\partial x} - rV, \; x_{\min} \leqslant x \leqslant x_{\max}, \; 0 \leqslant t < T,$$

$$V(x,T) = \max(K - S_T, 0)$$

其中 $V = V(x,t)$ 表示 t 时刻对应的期权费。定义 $W(x,t) = e^{rt}V(x,t)$，则 $W(x,t)$ 满足：

$$\frac{\partial W}{\partial t} = \frac{\sigma^2}{2}\frac{\partial^2 W}{\partial x^2} + \left(r - \frac{\sigma^2}{2}\right)\frac{\partial W}{\partial x}, x_{\min} \leqslant x \leqslant x_{\max} \qquad (8-23)$$

为对 Black-Scholes 微分方程应用有限差分算法，首先将区域连续问题 $\{(x,t): x_{\min} \leqslant x \leqslant x_{\max}, 0 \leqslant t < T\}$ 进行网格剖分。取空间步长 $h = \dfrac{(x_{\max} - x_{\min})}{M}$ 及时间步长 $\tau = \dfrac{T}{N}$，M_0、M、N 为给定的充分大自然数。接着，利用两组平行线 $x = x_j = jh$ $(j = -M_0, \cdots, -1, 0, 1, \cdots, M - M_0)$ 和 $t = t_n = n\tau$ $(n = 0, 1, \cdots, N)$ 离散化区域 $\{(x,t): x_{\min} \leqslant x \leqslant x_{\max}, 0 \leqslant t < T\}$。矩形分割的网格系统或网格节点为 $(jh, n\tau)$，见图 8-2。宽度步长 h 和时间步长 τ 通常是独立的，在离散化有限差分公式中，W 为定义在网格节点上的函数。

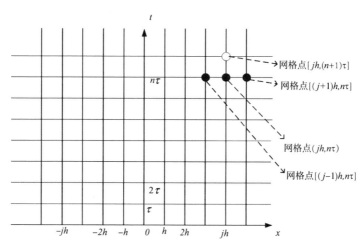

图 8-2 网格剖分图

从式（8-23）的离散化开始，设 W_j^n 表示 $W(jh, n\tau)$ 的近似数值。式（8-23）中的连续时间下的导数由以下有限差分算子近似得到：

$$\frac{\partial W}{\partial t}(jh, n\tau) \approx \frac{W_j^{n+1} - W_j^n}{\tau}$$

$$\frac{\partial W}{\partial x}(jh, n\tau) \approx \frac{W_{j+1}^n - W_{j-1}^n}{2h}$$

$$\frac{\partial^2 W}{\partial x^2}(jh, n\tau) \approx \frac{W_{j+1}^n - 2W_j^n + W_{j-1}^n}{h^2}$$

其中对关于时间的偏导采用向前差分,对标的资产的偏导采用中心差分。同样地,可以用 V_j^n 近似表示 $V(jh, n\tau)$,由上文定义得,$W_j^{n+1} = e^{r(n+1)\tau} V_j^{n+1}$ 和 $W_j^n = e^{rn\tau} V_j^n$。将有限差分算子代入式(8-23),然后方程两边约掉 $e^{rn\tau}$,得到如下的 Black-Scholes 方程有限差分显式格式:

$$V_j^{n+1} = \left[V_j^n + \frac{\sigma^2}{2} \frac{\tau}{h^2} (V_{j+1}^n - 2V_j^n + V_{j-1}^n) + \left(r - \frac{\sigma^2}{2} \right) \frac{\tau}{2h} (V_{j+1}^n - V_{j-1}^n) \right] e^{-r\tau}$$

$$(8\text{-}24)$$

由于 V_j^{n+1} 是在第 $n+1$ 个时间格点上的期权费,因此可以直接由已知值 $V_{j-1}^n, V_j^n, V_{j+1}^n$ 计算 V_j^{n+1}。假设给出初始值 V_j^0,可以利用式(8-24)计算出 V_j^1,V_0^1 和 V_N^1 两端的数值由期权模型规定的数值边界条件给出。由式(8-24)可得如下类似树方法(二叉树或三叉树)的一般通式:

$$V_j^{n+1} = b_1 V_{j+1}^n + b_2 V_j^n + b_3 V_{j-1}^n, n = 1, 2, \cdots, N - 1 \qquad (8\text{-}25)$$

其中 b_1、b_2 和 b_3 为系数。其中式(8-24)对应的系数为:

$$b_1 = \left[\frac{\sigma^2}{2} \frac{\tau}{h^2} + \left(r - \frac{\sigma^2}{2} \right) \frac{\tau}{2h} \right] e^{-r\tau}$$

$$b_2 = \left(1 - \sigma^2 \frac{\tau}{h^2} \right) e^{-r\tau}$$

$$b_3 = \left[\frac{\sigma^2}{2} \frac{\tau}{h^2} + \left(r - \frac{\sigma^2}{2} \right) \frac{\tau}{2h} \right] e^{-r\tau}$$

当条件 $ud = 1$ 成立,假设 $h = \ln u$,则 $\ln d = -h$;利用二叉树定价模型思想可以表示为:

$$V^{n+1}(x) = \frac{pV^n(x+h) + (1-p)V^n(x-h)}{e^{r\tau}}, \quad x = \ln S \quad (8-26)$$

式（8-26）中，$V^{n+1}(x)$、$V^n(x+h)$ 和 $V^n(x-h)$ 分别类似于二叉树模型的看涨期权费 c、c_u 和 c_d。上述二叉树模型表示对应系数 $b_1 = p/e^{r\tau}$、$b_2 = 0$、$b_3 = (1-p)/e^{r\tau}$。

虽然通常的有限差分计算给出了给定时间水平（$\tau = n\tau$）上所有节点的期权费值，但在典型的二项或三项式计算中，能够计算在 $t = n\tau$ 上单个标的资产 S 对应的期权费。假设依赖区域中不包含边界节点，则期权模型的边界条件对离散模型的数值解没有任何影响。当边界点为无穷大时，这种对边界条件的忽略并不会降低计算精度，就像在 S 中 x 的定义域为无穷大的普通期权模型中一样。当 $x = \ln S$ 的定义域被截断时，这种情况不再成立。为了获得高水平的数值精度，数值模拟必须考虑边界条件的影响。

虽然显式有限差分法易于实施，但与隐式格式相比，它们的精度较低。此外，出于数值稳定性考虑，时间步长不能选择太大。

二、隐式有限差分法

假设贴现项 $-rV$ 和关于标的资产的导数由第 n 和 $n+1$ 个时间级别的中心差分算子的平均值近似。则有：

$$-rV\left[jh, \left(n+\frac{1}{2}\right)\tau\right] \approx -\frac{r}{2}(V_j^n + V_j^{n+1})$$

$$\frac{\partial V}{\partial x}\left[jh, \left(n+\frac{1}{2}\right)\tau\right] \approx \frac{1}{2}\left(\frac{V_{j+1}^n - V_{j-1}^n}{2h} + \frac{V_{j+1}^{n+1} - V_{j-1}^{n+1}}{2h}\right)$$

$$\frac{\partial^2 V}{\partial x^2}\left[jh, \left(n+\frac{1}{2}\right)\tau\right] \approx \frac{1}{2}\left(\frac{V_{j+1}^n - 2V_j^n + V_{j-1}^n}{h^2} + \frac{V_{j+1}^{n+1} - 2V_j^{n+1} + V_{j-1}^{n+1}}{h^2}\right)$$

关于时间导数为：

$$\frac{\partial V}{\partial t}\left[jh, \left(n+\frac{1}{2}\right)\tau\right] \approx \frac{V_j^{n+1} - V_j^n}{\tau}$$

然后得到以下两层隐式有限差分格式：

$$V_j^{n+1} = V_j^n + \frac{\sigma^2}{2}\frac{\tau}{h^2}\left(\frac{V_{j+1}^n - 2V_j^n + V_{j-1}^n + V_{j+1}^{n+1} - 2V_j^{n+1} + V_{j-1}^{n+1}}{2}\right)$$

$$+ \left(r - \frac{\sigma^2}{2}\right)\frac{\tau}{2h}\left(\frac{V_{j+1}^n - V_{j-1}^n + V_{j+1}^{n+1} - V_{j-1}^{n+1}}{2}\right) - r\tau\left(\frac{V_j^n + V_j^{n+1}}{2}\right)$$

$$(8\text{-}27)$$

这通常被称为 Crank–Nicolson 方案。对于 $n = 0, 1, \cdots, N-1$；$j = -M_0, \cdots,$
$0, \cdots, M - M_0$：

$$a_1 V_{j+1}^{n+1} + a_2 V_j^{n+1} + a_3 V_{j-1}^{n+1} = b_1 V_{j+1}^n + b_2 V_j^n + b_3 V_{j-1}^n \qquad (8\text{-}28)$$

可以观察到 Crank–Nicolson 方案对应于：

$$a_1 = -\frac{\sigma^2}{4}\frac{\tau}{h^2} - \left(r - \frac{\sigma^2}{2}\right)\frac{\tau}{4h}$$

$$a_2 = 1 + \frac{\sigma^2}{2}\frac{\tau}{h^2} + \frac{r}{2}\tau$$

$$a_3 = -\frac{\sigma^2}{4}\frac{\tau}{h^2} + \left(r - \frac{\sigma^2}{2}\right)\frac{\tau}{4h}$$

并且

$$b_1 = \frac{\sigma^2}{4}\frac{\tau}{h^2} - \left(r - \frac{\sigma^2}{2}\right)\frac{\tau}{4h}$$

$$b_2 = 1 - \frac{\sigma^2}{2}\frac{\tau}{h^2} - \frac{r}{2}\tau$$

$$b_3 = -\frac{\sigma^2}{4}\frac{\tau}{h^2} - \left(r - \frac{\sigma^2}{2}\right)\frac{\tau}{4h}$$

可以系统地导出式(8-25)中描述的各种隐式有限差分格式（Kwok 和 Lau，2001）。

　　假设 V_j^n 的值在第 n 个时间格点上都是已知的，那么 V_j^{n+1} 解就是一个对角方程组的反演。这就解释了这类方案使用隐式术语的原因。在矩阵形式中，两级六点格式可以表示为：

$$\begin{pmatrix} a_2 & a_1 & 0 & \cdots & \cdots & 0 \\ a_3 & a_2 & a_1 & & \cdots & 0 \\ & \cdots & & & & \\ & & \cdots & & & \\ & & & \cdots & & \\ 0 & \cdots & \cdots & 0 & a_3 & a_2 \end{pmatrix} \begin{pmatrix} V_1^{n+1} \\ V_2^{n+1} \\ \cdot \\ \cdot \\ \cdot \\ V_N^{n+1} \end{pmatrix} = \begin{pmatrix} c_1 \\ c_2 \\ \cdot \\ \cdot \\ \cdot \\ c_N \end{pmatrix} \qquad (8-29)$$

$$c_1 = b_1 V_2^n + b_2 V_1^n + b_3 V_0^n - a_3 V_0^{n+1}$$

$$c_N = b_1 V_{N+1}^n + b_2 V_N^n + b_3 V_{N-1}^n - a_3 V_{N+1}^{n+1}$$

$$c_j = b_1 V_{j+1}^n + b_2 V_j^n + b_3 V_{j-1}^n, j = 2, \cdots, N-1$$

该系统可以由著名的 Thomas 算法实现,它是高斯算法的一种有效实现。

三、倒向随机微分方程的有限差分方法

彭(Peng,1991)得到了倒向随机微分方程对应的二阶抛物型(椭圆型)PDE,并建立了非线性 Feynman-Kac 公式。Feynman-Kac 公式将与 SDE 耦合的倒向随机微分方程解和 PDE 的解相关联。马等(Ma 等,1994)的四步法利用带特征线的有限差分法求解倒向随机微分方程对应 PDE,有效地借助特征线方程消除了原 PDE 的一阶偏导数项。四步法首次为 BSDE 给出了一种可行的数值格式,并证得当时间剖分充分大时,格式将以 $O(\frac{1}{\sqrt{n}})$ 速度收敛。但因四步法是基于 PDE 的差分方法,该法难于解决高维问题。下面给出具体四步法算法的简要概述。由彭(Peng,1991)建立了倒向随机微分方程与二阶抛物型(椭圆型)PDE 的对应关系。考虑如下全耦合的正倒向随机微分方程:

$$\begin{cases} dx_t = b(x_t, y_t, z_t, t)dt + \sigma(x_t, y_t, t)dB_t \\ -dy_t = g(y_t, z_t, x_t, t)dt - z_t dB_t \\ y_T = \Psi(x_T) \end{cases} \qquad (8-30)$$

$u(x,t) = y_t$ 为式(8-30)对应的拟线性抛物型偏微分方程的解,

$$\begin{cases} \partial_t u + b\partial_x u + \dfrac{1}{2}\sigma^2 \partial_{xx} u + g(u,u_x\sigma,x_t,t) = 0 \\ u(x,T) = \Psi(x) \end{cases} \qquad (8\text{-}31)$$

接着,本部分利用如下四个步骤进行求解:

第一步,定义一个映射函数 $z(t,x,y,p) = -p\sigma(t,x,y)$　　　(8-32)

第二步,利用定义的映射函数 z,求解如下的拟线性抛物型微分方程的解 $\theta(t,x)$:

$$\begin{cases} \theta_t + b[t,x,\theta,z(t,x,\theta,\theta_x)]\theta_x + \dfrac{1}{2}\sigma^2(t,x,\theta)\theta_{xx} + \\ g[t,x,\theta,z(t,x,\theta,\theta_x)] = 0 \\ \theta(x,T) = \Psi(x) \end{cases} \qquad (8\text{-}33)$$

第三步,进一步利用式(8-32)和式(8-33)中的函数 $\theta(t,x)$ 、z 求解如下随机微分方程:

$$dx_t = b\{t,x,\theta(t,x),z[t,x,\theta(t,x),\theta_x(t,x)]\}dt + \sigma[t,x,\theta(t,x)]dB_t$$

第四步,设 $y_t = \theta(t,x_t)$, $z_t = z[t,x_t,\theta(t,x_t),\theta_x(t,x_t)]$,得到三元组 (x_t, y_t,z_t) 即为正倒向随机微分方程的解。当 b,σ,g 关于 z 独立时,PDE 可简化为:

$$\begin{cases} \theta_t + b(t,x,\theta)\theta_x + \dfrac{1}{2}\sigma^2(t,x,\theta)\theta_{xx} + g(t,x,\theta) = 0 \\ \theta(x,T) = \Psi(x) \end{cases} \qquad (8\text{-}34)$$

接下来,使用一种带特征线的有限差分法来求解 PDE,式(8-34)中令 $\tau = \dfrac{T}{N}$

$$\begin{cases} y_i^j = y_{i+1}^j + b\Big[t_{i+1},x_{i+1}^j,y_{i+1}^j, -\dfrac{y_{i+1}^{j+1} - y_{i+1}^{j-1}}{2h}\sigma(t_{i+1},x_{i+1}^j,y_{i+1}^j)\Big]\dfrac{y_{i+1}^{j+1} - y_{i+1}^{j-1}}{2h} \\[2mm] + \dfrac{\tau}{2}\sigma^2(t_{i+1},x_{i+1}^j,y_{i+1}^j)\dfrac{y_{i+1}^{j+1} - 2y_{i+1}^j + y_{i+1}^{j-1}}{h^2} + g\Big[t_{i+1},x_{i+1}^j,y_{i+1}^j, \\[2mm] -\dfrac{y_{i+1}^{j+1} - y_{i+1}^{j-1}}{2h}\sigma(t_{i+1},x_{i+1}^j,y_{i+1}^j)\Big] = 0 \\[2mm] z_i^j = -\dfrac{y_{i+1}^{j+1} - y_{i+1}^{j-1}}{2h}\sigma(t_{i+1},x_{i+1}^j,y_{i+1}^j) \end{cases}$$

四步法首次给出了耦合正倒向随机微分方程的可行数值格式,并证明当时间剖分数充分大时,格式以 $O(\frac{1}{\sqrt{n}})$ 的速度收敛。

第三节　蒙特卡洛模拟方法

蒙特卡洛算法(Monte Carlo Simulation)是 20 世纪 40 年代中叶由美国数学家乌拉姆(Ulam)与美籍匈牙利数学家冯·诺伊曼(Von Neumann)在研制核武器时提出来的。为体现蒙特卡洛算法随机抽样的本质,乌拉姆等人以摩纳哥公国的赌城蒙特卡洛为该算法命名。

一、衍生品定价的蒙特卡洛算法

蒙特卡洛算法的基本思想是:针对某一问题,建立一个概率模型或随机过程,使它的参数或数字特征等于问题的解,然后通过对模型或过程的观察或抽样试验来计算这些参数或数字特征,最后给出所求解的近似值。

蒙特卡洛算法的思想源头可追溯到蒲丰(Buffon)投针实验。针对圆周率的计算,法国科学家蒲丰发明了一种既神奇又简单的二维空间用几何形式表达的概率实验,该实验通过模拟均匀分布,通过计算对应几率得到圆周率的近似值。

蒙特卡洛方法基本上是一种估计随机变量期望值的数值过程,因此它很自然地应用到以期望为代表的衍生品定价问题。模拟过程包括生成具有给定概率密度的随机变量,并基于大数定律将这些值的样本均值作为对随机变量期望值的估计。在衍生品定价的操作中,蒙特卡洛算法包括以下步骤:(1)根据风险中性概率分布,模拟衍生品模型中基准状态变量的样本路径,例如衍生品生命周期内的资产价格和利率。(2)对于每个模拟样本路径,评估衍生工具的贴现现金流。(3)取所有样本路径上贴现现金流的样本均值。

例如,考虑无收益的欧式看跌期权的估值来说明蒙特卡洛算法。欧式看跌期权到期时的预期收益为 $E[\max(K-S_T,0)]$，现值为 $e^{-rT}E[\max(K-S_T,0)]$，其中 S_T 是到期时间 T 时的标的资产价格，K 为执行价格。假设标的资产价格过程服从对数正态分布，风险中性测度下的标的资产在 t 时刻的价格可表示为：

$$\frac{S_{t+\Delta t}}{S_t} = e^{(r-\frac{\sigma^2}{2})\Delta t + \sigma\delta\sqrt{\Delta t}} \tag{8-35}$$

其中 Δt 是时间步长，σ 是波动率，r 是无风险利率。这里，ε 表示服从标准正态分布的随机变量。假设当前时刻 0 和到期时刻 T 之间存在 N 个时间间隔，那么 $\Delta t = T/N$。借助随机变量 ε 的 N 个模拟随机数，式（8-35）给出的数值过程重复 N 次去模拟从 S_0 到 $S_T = S_{t+N\Delta t}$ 的价格路径，然后使用折现收益公式计算从该模拟资产价格路径产生的看跌期权价格为：

$$put = e^{-rT}\max(K - S_T,0) \tag{8-36}$$

注意，此时 S_T 是一个数值，不再为随机变量，以上操作就完成了欧式看跌期权的蒙特卡洛模拟的一个样本迭代。

重复足够多的上述模拟后，通过计算样本模拟中找到的看跌期权价值估计值的样本均值来获得预期看跌期权值。此外，可以找到看跌期权价值估计的标准差。令 put_i 表示在第 i 次模拟中获得的看跌期权价值的估计值，n 为模拟运行的总次数。预期看跌期权价值由下式给出：

$$\hat{put} = \frac{1}{n}\sum_{i=1}^{n} put_i \tag{8-37}$$

样本的估计方差由下式计算：

$$\hat{s}^2 = \frac{1}{n-1}\sum_{i=1}^{n}(put_i - \hat{put})^2 \tag{8-38}$$

记 put 是真实的看跌期权价值，对于足够大的模拟次数 n，$\frac{(\hat{put} - put)\sqrt{n}}{\hat{s}}$ 趋于标准正态分布。因为 $\hat{put}$ 的标准差等于 $\hat{s}/\sqrt{n}$，因此可以通过增加模拟次数 n 来缩小估计的置信区间的宽度。$1/\sqrt{n}$ 意味着模拟次数增加 100 倍，标准差才会缩小 10 倍。

蒙特卡洛算法优点之一是它易处理具有路径依赖的期权定价。例如,亚式期权的到期回报取决于标的资产价格在某个时间间隔内的平均值。回溯期权的到期回报取决于标的资产价格在某个时间段内的极值。具体操作中,在每条模拟路径中获取价格路径中的平均值或极值非常简单。而蒙特卡洛模拟的主要缺点是需要大量的模拟试验才能达到足够高的精度。

为提高蒙特卡洛模拟的效率,各种方差减少技术(Variance Reduction Techniques)被引入到蒙特卡洛模拟中(Hull 和 White,1988;Boyle、Broadie 和 Glasserman,1997)。

二、方差减少技术

提高蒙特卡洛模拟效率的途径之一是降低样本的估计方差 $\hat{s}^2$,进而可以减少模拟试验的次数 n。两种最常见的方差减少技术是对立变量法(Antithetic Variates Method)和控制变量法(Control Variate Method)。

设 n_T 是用于评估期权价格估计值 V 的总模拟时间。若存在两种方法可以得到期权价格的蒙特卡洛模拟估计值,$V_i^{\ 1}$ 和 $V_i^{\ 2}$ 分别表示使用两种方法得到的第 i 次模拟中期权价格的估计量,且标准差分别为 σ_1 和 σ_2。两种方法每次模拟计算分别需要的模拟时间为 n_1 和 n_2。为便于分析,假设 n_T 可以被 n_1 和 n_2 整除。使用时间 n_T 从两种方法估计 V 的样本均值分别为 $\sum_{i=1}^{n_T/n_1} V_i^1 / \dfrac{n_T}{n_1}$ 和 $\sum_{i=1}^{n_T/n_2} V_i^2 / \dfrac{n_T}{n_2}$。根据大数定律,上述两个估计量均近似于正态分布,均值为 V,它们各自的标准差为 $\sigma_1 \sqrt{\dfrac{n_1}{n_T}}$ 和 $\sigma_2 \sqrt{\dfrac{n_2}{n_T}}$。

因此,就计算效率而言,第一种方法优于第二种方法,前提是 $\sigma_1^{\ 2} n_1 < \sigma_2^{\ 2} n_2$。

或者说,当仅考虑到计算效率方面时,方差比 σ_1^2 / σ_2^2 小于工作量比 n_2 / n_1 时,才首选较低方差估计方法。以上就从计算效率的角度评估了方差减少技术的有效性。

1. 对立变量法

假设 $\{\delta^i\}$ 表示标的资产价格路径的第 i 次模拟运行的标准正态分布的独立样本,因此:

$$S_T^i = S_t \exp\left[\left(r - \frac{\sigma^2}{2}\right)T + \sigma\sqrt{\Delta t}\sum_{j=1}^{N}\delta_j^i\right], i = 1,2,\cdots,n \quad (8\text{-}39)$$

其中 $\Delta t = \dfrac{T}{N}$,n 是标的资产路径模拟运行的总次数,δ_j^i 是服从标准正态分布中随机抽样。执行价格为 K 的欧式看跌期权价格的无偏估计由下式给出:

$$\hat{p} = \frac{1}{n}\sum_{i=1}^{n}p_i = \frac{1}{n}\sum_{i=1}^{n}e^{-rT}\max(K - S_T^i, 0) \quad (8\text{-}40)$$

因 $\{\delta^i\}$ 服从标准正态分布,所以 $\{-\delta^i\}$ 也服从标准正态分布。因此使用 $\{-\delta^i\}$ 得到的模拟标的资产价格 S_T^i 也是到期标的资产价格分布的有效样本。一个新的看跌期权价格的无偏估计量可以从下式获得:

$$\hat{p} = \frac{1}{n}\sum_{i=1}^{n}p_i = \frac{1}{n}\sum_{i=1}^{n}e^{-rT}\max(K - S_T^i, 0) \quad (8\text{-}41)$$

通常期望 p 和 p_i 是负相关的。如果一个估计超过真实值,另一个估计会低于真实值。取这两个估计值的平均值似乎是明智的。设对立变量估计为:

$$\bar{p}_{AV} = \frac{p + p_i}{2} \quad (8\text{-}42)$$

考虑到由不等式 $\sigma_1^2 n_1 < \sigma_2^2 n_2$ 控制的计算效率方面,可以证明如果 $\mathrm{cov}(p, p_i) \leqslant 0$,对立变量方法可以提高蒙特卡洛模拟计算效率。

2. 控制变量法

控制变量法适用于存在两个相似的期权,可以应用在二叉树模型、有限差分法及蒙特卡洛模拟等方法。假设期权 a 定价公式存在解析解,存在在本质上与期权 a 相似的期权 b,但无法得到期权 b 定价公式的解析解,期权 b 的期权价格是需要评估的。令 V_a 和 V_b 分别表示期权 a 和期权 b 的期权价格,设 $\hat{V}_a$ 和 $\hat{V}_b$ 分别表示利用蒙特卡洛模拟得到的期权 a 和期

141

权 b 的期权价格估计值。V_a 和 $\hat{V}_a$ 的计算有助于改进对期权 b 期权价格的估计。

控制变量法旨在使用公式更好地估计期权 b 的期权价格：

$$\hat{V}_b^{cv} = \hat{V}_b + (V_a - \hat{V}_a) \qquad (8-43)$$

其中误差 $V_a - \hat{V}_a$ 用作 V_b 估计的控制。为了证明该方法的合理性，考虑上述量的方差之间的以下关系：

$$\mathrm{var}(\hat{V}_b^{cv}) = \mathrm{var}(\hat{V}_b) + \mathrm{var}(\hat{V}_a) - 2\mathrm{cov}(\hat{V}_a, \hat{V}_b) \text{。} \qquad (8-44)$$

若满足 $\mathrm{var}(\hat{V}_a) < 2\mathrm{cov}(\hat{V}_a, \hat{V}_b)$，则有 $\mathrm{var}(\hat{V}_b^{cv}) < \mathrm{var}(\hat{V}_b)$。

因此，当 $\hat{V}_a$ 和 $\hat{V}_b$ 之间的协方差很大时，控制变量技术会减小 V_b 的估计量的方差。当两个期权价格高度相关时，效果明显。在计算工作方面，需要计算两个估计值 $\hat{V}_a$ 和 $\hat{V}_b$。但是，如果两个期权的标的资产价格路径相同，那么在同一组模拟价格路径上评估 $\hat{V}_a$ 和 $\hat{V}_b$ 只需进行少量额外工作。

为了便于更优化地使用控制 $V_a - \hat{V}_a$，将控制变量估计定义为：

$$\hat{V}_b^{\beta} = \hat{V}_b + \beta(V_a - \hat{V}_a) \qquad (8-45)$$

其中 β 是值不为 1 的参数。方差之间的新关系见式(8-46)：

$$\mathrm{var}(\hat{V}_b^{\beta}) = \mathrm{var}(\hat{V}_b) + \beta^2 \mathrm{var}(\hat{V}_a) - 2\beta\mathrm{cov}(\hat{V}_a, \hat{V}_b) \qquad (8-46)$$

易知，使 $\mathrm{var}(\hat{V}_b^{\beta})$ 最小化的 β 的特定选择是：

$$\beta^* = \frac{\mathrm{cov}(\hat{V}_a, \hat{V}_b)}{\mathrm{var}(\hat{V}_a)} \qquad (8-47)$$

基于 β^* 的控制变量估计就能确保减少方差。然而，β^* 的确需要知道 $\mathrm{cov}(\hat{V}_a, \hat{V}_b)$，这通常是较难得到的。可以使用回归技术从模拟运行中获得的模拟期权价格 $V_a{}^i$ 和 $V_b{}^i$，$i = 1, 2, \cdots, n$，进而得到 β^*。

三、亚式期权的估值

应用控制变量方法的一个例子是估计算术平均亚式期权价格。基于对相应几何平均亚式期权的解析形式公式来进行此估计。这两种亚式期权在性质上非常相似，只是到期回报函数取决于标的资产价格的算术平均或几何平均。

亚式期权的平均特征在蒙特卡洛模拟中没有任何困难,因为可以很容易地计算给定模拟路径中不同观察时刻的标的资产价格平均值。由于大多数几何平均亚式期权的期权价格公式很容易获得,可以利用这一点加上一个方差减少技术,以缩小相应算术平均亚式期权价格的蒙特卡洛模拟中的置信区间(Kemna 和 Vorst,1990)。

令 V_b 表示收益取决于标的资产价格算术平均的期权价格,并且 V_a 表示采用几何平均的亚式期权,其标的资产及到期等其他特征与前者完全相同。令 $\hat{V}_b$、$\hat{V}_a$ 分别表示标的资产价格的单个模拟路径相对应的算术平均和几何平均的贴现期权回报,因此 $V_a = E[\hat{V}_a]$、$V_b = E[\hat{V}_b]$。则有:

$$V_b = V_a + E[\hat{V}_b - \hat{V}_a] \qquad (8\text{-}48)$$

因此 V_b 的无偏估计量如下:

$$\hat{V}_b^{cv} = \hat{V}_b + V_a - \hat{V}_a \qquad (8\text{-}49)$$

四、美式期权的估值

蒙特卡洛方法一般适合解决路径依赖的期权定价,而美式期权更多地采用二叉树模型。但蒙特卡洛方法解决美式期权具有一定的困难,因为在给定时间达到特定资产价格时,无法知道提前行权是否是最优的。

文献中提出了多种模拟算法来解决上述困难。最早的模拟算法是蒂利(Tilley,1993)提出的"捆绑和排序"(Bundling and Sorting)算法。朗斯塔夫和施瓦茨(Longstaff 和 Schwartz,2001)利用蒙特卡洛模拟和最小二乘回归技术用于美式期权的定价问题。该方法已成为目前使用蒙特卡洛模拟美式期权定价的标准方法。傅等(Fu 等,2001)报告了对美式期权定价的各种蒙特卡洛模拟方法的性能比较。格拉泽曼(Glasserman,2004)对金融工程中的蒙特卡洛方法进行了全面回顾。

五、倒向随机微分方程的蒙特卡洛法

鲍利和帕格斯(Bally 和 Pages,2003)提出量子化方法的数值方程式

求解反射倒向随机微分方程。该方法主要步骤为先将 SDE 离散化,接着利用蒙特卡洛模拟大量模拟 SDE 轨道,并记录上下时间点之间的转移概率,利用动态规划原理给出加权平均值,进而得到倒向随机微分方程的解。利用蒙特卡洛的量子化方法虽然能够处理高维问题,但该法的缺点要求倒向随机微分方程的生成元 g 不能依赖 z。赵等(Zhao 等,2006)提出了一种新兴倒向随机微分方程的数值模拟方法,将连续 BSDE 在时空网格上离散化,使用蒙特卡洛方法近似数学期望,并使用空间插值计算非网格点的值。利用朗斯塔夫和施瓦茨(2001)的最小二乘逼近法,戈欠等(Gobet 等,2005)给出了一种最小二乘回归法求解如下非完全耦合的正倒向随机微分方程的数值法:

$$x_t = x_0 + \int_0^t r(s, x_s)\,ds + \int_0^t \sigma(s, x_s)\,dB_s \qquad (8\text{-}50)$$

$$y_t = \Psi(x_T) + \int_t^T g(s, x_s, y_s, z_s)\,ds - \int_t^T z_s\,dB_s \qquad (8\text{-}51)$$

方法的主要思想为模拟离散 SDE 的大量轨道,进而得到倒向随机微分方程(8-51)的终端函数值,接着将每一层需求解的条件数学期望投影到一组有限维正交函数基上,利用 SDE 的大量轨道求解对应的最小二乘问题。

具体地,第一步,使用 Euler 格式对式(8-50)进行离散,时间层剖分数为 N,则有:

$$x_0^N = x_0$$

$$x_{t_{k+1}}^N = x_{t_k}^N + r(t_k, x_{t_k}^N)\,\frac{T}{N} + \sigma(t_k, x_{t_k}^N)(B_{t_{k+1}} - B_{t_k})$$

$$= x_{t_k}^N + r(t_k, x_{t_k}^N)\,\frac{T}{N} + \sigma(t_k, x_{t_k}^N)\,\Delta B_{t_k}$$

其中,B_{t_k} 为服从分布 $\sqrt{t_k}\,N(0,1)$ 的随机样本。

由于期权定价问题能够表示为数学期望 $e^{-rT}E[\Psi(x_T)]$ 的形式,因此可利用蒙特卡洛方法进行计算。将标的资产到期价格 $\{x_T^N\}$ 分别模拟出 N 条轨道,然后将此 N 条轨道平均折现即可得到期权问题的解。

第二步,针对倒向随机微分方程(8-51)的终端赋值,例如看涨期权

为 $\Psi(x_T) = (x_T - K)^+$、障碍期权 $\Psi(x_T) = (x_T - K)^+$,若 $\min\limits_{0 \leqslant t \leqslant T} x_T \geqslant B$,$B$ 为障碍水平。

第三步,将要求解的 $(y_{t_k}^N, z_{t_k}^N)$ 投影到一组有限维正交函数基 $\rho_{0,k}$,$\{\rho_{l,k}\}_{l \in [1,q]}$ 上,进而转化为求解如下最小二乘回归的问题:

$$\min_{\alpha_0, \alpha_1, \cdots, \alpha_q} E\left[y_{t_{k+1}}^N - \alpha_0\rho_{0,k} + \frac{T}{N}g\left(t_k, x_{t_k}^N, \alpha_0\rho_{0,k}, \sum_{l=1}^q \alpha_l\rho_{l,k}\Delta B_{t_k}\right)\right]^2$$

$$(8-52)$$

通过计算式(8-52)可得相应倒向随机微分方程的解 $(y_{t_k}^N, z_{t_k}^N) = (\alpha_{0,k}\rho_{0,k}, \alpha_{l,k}\rho_{l,k})$。

随着信息技术的发展,基于深度学习良好的精度和性能,结合深度学习方法尝试解决了完全耦合的正倒向随机微分方程(Ji 等,2020)。

思 考 题

1. 简述期权定价的二叉树模型的基本原理是什么?并指出其优缺点。

2. 考虑一个 2 月期限无股息股票美式看涨期权,标的股票当前的股票价格为每股 40 元,股票期权的执行价格为 40 元,2 月期的无风险收益率的连续复利为 3%,年度波动率为 30%,请利用 4 步的二叉树图计算期权价格。

3. 简述期权定价的有限差分法基本原理是什么?并指出其优缺点。

4. 试用显式有限差分法为无收益欧式看跌期权定价。

5. 简述期权定价的蒙特卡洛方法的基本原理分别是什么?并指出其优缺点。

6. 股票价格的走势有时表现为震荡等形态,试用蒙特卡洛方法给出标的资产价格服从 O-U 过程的无收益资产欧式期权定价过程。

第九章 鞅 方 法

鞅(Martingale)方法比偏微分方程简单,不涉及复杂的积分变换,许多偏微分方程无法求解的问题,通过鞅方法均能够较为容易地得到解决。鞅方法是学习金融工程不可或缺的数学工具,本章将从理论上对鞅方法进行详细的介绍,并给出鞅方法的应用场景以及对应用进一步扩展。

第一节 等价鞅测度

一、鞅的定义

对 $t \geq 0$, X_t 是信息集 $I_t = \{I_0, I_1, \cdots, I_t\}$ 的函数:

若 $EX_t^+ = E[\max(X_t, 0)] < \infty$,并且 $E(X_{t+1} | I_0, I_1, \cdots, I_t) \geq X_t$,则称随机过程 $\{X_t, t \geq 0\}$ 是关于 $\{I_t, t \geq 0\}$ 的下鞅;

若 $EX_t^- = E[\max(-X_t, 0)] < \infty$,并且 $E(X_{t+1} | I_0, I_1, \cdots, I_t) \leq X_t$,则称随机过程 $\{X_t, t \geq 0\}$ 是关于 $\{I_t, t \geq 0\}$ 的上鞅;

若 $\{X_t, t \geq 0\}$ 同时关于 $\{I_t, t \geq 0\}$ 的下鞅与上鞅,并且 $E(X_{t+1} | I_0, I_1, \cdots, I_t) = X_t$,则称随机过程 $\{X_t, t \geq 0\}$ 是关于 $\{I_t, t \geq 0\}$ 的鞅。

例9.1   令某标的资产价格服从如下随机过程:

$$dS_t = \mu dt + \sigma dB_t, t \in [0, \infty) \tag{9-1}$$

问: $\{S_t\}$ 是否是鞅? 如果不是,满足什么条件才是鞅?

解:根据标的资产所服从的随机过程可得:

$$S_t - S = \mu \int_0^t ds + \sigma \int_0^t dB_s$$
$$= \mu t + \sigma(B_t - B_0) \tag{9-2}$$

当 $B_0 = 0$ 时,可得: $S_t = S + \mu t + \sigma B_t$

利用鞅的定义:

$$E(S_{t+s}|S_t) = S + \mu(t+s) + \sigma B_t + \sigma E(B_{t+s} - B_t|S_t)$$
$$= S + \mu(t+s) + \sigma B_t$$
$$= S_t + \mu s \tag{9-3}$$

当 $\mu > 0, s > 0$ 时, $E(S_{t+s}|S_t) > S_t$, $\{S_t\}$ 不是鞅,而可能是下鞅。如果令 $S_t' = S_t - \mu t$,则 $\{S_t'\}$ 是鞅。

二、测度变换与 Girsanov 定理

通过上述例题可以发现,通过某种变换,可以将一个非鞅过程转变为鞅过程,这种变换则是测度变换,所用的数学工具为 Girsanov 定理,因此有必要对测度变换与 Girsanov 定理展开详细介绍。

1. 标准正态分布随机变量的变换

标准正态分布随机变量 $x_t \sim N(0,1)$,其密度函数为 $f(x) = \dfrac{1}{\sqrt{2\pi}} e^{-\frac{x_t^2}{2}}$,概率测度可表示为:

$$dP(x_t) = \frac{1}{\sqrt{2\pi}} e^{-\frac{x_t^2}{2}} dx_t \tag{9-4}$$

定义函数 $\zeta(x_t) = e^{x\mu - \frac{1}{2}\mu^2}$ ①

定义新概率测度为:

$$dP^0(x_t) = dP(x_t) \times \zeta(x_t) \tag{9-5}$$

整理后有:

---

① 通过观察可以发现, $\zeta(\cdot)$ 函数与密度函数的指数部分可以整理为完全平方公式。

$$dP^0(x_t) = \frac{1}{\sqrt{2\pi}} e^{-\frac{(x_t-\mu)^2}{2}} dx_t \tag{9-6}$$

观察可以发现，$P^0(x_t)$ 是均值为 μ、方差为 1 的正态分布随机变量的概率测度，即通过测度变换 $dP^0(x_t) = dP(x_t) \times \zeta(x_t)$ 改变了随机变量 x_t 的均值，而没有改变方差，并且上述测度变化是可逆的：

$$dP(x_t) = dP^0(x_t) \times \zeta^{-1}(x_t) \tag{9-7}$$

2. Radon–Nikodym 导数与等价测度

在上述分析的基础上，将测度变换的过程 $dP^0(x_t) = dP(x_t) \times \zeta(x_t)$ 改写为：

$$\frac{dP^0(x_t)}{dP(x_t)} = \zeta(x_t) \text{，其中 } dP(x_t) \neq 0 \tag{9-8}$$

改写后测度变换由微分形式变为导数形式，被称为关于概率测度 P 的 Radon–Nikodym 导数。为了保持可逆性，同时要求 $dP^0(x_t) \neq 0$，则有：

$$\frac{dP(x_t)}{dP^0(x_t)} = \zeta^{-1}(x_t) \tag{9-9}$$

当已知某一概率测度 P^0（或 P）时，可以利用上述任何形式来确定 P（或 P^0），因此称为等价的概率测度。

3. Girsanov 定理

设 (Ω, Γ, P) 是完备概率空间，$T > 0$ 在给定区间 $[0, T]$ 上，给定一个子 σ 代数流 $\{\Gamma_t\}$。定义随机过程 $\{\zeta_t\}$ 为：

$$\zeta_t = \exp\left(\int_0^t X_u dB_u - \frac{1}{2}\int_0^t X_u^2 du\right), t \in [0, T] \tag{9-10}$$

这里过程 $\{X_t\}$ 是 $\{\Gamma_t\}$ 适应的，假定 $\{X_t\}$ 满足 Novikov 条件：

$$E\left[\exp\left(\frac{1}{2}\int_0^t X_u^2 du\right)\right] < \infty, t \in [0, T] \tag{9-11}$$

由伊藤公式有：

$$d\zeta_t = \left[\exp\left(\int_0^t X_u dB_u - \frac{1}{2}\int_0^T X_u^2 du\right)\right] \times X_t dB_t \tag{9-12}$$

即：
$$d\zeta_t = \zeta_t \times X_t dB_t \tag{9-13}$$

令式(9-10)中 $t = 0$,得 $\zeta_0 = 1$

对式(9-13)两端取积分有:

$$\zeta_t = 1 + \int_0^t \zeta_u X_u dB_u \qquad (9-14)$$

其中 $\int_0^t \zeta_u X_u dB_u$ 是关于布朗运动的积分,所以是一个鞅,即:

$$E\left(\int_0^t \zeta_u X_u dB_u \mid \Gamma_s\right) = \int_0^s \zeta_u X_u dB_u, s < t \qquad (9-15)$$

因此 $\{\zeta_t\}$ 是一个鞅。为此可以得到如下定理:

定理 9.1 如果由式 $(9-10)$ 定义的 $\{\zeta_t\}$ 是 $\{\Gamma_t\}$ 鞅,则定义过程 $\{B_t^0\}$:

$$B_t^0 = B_t - \int_0^t X_u dB_u, t \in [0, T] \qquad (9-16)$$

$\{B_t^0\}$ 是一个关于 $\{\Gamma_t\}$ 的布朗运动,概率分布 P^0 可表示为:

$$P^0(A) = E^P(I_A \zeta_T), A \in \Gamma_T \qquad (9-17)$$

其中,示性函数 $I_A = \begin{cases} 1, \text{若事件 A 发生} \\ 0, \text{若事件 A 不发生} \end{cases}$, $E^P(\cdot)$ 表示 P 测度下的期望值。

定理 9.1 表明,如果给定一个布朗运动 $\{B_t\}$,其概率分布 P 与过程 $\{\zeta_t\}$ 相乘,则可得到一个新的布朗运动 $\{B_t^0\}$,具有概率分布 P^0 。两个布朗运动的关系 $dB_t^0 = dB_t - X_t dt$ 。

至此,为我们得到一个结论:若一个随机变量仅改变其分布的均值,而不改变其分布的方差,可以通过测度变换的方法进行转换。同时,也为我们分析例 9.1 提供了思路,在例 9.1 中, μ 是标的资产价格在单位时间内变化的均值,当 $\mu \neq 0$ 时, $\{S_t\}$ 不是鞅,此时则可通过测度变换的方式,将均值转变为 0,从而将 $\{S_t\}$ 转换为鞅,详见例 9.2。

例 9.2 如何将例 9.1 中 $\{S_t\}$ 转换为鞅?

解:承接例 9.1 可知, S_t 服从正态分布,其均值为 μt ,方差为 $\sigma^2 t$,即 $S_t \sim N(\mu t, \sigma^2 t)$ 。

若想将 $\{S_t\}$ 转换为鞅,则需要通过测度变换将 μ 消除,为此构造

金融工程——理论、工具与实践

$\zeta(\cdot)$ 函数如下：

$$\zeta(S_t) = e^{-\frac{1}{\sigma^2}\left(\mu S_t - \frac{1}{2}\mu^2 t\right)} \tag{9-18}$$

测度变换过程为：

$$dP^0(S_t) = dP(S_t) \times \zeta(S_t)$$

$$= \frac{1}{\sqrt{2\pi\sigma^2 t}} e^{-\frac{(S_t-\mu t)^2}{2\sigma^2 t}} dS_t \times e^{-\frac{1}{\sigma^2}\left(\mu S_t - \frac{1}{2}\mu^2 t\right)} \tag{9-19}$$

$$= \frac{1}{\sqrt{2\pi\sigma^2 t}} e^{-\frac{S_t^2}{2\sigma^2 t}} dS_t$$

$P^0(S_t)$ 是均值 0、方差为 $\sigma^2 t$ 的正态分布随机变量的概率测度，即漂移系数为 0，扩散系数为 σ，S_t 所满足的随机过程可改写为：

$$dS_t = \sigma dB_t^0, t \in [0, \infty) \tag{9-20}$$

第二节　金融工程常用的价格过程

在上一节过程中对鞅过程和测度变换进行了详细说明，在本节将继续对测度变换进行研究，并重点给出在后续分析和应用中常用的随机过程。

一、资产价格随机过程——风险中性概率测度 P^0

假设标的资产价格服从如下几何布朗运动：

$$\frac{dS}{S} = \mu dt + \sigma dB \tag{9-21}$$

其中，dB 表示在概率测度 P 下的布朗运动，P 表示风险环境下的概率测度。

假设存在风险中性概率测度 P^0，dB^0 表示在概率测度 P^0 下的布朗运动，则 dB 和 dB^0 之间存在如下等式关系：

$$dB = dB^0 - \left(\frac{\mu - r}{\sigma}\right) dt \tag{9-22}$$

此时 P^0 也被称为等价鞅测度(Equivalent Martingale Measure)。

将式(9-22)代入式(9-21)可得:

$$\frac{dS}{S} = rdt + \sigma dB^0 \qquad (9\text{-}23)$$

比较式(9-21)和式(9-23)可知,在风险中性概率测度 P^0 下,原来带有主观因素的预期收益率 μ 被客观的无风险利率 r 取代,但标的资产本身的波动率 σ 并未受到概率测度变换的影响。

二、对数资产价格的随机过程——风险中性概率测度 P^0 空间

之所以研究对数资产价格的随机过程,是因为对数资产价格的随机过程能够较好地体现资产价格的动态变化过程[①]。

将式(9-21)中资产价格转变为对数资产价格,可得:

$$d\ln S_t = \left(\mu - \frac{1}{2}\sigma^2\right)dt + \sigma dB_t \qquad (9\text{-}24)$$

因此,标的资产价格的动态过程为:

$$S_T = S\exp\left[\left(\mu - \frac{1}{2}\sigma^2\right)T + \sigma\Delta B_T\right] \qquad (9\text{-}25)$$

其中, $\Delta B_T \sim N(0, T)$ 。

此时,可将式(9-24)和式(9-25)进行测度变换,将概率测度 P 变换为风险中性概率测度 P^0,则有:

$$d\ln S_t = \left(r - \frac{1}{2}\sigma^2\right)dt + \sigma dB^0_t \qquad (9\text{-}26)$$

$$S_T = S\exp\left[\left(r - \frac{1}{2}\sigma^2\right)T + \sigma\Delta B^0_T\right] \qquad (9\text{-}27)$$

其中, $\Delta B_T^0 \sim N^{P^0}(0, T)$ 。

三、对数资产价格的随机过程——风险中性概率测度 R 空间

在上文中,我们将概率测度 P 变换为风险中性概率测度 P^0,同样地,

---

① 具体过程参见第二章第三节的证明。

我们也可将风险中性概率测度 P^0 转换为另一种风险中性概率测度 R ,以便于后续求解。[①] 令:

$$dB^0 = dB^R + \sigma dt \tag{9-28}$$

将式(9-28)代入式(9-23)和式(9-26),即可得风险中性概率测度 R 下的资产价格过程:

$$\frac{dS}{S} = (r + \sigma^2) dt + \sigma dB^R \tag{9-29}$$

$$d\ln S_t = \left(r + \frac{1}{2}\sigma^2\right) dt + \sigma dB_t^R \tag{9-30}$$

由式(9-30)可得风险中性概率测度 R 下,标的资产价格的动态过程为:

$$S_T = S\exp\left[\left(r + \frac{1}{2}\sigma^2\right) T + \sigma\Delta B_T^R\right] \tag{9-31}$$

第三节　鞅方法的应用——风险中性环境

一、标的资产价格的期望

在风险中性测度 P^0 下, S_T 分布为:

$$
\begin{aligned}
S_T &= S\exp\left[\left(r - \frac{1}{2}\sigma^2\right) T + \sigma\Delta B_T^0\right] \\
&= Se^{rT}\exp\left[-\frac{1}{2}\sigma^2 T + \sigma\Delta B_T^0\right] \\
&= Se^{rT}\zeta_T
\end{aligned}
\tag{9-32}
$$

其中, $\zeta_T = \exp\left[-\frac{1}{2}\sigma^2 T + \sigma\Delta B_T^0\right] = \exp\left[-\frac{1}{2}\int_0^T\sigma^2 dt + \int_0^T\sigma dB_t^0\right]$

$$\tag{9-33}$$

[①] 由于 σdt 不含有随机因素,因此,不会改变风险中性概率测度的性质。

由于 $E\left[\exp\left(\dfrac{1}{2}\displaystyle\int_0^T\sigma^2dt\right)\right] = e^{\frac{1}{2}\sigma^2 T} < \infty$,因此 ζ_T 是一个鞅。所以测度

P^0 存在等价鞅测度 R ,则可将 $E^0[S_T|S_T > K]$ 转换为:

$$E^0[S_T|S_T > K] = E^0[S_T|A]\,,A = \{S_T > K\}$$
$$= Se^{rT}E^0[\zeta_T I_A]$$
$$= Se^{rT}E^R[I_A]$$
$$= Se^{rT}P^R(\ln S_T > \ln K) \tag{9-34}$$

在测度 R 下,通过式(9-31)可知:

$$\ln S_T = \ln S + \left(r + \dfrac{1}{2}\sigma^2\right)T + \sigma\Delta B_T^R \tag{9-35}$$

则有:

$$\ln S_T > \ln K$$

$$\Rightarrow \ln S + \left(r + \dfrac{1}{2}\sigma^2\right)T + \sigma\Delta B_T^R > \ln K \tag{9-36}$$

$$\Rightarrow \dfrac{\ln\left(\dfrac{S}{K}\right) + \left(r + \dfrac{1}{2}\sigma^2\right)T}{\sigma\sqrt{T}} > -\dfrac{\Delta B_T^R}{\sqrt{T}}$$

且 $-\dfrac{\Delta B_T^R}{\sqrt{T}} \sim N(0,1)$,故式(9-34)可整理为:

$$E^0[S_T|S_T > K] = Se^{rT}P^R(\ln S_T > \ln K)$$
$$= Se^{rT}P^R\left(-\dfrac{\Delta B_T^R}{\sqrt{T}} < d_1\right)$$
$$= Se^{rT}N(d_1) \tag{9-37}$$

其中 $d_1 = \dfrac{\ln\left(\dfrac{S}{K}\right) + \left(r + \dfrac{1}{2}\sigma^2\right)T}{\sigma\sqrt{T}}$, $N(d_1) = \displaystyle\int_{-\infty}^{d_1}\dfrac{1}{\sqrt{2\pi}}e^{-\frac{x^2}{2}}dx$ 为标准正

态分布的累积分布函数。

二、无收益欧式看涨期权定价

风险中性测度 P^0 下,无收益欧式看涨期权的定价公式为:

$$C = e^{-rT}E^0[\max(S_T - K, 0)]$$
$$= e^{-rT}E^0[(S_T - K)I_A] \tag{9-38}$$

其中, $A = \{S_T > K\}$, $I_A = \begin{cases} 1, 若 A 成立, 即 S_T > K \\ 0, 若 A 不成立, 即 S_T \leq K \end{cases}$

则式(9-38)可写为:

$$C = e^{-rT}E^0[(S_T - K)I_A]$$
$$= e^{-rT}E^0[S_T I_A] - Ke^{-rT}E^{P0}[I_A] \tag{9-39}$$

其中, $E^0[S_T I_A]$, 可利用式(9-37)结果得到:

$$E^0[S_T I_A] = E^0[S_T | S_T > K] = Se^{rT}N(d_1)$$

$$E^0[I_A] = P^0(S_T > K) = P^0(\ln S_T > \ln K)$$

$$= P^0\left[\ln S + \left(r - \frac{1}{2}\sigma^2\right)T + \sigma\Delta B^0{}_T > \ln K\right]$$

$$= P^0\left(\frac{\ln\left(\dfrac{S}{K}\right) + \left(r - \dfrac{1}{2}\sigma^2\right)T}{\sigma\sqrt{T}} > -\frac{\Delta B^0{}_T}{\sqrt{T}}\right)$$

$$= N(d_2) \tag{9-40}$$

所以, 欧式看涨期权的定价公式为:

$$C = SN(d_1) - Ke^{-rT}N(d_2) \tag{9-41}$$

第四节　鞅方法的应用——Knight 不确定性环境

一、Knight 不确定环境下欧式期权定价

1. Knight 不确定性以及欧式期权的稳健定价模型

为了刻画金融市场上的 Knight 不确定性, 首先引入一个可行控制集合:

$\Theta = \{(\theta_t)_{0 \leq t \leq T} \mid |\theta_t| \leq k, a.e.\ t \in [0, T]\}$, 其中, Θ 中的常数 $k > 0$ 。

陈增敬(2002)在文献中把 Θ 称为 k-ignorance。由集合 Θ 生成一个

等价概率测度集合:$\mathscr{Z}^\theta = \left\{ Q^\theta \left| \dfrac{\mathrm{d}Q^\theta}{\mathrm{d}Q} \right|_{F_T} = \exp\left\{ -\int_0^T \theta_s \mathrm{d}B_s^Q - \dfrac{1}{2}\int_0^T \theta_s^2 \mathrm{d}s \right\} \right\}$,其中 $\{ (\theta_s)_{0 \leq s \leq T} \in \Theta \}$。

金融市场上的 Knight 不确定性就用集合 $\mathscr{Z}^\theta$ 来刻画,也就是说,投资者不知道应该用 $\mathscr{Z}^\theta$ 中的哪个概率测度来对欧式期权进行定价,从稳健的角度考虑,投资者会给出欧式期权的最小定价,即

$$C(S_T, K) = \min_{Q^\theta \in \mathscr{Z}^\theta} \{ E^{Q^\theta}[e^{-rT} (S_T - K)^+] \} \tag{9-42}$$

$$P(S_T, K) = \min_{Q^\theta \in \mathscr{Z}^\theta} \{ E^{Q^\theta}[e^{-rT} (K - S_T)^+] \} \tag{9-43}$$

张慧和聂秀山(2007)证明了式(9-42)和式(9-43)的解存在唯一性。此时可将式(9-42)和式(9-43)改写为:

$$C(S_T, K) = \min_{Q^\theta \in \mathscr{Z}^\theta} \{ E^{Q^{(k)}}[e^{-rT} (S_T - K)^+] \} \tag{9-44}$$

$$P(S_T, K) = \min_{Q^\theta \in \mathscr{Z}^\theta} \{ E^{Q^{(-k)}}[e^{-rT} (K - S_T)^+] \} \tag{9-45}$$

其中,$Q^{(k)}$ 和 $Q^{(-k)}$ 分别代表两个不同的概率测度。

2. 模型求解

$$C(S_T, K) = Se^{-k\sigma T} N(d_1) - Ke^{-rT} N(d_2) \tag{9-46}$$

$$P(S_T, K) = Ke^{-rT} N(-d_4) - Se^{k\sigma T} N(-d_3) \tag{9-47}$$

其中:$d_2 = \dfrac{\ln\dfrac{S}{K} + (r - k\sigma - \dfrac{1}{2}\sigma^2)T}{\sigma\sqrt{T}}$,$d_1 = d_2 + \sigma\sqrt{T}$;

$d_4 = \dfrac{\ln\dfrac{S}{K} + (r + k\sigma - \dfrac{1}{2}\sigma^2)T}{\sigma\sqrt{T}}$,$d_3 = d_4 + \sigma\sqrt{T}$;$N(x) = \displaystyle\int_{-\infty}^x \dfrac{1}{\sqrt{2\pi}} e^{-\frac{t^2}{2}} dt$。

式(9-46)、式(9-47)的求解过程如下:

以欧式看涨期权为例,

$$C(S_T, K) = E^{Q^{(k)}}[e^{-rT} (S_T - K)^+] = E^{Q^{(k)}}[e^{-rT}(S_T - K) I_{\{S_T \geq K\}}]$$

$$= e^{-rT} E^{Q^{(k)}}(S_T I_{\{S_T \geq K\}}) - Ke^{-rT} E^{Q^{(k)}}(I_{\{S_T \geq K\}}) = V_1 - V_2,$$

下面分别来计算 V_1、V_2。

第一步：

$$V_1 = e^{-rT} E^{Q^{(k)}}(S_T I_{\{S_T \geq K\}}) \tag{9-48}$$

过程 $B_t^{Q^{(k)}} = B_t^Q + kt$，$0 \leq t \leq T$ 在概率测度 $Q^{(k)}$ 下为布朗运动，此时标的资产价格可表示为：

$$S_t = S\exp\left\{\left(r - k\sigma - \frac{1}{2}\sigma^2\right)t + \sigma B_t^{Q^{(k)}}\right\}, \ 0 \leq t \leq T \tag{9-49}$$

由式(9-49)得：

$$E^{Q^{(k)}}(S_T I_{\{S_T \geq K\}}) = E^{Q^{(k)}}\left[S\exp\left\{\left(r - k\sigma - \frac{1}{2}\sigma^2\right)T + \sigma B_T^{Q^{(k)}}\right\} I_{\{S_T \geq K\}}\right]$$

$$\tag{9-50}$$

令 $M_t = \exp\left(-\frac{1}{2}\sigma^2 t + \sigma B_t^{Q^{(k)}}\right)$，$0 \leq t \leq T$，由于过程 $\{M_t\}_{0 \leq t \leq T_1}$ 在概率测度 $Q^{(k)}$ 下为非负指数鞅并且：

$$E[M_T] = 1, \ 令 \ \frac{dQ^0}{dQ^{(k)}}\Big|_{F_T} = M_T, \ B_t^0 = B_t^{Q^{(k)}} - \sigma t, \ 0 \leq t \leq T$$

$$\tag{9-51}$$

则 Q^0 为概率测度，并且过程 $\{B_t^0\}_{0 \leq t \leq T}$ 在 Q^0 下为布朗运动。所以式(9-50)为：

$$E^{Q^{(k)}}(S_T I_{\{S_T \geq K\}}) = E^{Q^0}\{S\exp[(r - k\sigma)T]I_{\{S_T \geq K\}}\}$$

$$= S\exp[(r - k\sigma)T] \ Q^0\{S_T \geq K\} \tag{9-52}$$

由式(9-49)、式(9-51)得到：$\ln S_T$ 在 Q^0 下服从正态分布 $N[\ln S + (r - k\sigma + \frac{1}{2}\sigma^2)T, \sigma^2 T]$，因此

$$Q^0\{S_T \geq K\} = N\left(\frac{\ln\dfrac{S}{K} + \left(r - k\sigma + \dfrac{1}{2}\sigma^2\right)T}{\sigma\sqrt{T}}\right) = N(d_1) \tag{9-53}$$

把式(9-53)代入式(9-52)得到：

$$E^{Q^{(k)}}(S_T I_{\{S_T \geq K\}}) = S\exp[(r - k\sigma)T] \ N(d_1) \tag{9-54}$$

所以：

$$V_1 = e^{-rT} E^{Q^{(k)}}(S_T I_{\{S_T \geq K\}}) = S \ e^{-k\sigma T} N(d_1) \tag{9-55}$$

第二步：

$$V_2 = Ke^{-rT}E^{Q^{(k)}}I_{\{S_T \geqslant K\}} = Ke^{-rT}Q^{(k)}\{S_T \geqslant K\} \tag{9-56}$$

类似式(9-53)得到：

$$V_2 = Ke^{-rT}N\left[\frac{\ln\dfrac{S}{K} + (r - k\sigma - \dfrac{1}{2}\sigma^2)T}{\sigma\sqrt{T}}\right] = Ke^{-rT}N(d_2) \tag{9-57}$$

由式(9-55)、式(9-57)得到：

$$C(S_T,K) = V_1 - V_2 = Se^{-k\sigma T}N(d_1) - Ke^{-rT}N(d_2) \tag{9-58}$$

类似可以证明式(9-57)成立。

二、Knight 不确定环境下亚式期权定价

1. Knight 不确定性以及亚式期权的稳健定价模型

由前文可知金融市场上的 Knight 不确定性可用集合 $\mathscr{Z}^\theta$ 来刻画。由于投资者不知道应该用该 $\mathscr{Z}^\theta$ 中的哪个概率测度来对亚式期权进行定价，从稳健的角度考虑，会给出亚式期权的最小定价公式，即：

$$C_{\min}(J_T,K) = \min_{Q^\theta \in \mathscr{Z}^\theta}\{E^{Q^\theta}[e^{-rT}(J_T - K)^+]\} \tag{9-59}$$

$$P_{\min}(J_T,K) = \min_{Q^\theta \in \mathscr{Z}^\theta}\{E^{Q^\theta}[e^{-rT}(K - J_T)^+]\} \tag{9-60}$$

其中，$J_T = e^{\frac{1}{T}\int_0^T \ln S_\tau d_\tau}$，为股票价格的几何平均。

借鉴张慧等(2007,2012)的方法，将式(9-59)和式(9-60)改写为：

$$C_{\min}(J_T,K) = \min_{Q^\theta \in \mathscr{Z}^\theta}\{E^{Q^{(k)}}[e^{-rT}(J_T - K)^+]\} \tag{9-61}$$

$$P_{\min}(J_T,K) = \min_{Q^\theta \in \mathscr{Z}^\theta}\{E^{Q^{(-k)}}[e^{-rT}(K - J_T)^+]\} \tag{9-62}$$

其中，$Q^{(k)}$ 和 $Q^{(-k)}$ 分别代表两个不同的概率测度。

2. 模型求解

本书以 $Q^{(k)}$ 测度为例，对亚式看涨期权定价模型进行求解。式(9-61)可化为如下形式：

$$C_{\min}(J_T,K) = E^{Q^{(k)}}[e^{-rT}(J_T - K)^+] = E[e^{-rT}(J_T^{Q^{(k)}} - K)^+]$$

$$= e^{-rT}\int_K^{+\infty}(J_T^{Q^{(k)}} - K) \times f(J)d_J \tag{9-63}$$

其中 $J_T^{Q(k)} = e^{\frac{1}{T}\int_0^T \ln S_t^{Q(k)} d_t}$，$f(J)$ 为 $J_t^{Q(k)}$ 的概率密度函数。

由于 $S_t = S\exp\{(r - \frac{1}{2}\sigma^2)\, t + \sigma B_t^Q\}$，且 $\dfrac{dQ^{(k)}}{dQ}\Big|_{F_T} = \exp\{- kB_T^Q -$

$\frac{1}{2}k^2 T\}$，所以，过程 $B_t^{Q(k)} = B_t^Q + kt$，$0 \leqslant t \leqslant T$ 在概率测度 $Q^{(k)}$ 下为布朗运

动，因此：

$$S_T^{Q(k)} = S\exp\{(r - k\sigma - \frac{1}{2}\sigma^2)\, T + \sigma B_T^{Q(k)}\} \tag{9-64}$$

且 $\ln S_t^{Q(k)}$ 在概率测度 $Q^{(k)}$ 下服从正态分布 $N(\ln S + (r - k\sigma - \frac{1}{2}\sigma^2)t,\, \sigma^2 t)$，

因此 $\ln J_t^{Q(k)} = \dfrac{1}{t}\displaystyle\int_0^t \ln S_\tau d_\tau$ 在概率测度 $Q^{(k)}$ 下服从正态分布 $N(\bar{\mu}_1,\, \bar{\sigma}_1^2)$，均值

为 $\bar{\mu}_1$，方差为 $\bar{\sigma}_1^2$。因此易得 $f(\ln J) = \dfrac{1}{\sqrt{2\pi}\,\bar{\sigma}_1}\exp\Big[-\dfrac{(\ln J - \bar{\mu}_1)^2}{2\bar{\sigma}_1^2}\Big]$。

令 $X = \ln J$，则可得 $J = e^x$，

$$f(x) = \frac{1}{\sqrt{2\pi}\,\bar{\sigma}_1}\exp\Big[-\frac{(x - \bar{\mu}_1)^2}{2\bar{\sigma}_1^2}\Big] \tag{9-65}$$

将式(9-65)代入式(9-63)，可得

$$C_{\min}(J_T, K) = e^{-rT}\int_K^\infty (J_T^{Q(k)} - K) \times f(J)d_J = e^{-rT}\int_{\ln K}^\infty (e^x - K) \times f(x)dx$$

$$= e^{-rT}\int_{\ln K}^\infty e^x \times f(x)dx - e^{-rT}K\int_{\ln K}^\infty f(x)dx = V_1 - V_2 \tag{9-66}$$

易得：

$$V_2 = e^{-rT}K\int_{\ln K}^\infty f(x)dx = e^{-rT} \times K \times N\Big(-\frac{\ln K - \bar{\mu}_1}{\bar{\sigma}_1}\Big) \tag{9-67}$$

$$V_1 = e^{-rT}\int_{\ln K}^\infty e^x \times f(x)dx = e^{-rT}\int_{\ln K}^\infty e^x \times \frac{1}{\sqrt{2\pi}\,\bar{\sigma}_1} \times \exp\Big[-\frac{(x - \bar{\mu}_1)^2}{2\bar{\sigma}_1^2}\Big]dx$$

$$= e^{-rT}\int_{\ln K}^\infty \exp(\bar{\mu}_1 + \frac{1}{2}\bar{\sigma}_1^2) \times \frac{1}{\sqrt{2\pi}\,\bar{\sigma}_1} \times \exp\Big\{-\frac{[x - (\bar{\mu}_1 + \bar{\sigma}_1^2)]^2}{2\bar{\sigma}_1^2}\Big\}dx$$

$$= e^{-rT} \times \exp(\overline{\mu}_1 + \frac{1}{2}\overline{\sigma}_1^2) \times \int_{\ln K}^{\infty} \frac{1}{\sqrt{2\pi}\,\overline{\sigma}_1} \times \exp\left\{ -\frac{[x - (\overline{\mu}_1 + \overline{\sigma}_1^2)]^2}{2\overline{\sigma}_1^2} \right\} dx$$

$$= e^{-rT} \times \exp(\overline{\mu}_1 + \frac{1}{2}\overline{\sigma}_1^2) \times N\left(-\frac{\ln K - (\overline{\mu}_1 + \overline{\sigma}_1^2)}{\overline{\sigma}_1} \right) \qquad (9\text{-}68)$$

通过上述求解过程发现 $\overline{\mu}_1$ 和 $\overline{\sigma}_1^2$ 未知，下面将在 $Q(k)$ 测度下对二者进行求解。

$$\overline{\mu}_1 = E^{Q(k)}[\ln J_T] = E\left[\frac{1}{T} \int_0^T \ln S_t^{Q(k)} dt \right] \qquad (9\text{-}69)$$

将式(9-64)代入式(9-69)，利用积分与期望可以交换运算次序的性质，可得：

$$\overline{\mu}_1 = E\left[\frac{1}{T} \int_0^T \ln S + (r - k\sigma - \frac{1}{2}\sigma^2)t + \sigma B_t^{Q(k)} dt \right]$$

$$= \frac{1}{T} \int_0^T E\left[\ln S + (r - k\sigma - \frac{1}{2}\sigma^2)t \right] dt$$

$$= \ln S + (r - k\sigma - \frac{1}{2}\sigma^2)\frac{T}{2} \qquad (9\text{-}70)$$

$$\overline{\sigma}_1^2 = Var[\ln J_T] = \frac{1}{T^2} E\left[\int_0^T \ln S_t dt - E\left(\int_0^T \ln S_t dt \right) \right]^2$$

$$= \frac{1}{T^2} E\left[\int_0^T \ln S_t - \ln S - (r - k\sigma - \frac{1}{2}\sigma^2)t dt \right]^2$$

$$= \frac{1}{T^2} E \int_0^T \int_0^T \left[\ln S_t - \ln S - (r - k\sigma - \frac{1}{2}\sigma^2)t \right] \times$$

$$\left[\ln S u - \ln S - (r - k\sigma - \frac{1}{2}\sigma^2)u \right] dt du$$

$$= \frac{1}{T^2} \int_0^T \int_0^T \sigma^2 \min(u,t) du dt = \frac{1}{3}\sigma^2 T \qquad (9\text{-}71)$$

将式(9-70)和式(9-71)代入式(9-67)和式(9-68)中，化简后得到：

$$C_{\min}(J_T, K) = S\exp\left[-(r + k\sigma + \frac{1}{6}\sigma^2)\frac{T}{2} \right] \times$$

$$N\left[\frac{\ln\frac{S}{K} + (r - k\sigma + \frac{1}{6}\sigma^2)\frac{T}{2}}{\sqrt{\frac{T}{3}}\sigma}\right] -$$

$$e^{-rT} \times K \times N\left[\frac{\ln\frac{S}{K} + (r - k\sigma - \frac{1}{2}\sigma^2)\frac{T}{2}}{\sqrt{\frac{T}{3}}\sigma}\right]$$

$$= S\exp\left[-(r + k\sigma + \frac{1}{6}\sigma^2)\frac{T}{2}\right] \cdot N(d_1) -$$

$$e^{-rT} \times K \times N(d_2) \tag{9-72}$$

其中 $d_1 = \dfrac{\ln\frac{S}{K} + (r - k\sigma + \frac{1}{6}\sigma^2)\frac{T}{2}}{\sqrt{\frac{T}{3}}\sigma}$; $d_2 = \dfrac{\ln\frac{S}{K} + (r - k\sigma - \frac{1}{2}\sigma^2)\frac{T}{2}}{\sqrt{\frac{T}{3}}\sigma}$。

类似可以求解式(9-62)为:

$$P_{\min}(J_T, K) = e^{-rT} \times K \times N\left[\frac{\ln\frac{K}{S} - (r + k\sigma - \frac{1}{2}\sigma^2)\frac{T}{2}}{\sqrt{\frac{T}{3}}\sigma}\right]$$

$$- S\exp\left[-(r - k\sigma + \frac{1}{6}\sigma^2)\frac{T}{2}\right] \times$$

$$N\left[\frac{\ln\frac{K}{S} - (r + k\sigma + \frac{1}{6}\sigma^2)\frac{T}{2}}{\sqrt{\frac{T}{3}}\sigma}\right]$$

$$= e^{-rT} \times K \times N(d_3) - S\exp\left[-(r - k\sigma + \frac{1}{6}\sigma^2)\frac{T}{2}\right] \times N(d_4) \tag{9-73}$$

其中 $d_3 = \dfrac{\ln\frac{K}{S} - (r + k\sigma - \frac{1}{2}\sigma^2)\frac{T}{2}}{\sqrt{\frac{T}{3}}\sigma}$; $d_4 = \dfrac{\ln\frac{K}{S} - (r + k\sigma + \frac{1}{6}\sigma^2)\frac{T}{2}}{\sqrt{\frac{T}{3}}\sigma}$。

三、Knight 不确定环境下分形市场中欧式期权定价

前文中关于期权定价均在有效市场环境下进行,但有大量文献指出,现实中的金融市场并不满足有效市场的条件,例如股票市场所表现出的波动率积聚等现象。樊智和张世英(2002)曾对有效市场和分形市场进行了详细的描述(见表9-1)。

表 9-1　有效市场与分形市场的比较

	有效市场	分形市场
市场特性	线性、孤立系统	非线性、开放、发散系统
均衡状态	均衡	允许非均衡
系统复杂性	简单系统	具有分形、混沌等特性的复杂系统
反馈机制	无反馈	正反馈
对信息的反应	线性因果关系	非线性因果关系
收益序列	白噪声,不相关	分数噪声,长记忆(对于初始值敏感)
价格序列	布朗运动(H=0.5)	分数布朗运动($H \in [0.5, 1)$)
可预测性	不可预测	提供了一个预测的新方法
波动有序性	无序	有序

由此可见,对分形市场中期权定价展开研究具有重要的现实意义,为此,本书将在 Knight 不确定环境下对分形市场中的欧式期权定价展开详细说明。

1. 分形市场以及欧式期权的稳健定价模型

在分形市场中,标的资产价格由如下过程刻画:

$$S_T = S\exp\left\{rT - \frac{1}{2}\sigma^2 T^{2H} + \sigma B_H^Q(T)\right\} \tag{9-74}$$

其中 $B_H^Q(t) = \sigma^{-1}(\mu - r)t + B_H(t)$。$\dfrac{\mathrm{d}Q}{\mathrm{d}P}\Big|F_T = \exp\Big\{-\displaystyle\int_0^T K(s)B_H(t) - \dfrac{1}{2}|K|_\phi^2\Big\}$,由分数布朗运动的 Girsanov 定理知 Q 是与 P 等价的拟鞅测

度,并且在 Q 测度下,$\{B_H^Q(t)\}_{0\leqslant t\leqslant T}$ 为分数布朗运动。

$$\phi(s,t) = H(2H-1)|s-t|^{2H-2}$$

$$K(t) = \frac{(\mu-r)(Tt-t^2)^{\frac{1}{2}-H}\chi_{[0,T]}(t)}{2\sigma H\Gamma(2H)\Gamma(2-2H)\cos[\pi(H-\frac{1}{2})]}$$

$$|K|_\phi^2 = \int_0^T\int_0^T K(\nu)K(t)\phi(\nu,t)d\nu dt。$$

在分数布朗运动假设下,鞅定价此时要转换为拟鞅定价,此时我们需要考察含有 Knight 不确定性的分数金融市场,这时的拟鞅测度不是唯一的,而是一个等价的拟鞅测度集合。首先引入一个可行控制集合:

$$\Theta = \{(\theta)_{0\leqslant t\leqslant T}\,|\,|\theta|\leqslant k,a.e.\ t\in[0,T]\},其中 \Theta 中的常数 k > 0。$$

由集合 Θ 生成一个等价拟鞅测度集合:

$$\Pi(\theta) = \left\{Q(\theta)\left|\frac{dQ(\theta)}{dQ}\right|_{F_T}=\exp\left\{\theta B_H^Q(T)-\frac{1}{2}\theta^2 T^{2H}\right\}\right.,其中(\theta)_{0\leqslant s\leqslant T}\in\Theta\right\},令:$$

$$B_H^{Q(\theta)}(t) = B_H^Q(t) - \theta\times t^{2H},0\leqslant t\leqslant T \tag{9-75}$$

则 $\{B_H^{Q(\theta)}(t)\}_{0\leqslant t\leqslant T}$ 在拟鞅测度 $Q(\theta)$ 下为分数布朗运动。金融市场上的 Knight 不确定性就用集合 $\Pi(\theta)$ 来刻画,也就是说,投资者不知道应该用 $\Pi(\theta)$ 中的哪个概率测度来对欧式期权进行定价,从保守的角度考虑,投资者会给出欧式期权的动态稳健定价,即

$$C(S_T,K) = \underset{Q(\theta)\in\Pi(\theta)}{\text{essinf}}\{E^{Q(\theta)}[e^{-rT}(S_T-K)^+\,|\,F_t]\} \tag{9-76}$$

$$P(S_T,K) = \underset{Q(\theta)\in\Pi(\theta)}{\text{essinf}}\{E^{Q(\theta)}[e^{-rT}(K-S_T)^+\,|\,F_t]\} \tag{9-77}$$

2. 模型求解

$$C(S_T,K) = \underset{Q(\theta)\in\Pi(\theta)}{\text{essinf}}\{E^{Q(\theta)}[e^{-rT}(S_T-K)^+\,|\,F_t]\}$$

$$= \underset{Q(\theta)\in\Pi(\theta)}{\text{essinf}}\{V(\theta)\} \tag{9-78}$$

$$V(\theta) \hat{=} E^{Q(\theta)}[e^{-rT}(S_T-K)^+\,|\,F_t] = Se^{\sigma\theta T^{2H}}N(d_1) - Ke^{-rT}N(d_2) \tag{9-79}$$

其中,$d_1 = \dfrac{\ln\dfrac{S}{K}+rT+(\frac{1}{2}\sigma^2+\sigma\theta)T^{2H}}{\sigma\sqrt{T^{2H}}}$,$d_2 = d_1 - \sigma\sqrt{T^{2H}}$,$N(x) =$

$$\int_{-\infty}^{x} \frac{1}{\sqrt{2\pi}} e^{-\frac{t^2}{2}} dt$$

证明：

$$E^{Q(\theta)} \left[e^{-rT} (S_T - K)^+ \mid F_t \right] = e^{-rT} E^{Q(\theta)} \left[S_T 1_{\{S_T > K\}} \mid F_t \right] -$$
$$Ke^{-rT} E^{Q(\theta)} \left[1_{\{S_T > K\}} \mid F_t \right]$$
$$= V_1 + V_2 \qquad (9-80)$$

下面分别来计算 V_1 和 V_2。

由式(9-74)和式(9-75)易得：

$$S_T = S\exp\left\{ rT + \left(-\frac{1}{2}\sigma^2 + \sigma\theta \right) T^{2H} + \sigma B_H^{Q(\theta)}(T) \right\} \qquad (9-81)$$

所以，$V_1 = e^{-rT} \times S \times e^{rT + \sigma\theta T^{2H}} E^{Q(\theta)} \left[e^{-\frac{1}{2}\sigma^2 T^{2H} + \sigma B_H^{Q(\theta)}(T)} 1_{\{S_T > K\}} \mid F_t \right]$，令：

$$B_H^{R(\theta)}(t) = B_H^{Q(\theta)}(t) - \sigma \times t^{2H}, 0 \leq t \leq T \qquad (9-82)$$

$$\frac{dR(\theta)}{dQ(\theta)} \Big|_{F_T} = \exp\left\{ \sigma B_H^{Q(\theta)}(T) - \frac{1}{2}\sigma^2 T^{2H} \right\} \qquad (9-83)$$

那么过程 $\{ B_H^{R(\theta)}(t), 0 \leq t \leq T \}$ 在概率测度 $R(\theta)$ 下为分数布朗运动。因此：

$$V_1 = e^{-rT} S \times e^{rT + \sigma\theta T^{2H}} e^{-\frac{1}{2}\sigma^2 + \sigma B_H^{Q(\theta)}(t)} E^{R(\theta)} \left[1_{\{S_T > K\}} \mid F_t \right]$$
$$= S e^{\sigma\theta T^{2H}} E^{R(\theta)} \left[1_{\{S_T > K\}} \mid F_t \right] \qquad (9-84)$$

由式(9-81)和式(9-82)容易知道：

$$S_T = S\exp\left\{ rT + \left(\frac{1}{2}\sigma^2 + \sigma\theta \right) T^{2H} + \sigma B_H^{R(\theta)}(T) \right\} \qquad (9-85)$$

随 机 事 件 $\{ S_T > K \}$ 等 价 于

$$\left\{ B_H^{R(\theta)}(T) > \frac{\ln\frac{K}{S} - rT - \frac{1}{2}\sigma^2 T^{2H} - \sigma\theta T^{2H}}{\sigma} \right\}, 令：$$

$$\frac{\ln\frac{K}{S} - rT - \frac{1}{2}\sigma^2 T^{2H} - \sigma\theta T^{2H}}{\sigma} = d_1^*$$

因此，

$$E^{R(\theta)}\left[\,1_{\{S_T>K\}}\,\middle|\,F_t\right]=E^{R(\theta)}\left[\,1_{\{x>d_1^*\}}\,B_H^{R(\theta)}(T)\,\middle|\,F_t\right]$$

$$=\int_{d_1^*}^{+\infty}\frac{1}{\sqrt{2\pi T^{2H}}}\exp\left\{-\frac{(x-B_H^{R(\theta)}(t))^2}{2T^{2H}}\right\}dx$$

$$=\int_{-\infty}^{\frac{B_H^{R(\theta)}(t)-d_1^*}{\sqrt{T^{2H}}}}\frac{1}{\sqrt{2\pi}}\exp\left\{-\frac{z^2}{2}\right\}dx=\int_{-\infty}^{d_1}\frac{1}{\sqrt{2\pi}}\exp\left\{-\frac{z^2}{2}\right\}dx=N(d_1)$$

$$(9-86)$$

于是：

$$V_1=Se^{\sigma\theta T^{2H}}N(d_1) \tag{9-87}$$

同理可以计算：

$$V_2=-Ke^{-rT}N(d_2) \tag{9-88}$$

张慧和孟纹羽(2012)证明出 $V(\theta)$ 关于 θ 是单调递增的,因此

$$C(S_T,K)=\operatorname*{essinf}_{Q(\theta)\in\Pi(\theta)}\left\{E^{Q(\theta)}\left[e^{-r(T-t)}(S_T-K)^+\,\middle|\,F_t\right]\right\}$$

$$=E^{Q(-k)}\left[e^{-r(T-t)}(S_T-K)^+\,\middle|\,F_t\right]$$

$$=Se^{-k\sigma T^{2H}}N(d_1)-Ke^{-rT}N(d_2) \tag{9-89}$$

其中 $d_1=\dfrac{\ln\dfrac{S}{K}+rT+\left(\dfrac{1}{2}\sigma^2-k\sigma\right)T^{2H}}{\sigma\sqrt{T^{2H}}}$, $d_2=d_1-\sigma\sqrt{T^{2H}}$ 。

思　考　题

1. 测度变换在金融资产定价过程中有何作用？试用数学表达式举例说明。

2. 鞅方法是否能够对所有的期权进行定价？如若不能,给出鞅方法对期权定价的适用范围。

3. 利用鞅方法对已知收益率为 q 的欧式看涨期权进行定价。

4. 在风险环境 P 、风险中性环境 P^0 以及 Knight 不确定环境中,对金融资产定价是否存在结果差异？差异的来源是什么？

5. 试分析在 Knight 不确定环境中对金融资产定价的实践价值。

第四篇　实践篇

　　读者通过对基础篇、理论篇和方法篇的学习已经能够对金融工程有所理解，但金融工程的发展速度十分迅速，应用场景也十分丰富，因此有必要对金融工程进行进阶性的介绍。本篇具体包括定价应用、交易应用和金融风险管理三章。在定价应用中主要利用鞅方法对奇异期权和结构化产品进行定价；在交易应用中主要对期权的风险对冲、套利给予实例分析；在金融风险管理中主要对市场风险和信用风险的指标、测度、风险管理策略等内容给予实例说明。本篇能够帮助读者顺利地将理论应用于实践。

第十章 定价应用

第一节 奇异期权定价

一、两值期权定价

1. 或有现金看涨期权（Cash-or-Nothing Call Option）

或有现金看涨期权也可看为数据选择买权（Digital Call Option），其到期现金流可表示为：

$$DC = \begin{cases} X, \text{若 } S_T > K \\ 0, \text{若 } S_T \leqslant K \end{cases}, \text{其中 } X \text{ 为固定金额} \qquad (10-1)$$

在风险中性概率测度 P^0 下，定价过程如下：

$$
\begin{aligned}
DC &= e^{-rT}E^0[XI_A] , A = \{S_T | S_T > K\} \\
&= Xe^{-rT}E^0[I_A] \\
&= Xe^{-rT}P^0(S_T > K) \\
&= Xe^{-rT}N(d_2) \qquad\qquad\qquad (10-2)
\end{aligned}
$$

其中，$N(d_2)$ 参见式（9-40）。

2. 或有现金看跌期权（Cash-or-Nothing Put Option）

或有现金看跌期权也可看为数据选择卖权（Digital Put Option），其到期现金流可表示为：

$$DP = \begin{cases} X, \text{若 } S_T < K \\ 0, \text{若 } S_T \geqslant K \end{cases}, \text{其中 } X \text{ 为固定金额} \qquad (10-3)$$

在风险中性概率测度 P^0 下,定价过程如下:

$$DP = e^{-rT}E^0[XI_A] , A = \{S_T | S_T < K\}$$
$$= Xe^{-rT}E^0[I_A]$$
$$= Xe^{-rT}P^0(S_T < K)$$
$$= Xe^{-rT}N(-d_2) \qquad (10-4)$$

其中,$N(-d_2)$ 参见式(9-40)。

3. 担保债务凭证定价

担保债务凭证本质是一种复杂的数据选择权(Complicate Digital Option,CDO),是信用衍生品之一,该产品到期现金流可表示为:

$$CDO = \begin{cases} X, 若 K_1 < S_T < K_2 \\ 0, 其他 \end{cases}, 其中 X 为固定金额 \qquad (10-5)$$

在风险中性概率测度 P^0 下,定价过程如下:

$$CDO = e^{-rT}E^0[XI_A] , A = \{K_1 < S_T < K_2\}$$
$$= Xe^{-rT}E^0[I_A]$$
$$= Xe^{-rT}P^0(K_1 < S_T < K_2)$$
$$= Xe^{-rT}[P^0(S_T < K_2) - P^0(S_T < K_1)]$$
$$= Xe^{-rT}[N(d_1) - N(d_2)] \qquad (10-6)$$

其中, $d_1 = \dfrac{\ln\left(\dfrac{S}{K_2}\right) + \left(r - \dfrac{1}{2}\sigma^2\right)T}{\sigma\sqrt{T}}, d_2 = \dfrac{\ln\left(\dfrac{S}{K_1}\right) + \left(r - \dfrac{1}{2}\sigma^2\right)T}{\sigma\sqrt{T}}$。

二、障碍期权定价

障碍期权是指期权的回报依赖于标的资产的价格在持有期内是否达到了某个临界值,这个临界值即为障碍水平。障碍期权通常在场外进行交易,品种十分丰富,是结构化产品设计中常用的期权品种。

当标的资产价格达到障碍水平,该期权作废,此时称为敲出;反之,当标的资产价格达到障碍水平,该期权生效,此时称为敲入。如果障碍水平高于标的资产初始价格,则称为向上期权;反之,障碍水平低于标的资产初始价格,则称为向下期权。

根据期权是否生效,分为敲出期权和敲入期权;根据障碍水平与标的资产初始价格的关系,分为向上期权和向下期权;根据买权和卖权,分为看涨期权和看跌期权。基于上述要素进行组合,会得到 8 种障碍期权:向上敲出看涨期权、向上敲出看跌期权、向上敲入看涨期权、向上敲入看跌期权及其对应的 4 种向下障碍期权。在此以向下欧式期权为例,介绍其定价。

1. 向下敲出欧式看涨期权(Down-and-Out Call Option,DOC)

向下敲出欧式看涨期权是指,当标的资产价格达到一个特定的障碍水平 B(通常低于初始价格)时,该期权被敲出(即作废,收益为 0);如果在规定时间内,资产价格并未触及障碍水平 B,则该期权仍为一个常规的欧式看涨期权。

基于此,可得向下敲出欧式看涨期权的到期现金流:

$$DOC = \begin{cases} S_T - K, & \text{若 } S_T > K \text{ 且 } \underline{S} > B \\ 0, & \text{其他} \end{cases} \tag{10-7}$$

其中 $\underline{S} = \min\limits_{0 \leq t \leq T} S_t$,表示持有期内标的资产最低价格。

在风险中性概率测度 P^0 下,定价过程如下:

$$\begin{aligned} DOC &= e^{-rT} E^0 \left[(S_T - K) I_{\{S_T > K, \underline{S} > B\}} \right] \\ &= e^{-rT} E^0 \left[S_T I_{\{S_T > K, \underline{S} > B\}} \right] - K e^{-rT} E^0 \left[I_{\{S_T > K, \underline{S} > B\}} \right] \end{aligned}$$

$$\tag{10-8}$$

$$\begin{aligned} E^0 \left[I_{\{S_T > K, \underline{S} > B\}} \right] &= P^0 (S_T > K, \underline{S} > B) \\ &= P^0 \left[\ln\left(\frac{S_T}{B}\right) > \ln\left(\frac{K}{B}\right), \ln\left(\frac{\underline{S}}{B}\right) > 0 \right] \\ &= P^0 (X_T > k, \underline{X} > 0) \tag{10-9} \end{aligned}$$

其中,$X_T = \ln\left(\dfrac{S_T}{B}\right)$,$k = \ln\left(\dfrac{K}{B}\right)$,$\underline{X} = \ln\left(\dfrac{\underline{S}}{B}\right)$

上述概率涉及具有吸收界限为 0 的布朗运动 X 的概率,在此给出结果:在 P^0 测度下,布朗运动随机过程为:

$$dX = \mu dt + \sigma dB^0 = (r - \sigma^2/2) dt + \sigma dB^0$$

$$\underline{X} = \min_{0 \le t \le T} X_t$$

(10-10)

则有

$$P^0(X_T > k, \underline{X} > 0) = N\left[\frac{k - X_0 + \mu T}{\sigma\sqrt{T}}\right] - e^{-\frac{2\mu x_0}{\sigma^2}} N\left[\frac{-k - X_0 + \mu T}{\sigma\sqrt{T}}\right]$$

(10-11)

其中，$X_0 = \ln\left(\dfrac{S}{B}\right)$，$\mu = \left(r - \dfrac{\sigma^2}{2}\right)$，详细过程见英格索尔（Ingersoll, 1987）。

$$E^0[S_T I_{\{S_T > K, \underline{S} > B\}}] = Se^{rT} E^0\left[\exp\left(\frac{-\sigma^2}{2}T + \sigma \Delta B^0_T\right) I_{\{S_T > K, \underline{S} > B\}}\right]$$

$$= Se^{rT} E^R[I_{\{S_T > K, \underline{S} > B\}}]$$

$$= Se^{rT} E^R[I_{\{X_T > k, \underline{X} > 0\}}]$$

(10-12)

$E^R[I_{\{X_T > k, \underline{X} > 0\}}]$ 的求解借鉴英格索尔（1987）的结果，在 R 测度下 $\mu = \left(r + \dfrac{\sigma^2}{2}\right)$，则有：

$$E^0[S_T I_{\{S_T > K, \underline{S} > B\}}] = Se^{rT}\left\{N\left[\frac{k - X_0 + \left(r + \dfrac{\sigma^2}{2}\right) T}{\sigma\sqrt{T}}\right] - \right.$$

$$\left. e^{-\frac{2\left(r + \frac{\sigma^2}{2}\right) x_0}{\sigma^2}} N\left[\frac{-k - X_0 + \left(r + \dfrac{\sigma^2}{2}\right) T}{\sigma\sqrt{T}}\right]\right\}$$

(10-13)

整理可得：

$$DOC = e^{-rT} E^0[(S_T - K) I_{\{S_T > K, \underline{S} > B\}}]$$

$$= e^{-rT} E^0[S_T I_{\{S_T > K, \underline{S} > B\}}] - Ke^{-rT} E^0[I_{\{S_T > K, \underline{S} > B\}}]$$

$$= S\left\{N\left[\frac{k - X_0 + \left(r + \dfrac{\sigma^2}{2}\right) T}{\sigma\sqrt{T}}\right] - \right.$$

$$e^{-\frac{2\left(r+\frac{\sigma^2}{2}\right)\frac{x_0}{\sigma^2}}}N\left[\frac{-k-X_0+\left(r+\frac{\sigma^2}{2}\right)T}{\sigma\sqrt{T}}\right]\Bigg\}$$

$$-Ke^{-rT}\left(N\left[\frac{k-X_0+\left(r-\frac{\sigma^2}{2}\right)T}{\sigma\sqrt{T}}\right]-\right.$$

$$\left.e^{-\frac{2\left(r-\frac{\sigma^2}{2}\right)\frac{x_0}{\sigma^2}}}N\left[\frac{-k-X_0+\left(r-\frac{\sigma^2}{2}\right)T}{\sigma\sqrt{T}}\right]\right) \quad (10\text{--}14)$$

2. 向下敲入欧式看涨期权（Down-and-In Call Option）

所谓向下敲入欧式看涨期权是指这样一种期权，当标的资产价格达到一个特定的障碍水平 B 时，该期权被敲入，则该期权仍为一个常规的欧式看涨期权；如果在规定时间内，资产价格并未触及障碍水平 B，则期权作废，收益为 0。

基于此，可得向下敲入欧式看涨期权的到期现金流：

$$DIC=\begin{cases}S_T-K,若\,S_T>K\,且\,\underline{S}<B\\0,其他\end{cases} \quad (10\text{--}15)$$

其中 $\underline{S}=\min\limits_{0\leqslant t\leqslant T}S_t$，表示持有期内标的资产最低价格。

利用障碍期权的评价关系可得到向下敲入欧式看涨期权的解析解：

欧式看涨期权＝敲出欧式看涨期权＋敲入欧式看涨期权

因此，

$$DIC=C-DOC$$

$$=[SN(d_1)-Ke^{-rT}N(d_2)]-\Bigg[S\left\{N\left[\frac{k-X_0+\left(r+\frac{\sigma^2}{2}\right)T}{\sigma\sqrt{T}}\right]-\right.$$

$$\left.e^{-\frac{2\left(r+\frac{\sigma^2}{2}\right)\frac{x_0}{\sigma^2}}}N\left[\frac{-k-X_0+\left(r+\frac{\sigma^2}{2}\right)T}{\sigma\sqrt{T}}\right]\right\}-$$

$$Ke^{-rT}\left\{N\left[\frac{k-X_0+\left(r-\frac{\sigma^2}{2}\right)T}{\sigma\sqrt{T}}\right]-\right.$$

$$\left.e^{-\frac{2\left(r-\frac{\sigma^2}{2}\right)X_0}{\sigma^2}}N\left[\frac{-k-X_0+\left(r-\frac{\sigma^2}{2}\right)T}{\sigma\sqrt{T}}\right]\right\} \quad (10\text{-}16)$$

其中，$X_0=\ln\left(\dfrac{S}{B}\right)$，$k=\ln\left(\dfrac{K}{B}\right)$，$B$ 为障碍价格，其他符号含义与前文相同。

3. 向下敲入欧式看跌期权（Down-and-In Put Option）

所谓向下敲入欧式看跌期权是指这样一种期权，当标的资产价格达到一个特定的障碍水平 B（通常低于初始价格）时，该期权被敲入，可视为一个常规欧式看跌期权；如果在规定时间内，资产价格并未触及障碍水平 B，则期权作废，收益为 0。

基于此，可得向下敲入欧式看跌期权的到期现金流：

$$DIP=\begin{cases}K-S_T,\text{若}S_T<K\text{且}\underline{S}<B\\0,\text{其他}\end{cases} \quad (10\text{-}17)$$

其中 $\underline{S}=\min_{0\le t\le T}S_t$，表示持有期内标的资产最低价格。

在风险中性概率测度 P^0 下，定价过程如下：

$$\begin{aligned}DIP&=e^{-rT}E^0\left[(K-S_T)I_{\{S_T<K,\underline{S}<B\}}\right]\\&=Ke^{-rT}E^0\left[I_{\{S_T<K,\underline{S}<B\}}\right]-e^{-rT}E^0\left[S_TI_{\{S_T<K,\underline{S}<B\}}\right]\\&=Ke^{-rT}P^0(S_T<K,\underline{S}<B)-SP^R(S_T<K,\underline{S}<B)\end{aligned} \quad (10\text{-}18)$$

$$\text{其中}\begin{cases}P^0(S_T<K,\underline{S}<B)=1-P^0(S_T>K)-P^0(\underline{S}>B)+\\\qquad\qquad P^0(S_T>K,\underline{S}>B)\\P^R(S_T<K,\underline{S}<B)=1-P^R(S_T>K)-P^R(\underline{S}>B)+\\\qquad\qquad P^R(S_T>K,\underline{S}>B)\end{cases}$$

$$(10\text{-}19)$$

由(9-40)式和(9-36)式可知：

$$P^0(S_T > K) = N(d_2), P^R(S_T > K) = N(d_1)$$

根据哈里松(Harrison,1985)可知：

$$P^0(\underline{S} > B) = P^0\left(\ln\frac{\underline{S}}{S} > \ln\frac{B}{S}\right) = P^0\left(\ln\frac{\underline{S}}{S} > -X_0\right)$$

$$= N\left(\frac{X_0 + \left(r - \frac{\sigma^2}{2}\right)T}{\sigma\sqrt{T}}\right) - e^{-\frac{2\left(r-\frac{\sigma^2}{2}\right)x_0}{\sigma^2}}N\left(\frac{-X_0 + \left(r - \frac{\sigma^2}{2}\right)T}{\sigma\sqrt{T}}\right)$$

$$(10-20)$$

$$P^R(\underline{S} > B) = P^R\left(\ln\frac{\underline{S}}{S} > \ln\frac{B}{S}\right) = P^R\left(\ln\frac{\underline{S}}{S} > -X_0\right)$$

$$= N\left(\frac{X_0 + \left(r + \frac{\sigma^2}{2}\right)T}{\sigma\sqrt{T}}\right) - e^{-\frac{2\left(r+\frac{\sigma^2}{2}\right)x_0}{\sigma^2}}N\left(\frac{-X_0 + \left(r + \frac{\sigma^2}{2}\right)T}{\sigma\sqrt{T}}\right)$$

$$(10-21)$$

将上述结果代入(10-18)式可得：

$$DIP = Ke^{-rT}\left\{ 1 - N(d_2) - N\left(\frac{X_0 + \left(r - \frac{\sigma^2}{2}\right)T}{\sigma\sqrt{T}}\right) + \right.$$

$$e^{-\frac{2\left(r-\frac{\sigma^2}{2}\right)x_0}{\sigma^2}}N\left(\frac{-X_0 + \left(r - \frac{\sigma^2}{2}\right)T}{\sigma\sqrt{T}}\right) + N\left(\frac{k - X_0 + \left(r - \frac{\sigma^2}{2}\right)T}{\sigma\sqrt{T}}\right) -$$

$$\left. e^{-\frac{2\left(r-\frac{\sigma^2}{2}\right)x_0}{\sigma^2}}N\left(\frac{-k - X_0 + \left(r - \frac{\sigma^2}{2}\right)T}{\sigma\sqrt{T}}\right) \right\} -$$

$$S\left\{ 1 - N(d_1) - N\left(\frac{X_0 + \left(r + \frac{\sigma^2}{2}\right)T}{\sigma\sqrt{T}}\right) + \right.$$

$$e^{-\frac{2\left(r+\frac{\sigma^2}{2}\right)x_0}{\sigma^2}}N\left(\frac{-X_0 + \left(r + \frac{\sigma^2}{2}\right)T}{\sigma\sqrt{T}}\right) + N\left(\frac{k - X_0 + \left(r + \frac{\sigma^2}{2}\right)T}{\sigma\sqrt{T}}\right) -$$

$$e^{-\frac{2\left(r+\frac{\sigma^2}{2}\right)x_0}{\sigma^2}}N\left(\frac{-k-X_0+\left(r+\frac{\sigma^2}{2}\right)T}{\sigma\sqrt{T}}\right)\Bigg\}\qquad(10\text{-}22)$$

4. 向下敲出欧式看跌期权（Down-and-Out Put Option）

所谓向下敲出欧式看跌期权是指这样一种期权,当标的资产价格达到一个特定的障碍水平 B（通常低于初始价格）时,该期权被敲出（即作废,收益为 0）；如果在规定时间内,资产价格并未触及障碍水平 B,则该期权仍为一个常规的欧式看跌期权。

基于此,可得向下敲出欧式看跌期权的到期现金流:

$$DOP=\begin{cases}K-S_T,若\ S_T<K\ 且\ \underline{S}>B\\0,其他\end{cases}\qquad(10\text{-}23)$$

其中 $\underline{S}=\min\limits_{0\leq t\leq T}S_t$,表示持有期内标的资产最低价格。

利用障碍期权的评价关系可得到向下敲出欧式看跌期权的解析解:

欧式看跌期权＝敲出欧式看跌期权＋敲入欧式看跌期权

因此,

$$DOP=P-DIP$$
$$=\left[Ke^{-rT}N(-d_2)-SN(-d_1)\right]-$$
$$\left[Ke^{-rT}\left\{1-N(d_2)-N\left(\frac{X_0+\left(r-\frac{\sigma^2}{2}\right)T}{\sigma\sqrt{T}}\right)+\right.\right.$$
$$e^{-\frac{2\left(r-\frac{\sigma^2}{2}\right)x_0}{\sigma^2}}N\left(\frac{-X_0+\left(r-\frac{\sigma^2}{2}\right)T}{\sigma\sqrt{T}}\right)+N\left(\frac{k-X_0+\left(r-\frac{\sigma^2}{2}\right)T}{\sigma\sqrt{T}}\right)-$$
$$\left.e^{-\frac{2\left(r-\frac{\sigma^2}{2}\right)x_0}{\sigma^2}}N\left(\frac{-k-X_0+\left(r-\frac{\sigma^2}{2}\right)T}{\sigma\sqrt{T}}\right)\right\}-$$
$$S\left\{1-N(d_1)-N\left(\frac{X_0+\left(r+\frac{\sigma^2}{2}\right)T}{\sigma\sqrt{T}}\right)+\right.$$

$$e^{-\frac{2\left(r+\frac{\sigma^2}{2}\right)x_0}{\sigma^2}}N\left(\frac{-X_0+\left(r+\frac{\sigma^2}{2}\right)T}{\sigma\sqrt{T}}\right)+N\left(\frac{k-X_0+\left(r+\frac{\sigma^2}{2}\right)T}{\sigma\sqrt{T}}\right)-$$

$$\left.\left.e^{-\frac{2\left(r+\frac{\sigma^2}{2}\right)x_0}{\sigma^2}}N\left(\frac{-k-X_0+\left(r+\frac{\sigma^2}{2}\right)T}{\sigma\sqrt{T}}\right)\right\}\right] \tag{10-24}$$

三、重设型期权定价

重设型期权给予期权持有者更多的权利,在股权激励中经常采用此种奇异期权。重设型买权的到期现金流 RC_T 可表示如下:

$$RC_T=\begin{cases}S_T-S_t\,, & S_t<K,S_T>S_t\\ S_T-K\,, & S_t\geq K,S_T>K\\ 0\,, & \text{其他}\end{cases} \tag{10-25}$$

其中 t 表示预先设定的重设时点。由上述现金流可知,重设型买权是这样一种期权:

情况 1:在重设时点 t 时,若 $S_t<K$,则行权价格需要重新设定为 S_t ;在到期时刻 T ,若 $S_T>S_t$,则期权到期回报为 S_T-S_t 。

情况 2:在重设时点 t 时,若 $S_t\geq K$,则行权价格不需要重新设定,仍为 K ;在到期时刻 T ,若 $S_T>K$,则期权到期回报为 S_T-K 。

情况 3:无论该期权在持有期内是否发生行权价格的重置,只要到期时刻 T ,该买权不行权,则买权到期回报为 0。

重设型卖权的到期现金流 RP_T 可表示如下:

$$RP_T=\begin{cases}S_t-S_T\,, & S_t>K,S_T<S_t\\ K-S_T\,, & S_t\leq K,S_T<K\\ 0\,, & \text{其他}\end{cases} \tag{10-26}$$

其中 t 表示预先设定的重设时点。由上述现金流可知,重设型卖权是这样一种期权:

情况 1:在重设时点 t 时,若 $S_t>K$,则行权价格需要重新设定为 S_t ,若 $S_T<S_t$,则期权到期回报为 S_t-S_T 。

情况 2：在重设时点 t 时，若 $S_t \leq K$，则行权价格不需要重新设定，仍为 K；在到期时刻 T，若 $S_T < K$，则期权到期回报为 $K - S_T$。

情况 3：无论该期权在持有期内是否发生行权价格的重置，只要到期时刻 T，该卖权不行权，则卖权到期回报为 0。

在此以重设型卖权的定价公式为例介绍定价过程，在风险中性概率测度 P^0 下，定价过程如下：

$$
\begin{aligned}
RP &= e^{-rT} E^0(S_t - S_T \mid S_t > K, S_T < S_t) P^0(S_t > K, S_T < S_t) + \\
&\quad e^{-rT} E^0(K - S_T \mid S_t \leq K, S_T < K) P^0(S_t \leq K, S_T < K) \\
&= P_1 + P_2
\end{aligned}
\tag{10-27}
$$

其中，

$$
\begin{aligned}
P_1 &= e^{-rT} E^0(S_t - S_T \mid S_t > K, S_T < S_t) P^0(S_t > K, S_T < S_t) \\
&= e^{-rT} E^0(S_t \mid S_t > K, S_T < S_t) P^0(S_t > K, S_T < S_t) - \\
&\quad e^{-rT} E^0(S_T \mid S_t > K, S_T < S_t) P^0(S_t > K, S_T < S_t)
\end{aligned}
\tag{10-28}
$$

$$
\begin{aligned}
P_2 &= e^{-rT} E^0(K - S_T \mid S_t \leq K, S_T < K) P^0(S_t \leq K, S_T < K) \\
&= e^{-rT} E^0(K \mid S_t \leq K, S_T < K) P^0(S_t \leq K, S_T < K) - \\
&\quad e^{-rT} E^0(S_T \mid S_t \leq K, S_T < K) P^0(S_t \leq K, S_T < K)
\end{aligned}
\tag{10-29}
$$

由于股票价格具有马尔科夫性质，因此股票价格在不同时间范围内的表现是独立的，因此 $(0, t)$ 时间内的事件 $(S_t > K)$ 和 (t, T) 时间内的事件 $(S_T < S_t)$ 是独立的，因此可将 P_1 改写为：

$$
\begin{aligned}
P_1 &= e^{-rT} E^0(S_t \mid S_t > K) P^0(S_t > K) P^0(S_T < S_t) - \\
&\quad e^{-rT} E^0(S_T \mid S_t > K, S_T < S_t) P^0(S_t > K, S_T < S_t) \\
&= A_1 - A_2
\end{aligned}
\tag{10-30}
$$

现分步求解：

$$
\begin{aligned}
a &= E^0(S_t \mid S_t > K) P^0(S_t > K) \\
&= E^0(S_t I_{\{S_t > K\}}) \\
&= E^0 \left\{ S \exp \left[\left(r - \frac{1}{2} \sigma^2 \right) t + \sigma(B_t^0 - B_0^0) \right] I_{\{S_t > K\}} \right\} \\
&= S e^{rt} E^0 \left\{ \underbrace{\exp \left[\left(-\frac{1}{2} \sigma^2 \right) t + \sigma(B_t^0 - B_0^0) \right]}_{\zeta_t} I_{\{S_t > K\}} \right\}
\end{aligned}
$$

$$= Se^{rt} E^R \{ I_{\{S_t > K\}} \} = Se^{rt} P^R (S_t > K)$$

$$= Se^{rt} P^R (\ln S_t > \ln K), d\ln S_t = \left(r + \frac{1}{2}\sigma^2 \right) dt + \sigma dB^R$$

$$= Se^{rt} P^R \left[-\frac{\Delta B^R}{\sqrt{t}} \leqslant \underbrace{\frac{\ln\left(\dfrac{S}{K}\right) + \left(r + \dfrac{1}{2}\sigma^2 \right) t}{\sigma\sqrt{t}}}_{d_1} \right]$$

$$= Se^{rt} N(d_1) \tag{10-31}$$

$$b = P^0 (S_T < S_t) = P^0 (\ln S_T < \ln S_t)$$

$$= P^0 \left[\ln S_t + \left(r - \frac{1}{2}\sigma^2 \right) (T - t) + \sigma \Delta B^0{}_{T-t} < \ln S_t \right]$$

$$= P^0 \left[\frac{\Delta B^0{}_{T-t}}{\sqrt{T-t}} < \underbrace{-\frac{\left(r - \dfrac{1}{2}\sigma^2 \right) (T - t)}{\sigma\sqrt{T-t}}}_{b_1} \right]$$

$$= N(-b_1) \tag{10-32}$$

所以有:

$$A_1 = e^{-rT} E^0 (S_t \mid S_t > K) P^0 (S_t > K) \underbrace{P^0 (S_T < S_t)}_{b}$$

$$= Se^{-r(T-t)} N(d_1) N(-b_1) \tag{10-33}$$

同理可求

$$A_2 = e^{-rT} E^0 (S_T \mid S_t > K, S_T < S_t) P^0 (S_t > K, S_T < S_t)$$

$$= e^{-rT} E^0 [S_T I_{\{S_t > K, S_T < S_t\}}]$$

$$= e^{-rT} Se^{rT} E^0 [e^{-\frac{1}{2}\sigma^2 T + \sigma \Delta B^0{}_T} I_{\{S_t > K, S_T < S_t\}}]$$

$$= SE^R [I_{\{S_t > K, S_T < S_t\}}]$$

$$= SP^R [S_t > K, S_T < S_t]$$

$$= SP^R [S_t > K] P^R [S_T < S_t]$$

$$= SP^R [\ln S_t > \ln K] P^R [\ln S_T < \ln S_t]$$

$$= SP^R \left[-\frac{\Delta B_t^R}{\sqrt{t}} \leqslant \frac{\ln\left(\dfrac{S}{K}\right) + \left(r + \dfrac{1}{2}\sigma^2 \right) t}{\sigma\sqrt{t}} \right]$$

$$P^R\left[\frac{\Delta B_{T-t}^R}{\sqrt{T-t}} \leqslant -\underbrace{\frac{\left(r+\frac{1}{2}\sigma^2\right)(T-t)}{\sigma\sqrt{T-t}}}_{b_2}\right]$$

$$= SN(d_1)N(-b_2) \qquad (10-34)$$

$$P_1 = A_1 - A_2$$

$$= Se^{-r(T-t)}N(d_1)N(-b_1) - SN(d_1)N(-b_2) \qquad (10-35)$$

$$P_2 = e^{-rT}E^0(K \mid S_t \leqslant K, S_T < K)P^0(S_t \leqslant K, S_T < K) -$$

$$e^{-rT}E^0(S_T \mid S_t \leqslant K, S_T < K)P^0(S_t \leqslant K, S_T < K)$$

$$= e^{-rT}K \cdot P^0(S_t \leqslant K, S_T < K) -$$

$$e^{-rT}E^0(S_T \mid S_t \leqslant K, S_T < K)P^0(S_t \leqslant K, S_T < K)$$

$$= e^{-rT}KA_3 - e^{-rT}A_4 \qquad (10-36)$$

$$A_3 = P^0(S_t \leqslant K, S_T < K)$$

$$= P^0(\ln S_t \leqslant \ln K, \ln S_T < \ln K)$$

$$= P^0\left[\ln S + \left(r-\frac{1}{2}\sigma^2\right)t + \sigma\Delta B_t^0 \leqslant \ln K,\right.$$

$$\left.\ln S + \left(r-\frac{1}{2}\sigma^2\right)T + \sigma\Delta B_T^0 < \ln K\right]$$

$$= P^0\left[\frac{\Delta B_t^0}{\sqrt{t}} \leqslant -\underbrace{\frac{\ln\left(\frac{S}{K}\right)+\left(r-\frac{1}{2}\sigma^2\right)t}{\sigma\sqrt{t}}}_{d_2},\right.$$

$$\left.\frac{\Delta B_T^0}{\sqrt{T}} \leqslant -\underbrace{\frac{\ln\left(\frac{S}{K}\right)+\left(r-\frac{1}{2}\sigma^2\right)T}{\sigma\sqrt{T}}}_{d_{22}}\right]$$

$$= N(-d_2, -d_{22}; \rho_1) \qquad (10-37)$$

其中，ρ_1 为二元正态分布中的相关系数，且

$$\rho_1 = \text{cov}\left(\frac{\Delta B_t^0}{\sqrt{t}} \times \frac{\Delta B_T^0}{\sqrt{T}}\right) = E^0\left(\frac{\Delta B_t^0}{\sqrt{t}} \times \frac{\Delta B_T^0}{\sqrt{T}}\right) - E^0\left(\frac{\Delta B_t^0}{\sqrt{t}}\right)E^0\left(\frac{\Delta B_T^0}{\sqrt{T}}\right)$$

$$= \frac{1}{\sqrt{tT}}E^0(\Delta B_t^0 \times \Delta B_T^0) = \frac{1}{\sqrt{tT}}E^0[\Delta B_t^0 \times (\Delta B_t^Q + \Delta B_{T-t}^0)]$$

$$= \frac{1}{\sqrt{tT}} E^0 [(\Delta B^0_t)^2] = \frac{1}{\sqrt{tT}} t = \sqrt{\frac{t}{T}}$$

$$A_4 = E^0(S_T | S_t \leqslant K, S_T < K) P^0(S_t \leqslant K, S_T < K)$$

$$= E^0 [S_T I_{\{S_t \leqslant K, S_T < K\}}]$$

$$= Se^{rT} E^0 [e^{-\frac{1}{2}\sigma^2 T + \sigma \Delta B^0_T} I_{\{S_t \leqslant K, S_T < K\}}]$$

$$= Se^{rT} E^R [I_{\{S_t \leqslant K, S_T < K\}}]$$

$$= Se^{rT} P^R(S_t \leqslant K, S_T < K)$$

$$= Se^{rT} P^R(\ln S_t \leqslant \ln K, \ln S_T < \ln K)$$

$$= Se^{rT} P^R \left[\frac{\Delta B^R_t}{\sqrt{t}} \leqslant - \frac{\ln\left(\frac{S}{K}\right) + \left(r + \frac{1}{2}\sigma^2\right) t}{\sigma\sqrt{t}} , \right.$$

$$\left. \frac{\Delta B^R_T}{\sqrt{T}} \leqslant - \underbrace{\frac{\ln\left(\frac{S}{K}\right) + \left(r + \frac{1}{2}\sigma^2\right) T}{\sigma\sqrt{T}}}_{d_{11}} \right]$$

$$= Se^{rT} N\left(-d_1, -d_{11}; \sqrt{\frac{t}{T}} \right) \qquad (10\text{-}38)$$

所以有:

$$P_2 = e^{-rT} K A_3 - e^{-rT} A_4$$

$$= e^{-rT} K N\left(-d_2, -d_{22}; \sqrt{\frac{t}{T}} \right) - S N\left(-d_1, -d_{11}; \sqrt{\frac{t}{T}} \right) \quad (10\text{-}39)$$

$$RP = P_1 + P_2$$

$$= Se^{-r(T-t)} N(d_1) N(-b_1) - S N(d_1) N(-b_2) +$$

$$e^{-rT} K N\left(-d_2, -d_{22}; \sqrt{\frac{t}{T}} \right) - S N\left(-d_1, -d_{11}; \sqrt{\frac{t}{T}} \right) \quad (10\text{-}40)$$

四、回望期权定价

回望期权是一种让期权持有人在期权到期时,能以期权有效期内标的资产曾出现过的最有利价格行使期权。基于行权价格是否发生变化,回望期权主要分为两种类型：浮动行权价格和固定行权价格。其到期现金流可表示为：

浮动行权价格

$$\begin{cases} \text{回望买权}: C_T = \max(S_T - k_0^T, 0) \\ \text{回望卖权}: P_T = \max(K_0^T - S_T, 0) \end{cases} \tag{10-41}$$

其中，$k_0^T = \min_{0 \leqslant \tau \leqslant T} S_\tau$，$K_0^T = \max_{0 \leqslant \tau \leqslant T} S_\tau$

固定行权价格

$$\begin{cases} \text{回望买权}: C_T = \max[\max_{0 \leqslant \tau \leqslant T} S_\tau - K, 0] \\ \text{回望卖权}: P_T = \max[K - \min_{0 \leqslant \tau \leqslant T} S_\tau, 0] \end{cases} \tag{10-42}$$

其中，$\max_{0 \leqslant \tau \leqslant T} S_\tau$ 为期权持有期内标的资产最高价格，$\min_{0 \leqslant \tau \leqslant T} S_\tau$ 为期权持有期内标的资产最低价格。

1. 回望买权定价——浮动履约价

浮动履约价情况下，在风险中性概率测度 P^0 下，定价过程如下：

$$\begin{aligned} C_t &= e^{-r(T-t)} E^0[\max(S_T - k_0^T, 0)] \\ &= e^{-r(T-t)} E^0[S_T - k_0^T] \times I_{\{S_T > k_0^T\}} \\ &= e^{-r(T-t)} E^0[S_T - \min(k_0^t, k_t^T)] \\ &= S_t - e^{-r(T-t)} E^0[\min(k_0^t, k_t^T)] \end{aligned} \tag{10-43}$$

其中，假定 t 为现在时刻，故 $[0, t]$ 时间段内标的资产价格为已知，而 $[t, T]$ 时间段内标的资产价格是未知的。

可见，求解浮动履约价格下的回望式买权的关键在于确定 $E^0[\min(k_0^t, k_t^T)]$，利用条件期望可将其进一步改写为：

$$\begin{aligned} E^0[\min(k_0^t, k_t^T)] &= E^0[k_0^t \mid k_0^t \leqslant k_t^T] + E^0[k_t^T \mid k_t^T < k_0^t] \\ &= k_0^t E^0[1 \mid k_0^t \leqslant k_t^T] + E^0[k_t^T \mid k_t^T < k_0^t] \\ &= k_0^t P^0(k_0^t \leqslant k_t^T) + E^0[k_t^T \mid k_t^T < k_0^t] \end{aligned} \tag{10-44}$$

第一项求解如下：

$$P^0(k_0^t \leqslant k_t^T) = P^0\left(\ln \frac{k_0^t}{S_t} \leqslant \ln \frac{k_t^T}{S_t}\right) = P^0(y_0^t \leqslant y_t^T)$$

其中，$y_0^t = \ln \dfrac{k_0^t}{S_t}, y_t^T = \ln \dfrac{k_t^T}{S_t}$ （10-45）

借鉴哈里松（Harrison,1985），上述概率可写为：

$$P^0(y_0^t \leqslant y_t^T) = P^0(y_t^T \geqslant y_0^t)$$

$$= N\left(\frac{-y_0^t + \mu(T-t)}{\sigma\sqrt{T-t}}\right) - e^{\frac{2\mu y_0^t}{\sigma^2}} N\left(\frac{y_0^t + \mu(T-t)}{\sigma\sqrt{T-t}}\right)$$

$$= N(d_1 - \sigma\sqrt{T-t}) - \left(\frac{S_t}{k_0^t}\right)^{1-\frac{2r}{\sigma^2}} N\left(-d_1 + \frac{2r}{\sigma}\right) \quad (10\text{-}46)$$

其中，$d_1 = \dfrac{\ln\left(\dfrac{S_t}{k_0^t}\right) + \left(r + \dfrac{\sigma^2}{2}\right)\sqrt{T-t}}{\sigma\sqrt{T-t}}$，$-d_1 + \dfrac{2r}{\sigma} = \dfrac{\ln\left(\dfrac{k_0^t}{S_t}\right) + \left(r - \dfrac{\sigma^2}{2}\right)\sqrt{T-t}}{\sigma\sqrt{T-t}}$，

$u = 4 - \dfrac{1}{2}\sigma^2$

第二项求解如下：

$$E^0[k_t^T \mid k_t^T < k_0^t] = E^0\left[S_t e^{y_t^T} \Big| \ln\frac{k_t^T}{S_t} < \ln\frac{k_0^t}{S_t}\right] \quad \left(\text{利用} y_t^T = \ln\frac{k_t^T}{S_t}\right)$$

$$= E^0\left[S_t e^{y_t^T} \Big| y_t^T < \ln\frac{k_0^t}{S_t}\right]$$

$$= \int_{-\infty}^{\ln\frac{k_0^t}{S_t}} S_t e^{y_t^T} f(y_t^T)\, d_{y_t^T}$$

$$= \underbrace{\int_{-\infty}^{\ln\frac{k_0^t}{S_t}} S_t e^{y_t^T} \frac{1}{\sigma\sqrt{T-t}} \varphi\left(\frac{-y_0^t + \mu(T-t)}{\sigma\sqrt{T-t}}\right) d_{y_t^T}}_{a} +$$

$$\underbrace{\frac{2\mu}{\sigma^2} \int_{-\infty}^{\ln\frac{k_0^t}{S_t}} S_t e^{y_t^T} e^{\frac{2\mu y_0^t}{\sigma^2}} N\left(\frac{y_0^t + \mu(T-t)}{\sigma\sqrt{T-t}}\right) d_{y_t^T}}_{b} +$$

$$\underbrace{\int_{-\infty}^{\ln\frac{k_0^t}{S_t}} \frac{S_t e^{y_t^T}}{\sigma\sqrt{T-t}} e^{\frac{2\mu y_0^t}{\sigma^2}} \varphi\left(\frac{-y_0^t + \mu(T-t)}{\sigma\sqrt{T-t}}\right) d_{y_t^T}}_{c}$$

（10-47）

其中，$N(\cdot)$ 为标准正态分布的累积分布函数，$\varphi(\cdot)$ 为标准正态分布的概率密度函数。

利用积分知识可以证明：式(10-47)中的 a 部分与 c 部分的积分结果相同。仅针对 a 部分求解即可：

$$\int_{-\infty}^{\ln\frac{k_0^t}{S_t}} S_t e^{yT} \frac{1}{\sigma\sqrt{T-t}} \varphi\left(\frac{-y_0^t + \mu(T-t)}{\sigma\sqrt{T-t}}\right) d_{yT}$$

$$= \int_{-\infty}^{\ln\frac{k_0^t}{S_t}} S_t e^{yT} \frac{1}{\sigma\sqrt{T-t}} \frac{1}{\sqrt{2\pi}} e^{-\frac{\left(\frac{-y_0^t+\mu(T-t)}{\sigma\sqrt{T-t}}\right)^2}{2}} d_{yT}$$

$$= \int_{-\infty}^{\ln\frac{k_0^t}{S_t}} \frac{S_t}{\sigma\sqrt{T-t}} \frac{1}{\sqrt{2\pi}} e^{yT-\frac{\left(\frac{-y_0^t+\mu(T-t)}{\sigma\sqrt{T-t}}\right)^2}{2}} d_{yT}$$

$$= \int_{-\infty}^{\ln\frac{k_0^t}{S_t}} \frac{S_t}{\sigma\sqrt{T-t}} \frac{1}{\sqrt{2\pi}} e^{\frac{-1}{2\sigma^2(T-t)}[yT-(\sigma^2+\mu)(T-t)]^2+\left(\frac{\sigma^2}{2}+\mu\right)(T-t)} d_{yT}$$

$$= S_t e^{\left(\frac{\sigma^2}{2}+\mu\right)(T-t)} \int_{-\infty}^{\ln\frac{k_0^t}{S_t}} \frac{1}{\sigma\sqrt{2\pi(T-t)}} e^{\frac{-1}{2\sigma^2(T-t)}[yT-(\sigma^2+\mu)(T-t)]^2} d_{yT}$$

$$= S_t e^{r(T-t)} N(-d_1) \tag{10-48}$$

其中，$-d_1 = -\dfrac{\ln\dfrac{k_0^t}{S_t} + \left(r+\dfrac{\sigma^2}{2}\right)(T-t)}{\sigma\sqrt{T-t}}$

b 部分求解如下：

$$\frac{2\mu}{\sigma^2} \int_{-\infty}^{\ln\frac{k_0^t}{S_t}} S_t e^{yT} e^{\frac{2\mu y_0^t}{\sigma^2}} N\left(\frac{y_0^t+\mu(T-t)}{\sigma\sqrt{T-t}}\right) d_{yT}$$

$$= \frac{2\mu}{\sigma^2} S_t \int_{-\infty}^{\ln\frac{k_0^t}{S_t}} e^{yT+\frac{2\mu y_0^t}{\sigma^2}} N\left(\frac{y_0^t+\mu(T-t)}{\sigma\sqrt{T-t}}\right) d_{yT}$$

$$= \frac{2\mu S_t}{\sigma^2}\left(\frac{\sigma^2}{\sigma^2+2\mu}\right) \int_{-\infty}^{\ln\frac{k_0^t}{S_t}} N\left(\frac{y+\mu(T-t)}{\sigma\sqrt{T-t}}\right) d_e\left(\frac{\sigma^2+2\mu}{\sigma^2}\right)_y \text{①}$$

---

① 此时为区分 y_0^t 和 y_t^T，统一用 y 表示。

$$= \frac{2\mu S_t}{\sigma^2 + 2\mu}\left[e^{\left(\frac{\sigma^2+2\mu}{\sigma^2}\right)y}N\left(\frac{y + \mu(T-t)}{\sigma\sqrt{T-t}}\right)\Bigg|_{-\infty}^{\ln\frac{k_0^t}{S_t}} - \int_{-\infty}^{\ln\frac{k_0^t}{S_t}}e^{\left(\frac{\sigma^2+2\mu}{\sigma^2}\right)y}d_{N\left(\frac{y+\mu(T-t)}{\sigma\sqrt{T-t}}\right)}\right]$$

$$= \frac{2\mu S_t}{\sigma^2 + 2\mu}\left[e^{\left(\frac{\sigma^2+2\mu}{\sigma^2}\right)\left(\ln\frac{k_0^t}{S_t}\right)}N\left(\frac{\ln\frac{k_0^t}{S_t} + \mu(T-t)}{\sigma\sqrt{T-t}}\right) - \right.$$

$$\left.\int_{-\infty}^{\ln\frac{k_0^t}{S_t}}\frac{1}{\sqrt{2\pi}}\frac{1}{\sigma\sqrt{T-t}}e^{\left(\frac{\sigma^2+2\mu}{\sigma^2}\right)y}e^{-\frac{\left(\frac{y+\mu(T-t)}{\sigma\sqrt{T-t}}\right)^2}{2}}d_y\right] \tag{10-49}$$

其中，$\dfrac{2\mu S_t}{\sigma^2 + 2\mu} = \dfrac{2\left(r - \frac{\sigma^2}{2}\right)S_t}{\sigma^2 + 2\left(r - \frac{\sigma^2}{2}\right)} = \dfrac{2r - \sigma^2}{2r}S_t = \left(1 - \dfrac{\sigma^2}{2r}\right)S_t$

$$e^{\left(\frac{\sigma^2+2\mu}{\sigma^2}\right)y} = \exp\left[\frac{\sigma^2 + 2\left(r - \frac{\sigma^2}{2}\right)}{\sigma^2}\ln\frac{k_0^t}{S_t}\right] = \left(\frac{k_0^t}{S_t}\right)^{\frac{2r}{\sigma^2}}$$

$$N\left[\frac{y + \mu(T-t)}{\sigma\sqrt{T-t}}\right] = N\left[\frac{\ln\frac{k_0^t}{S_t} + \left(r - \frac{\sigma^2}{2}\right)(T-t)}{\sigma\sqrt{T-t}}\right]$$

$$= N\left[\frac{\ln\frac{k_0^t}{S_t} - \left(r + \frac{\sigma^2}{2}\right)(T-t)}{\sigma\sqrt{T-t}} + \frac{2r}{\sigma}\sqrt{T-t}\right] = N\left(-d_1 + \frac{2r}{\sigma}\sqrt{T-t}\right)$$

$$d_{N\left(\frac{y+\mu(T-t)}{\sigma\sqrt{T-t}}\right)} = \frac{1}{\sqrt{2\pi}}\frac{1}{\sigma\sqrt{T-t}}e^{-\frac{\left[\frac{y+\mu(T-t)}{\sigma\sqrt{T-t}}\right]^2}{2}} = \frac{1}{\sigma\sqrt{T-t}\sqrt{2\pi}}e^{-\frac{\left[\frac{\ln\frac{k_0^t}{S_t}+\left(r-\frac{\sigma^2}{2}\right)(T-t)}{\sigma\sqrt{T-t}}\right]^2}{2}}$$

$$e^{\left(\frac{\sigma^2+2\mu}{\sigma^2}\right)y}e^{-\frac{\left[\frac{y+\mu(T-t)}{\sigma\sqrt{T-t}}\right]^2}{2}} = \exp\left[\frac{(4\mu(T-t) + 2\sigma^2(T-t)) - y^2 - 2\mu y(T-t) - \mu^2(T-t)^2}{2\sigma^2(T-t)}\right]$$

$$= \exp\left[\frac{-(y^2 - 2(\mu + \sigma^2)y(T-t)) - \mu^2(T-t)^2}{2\sigma^2(T-t)}\right]$$

$$= \exp\left\{\frac{-\left[y - (\mu + \sigma^2)(T-t)\right]^2 + (\mu + \sigma^2)^2(T-t)^2 - \mu^2(T-t)^2}{2\sigma^2(T-t)}\right\}$$

$$= \exp\left\{\frac{-(y-(\mu+\sigma^2)(T-t))^2}{2\sigma^2(T-t)}\right\} \exp\left[\frac{(\mu+\sigma^2)^2(T-t)^2 - \mu^2(T-t)^2}{2\sigma^2(T-t)}\right]$$

$$= \exp\left\{\frac{-(y-(\mu+\sigma^2)(T-t))^2}{2\sigma^2(T-t)}\right\} \exp\left[\left(\mu+\frac{\sigma^2}{2}\right)(T-t)\right]$$

$$= \exp\left\{\frac{-(y-(\mu+\sigma^2)(T-t))^2}{2\sigma^2(T-t)}\right\} \exp[r(T-t)]$$

将上述结果代入式（10-49）得：

$$\frac{2\mu}{\sigma^2}\int_{-\infty}^{\ln\frac{k_0^t}{S_t}} S_t e^{\gamma T} e^{\frac{2\mu y_0^t}{\sigma^2}} N\left[\frac{y_0^t+\mu(T-t)}{\sigma\sqrt{T-t}}\right] d_{y_T^t}$$

$$= \left(1-\frac{\sigma^2}{2r}\right)S_t\left[\left(\frac{k_0^t}{S_t}\right)^{\frac{2r}{\sigma^2}} N\left(-d_1+\frac{2r}{\sigma}\sqrt{T-t}\right) - \right.$$

$$\left. e^{r(T-t)}\int_{-\infty}^{\ln\frac{k_0^t}{S_t}}\frac{1}{\sqrt{2\pi}}\frac{1}{\sigma\sqrt{T-t}}\exp\left\{\frac{-[y-(\mu+\sigma^2)(T-t)]^2}{2\sigma^2(T-t)}\right\} d_y\right]$$

$$= \left(1-\frac{\sigma^2}{2r}\right)S_t\left[\left(\frac{k_0^t}{S_t}\right)^{\frac{2r}{\sigma^2}} N\left(-d_1+\frac{2r}{\sigma}\sqrt{T-t}\right) - e^{r(T-t)}N(-d_1)\right]$$

$$(10-50)$$

将 a、b、c 三个部分的代入式（10-47）得：

$$E^0[k_t^T \mid k_t^T < k_0^t] = a+b+c = 2a+b$$

$$= 2S_t e^{r(T-t)}N(-d_1) + \left(1-\frac{\sigma^2}{2r}\right)S_t\left[\left(\frac{k_0^t}{S_t}\right)^{\frac{2r}{\sigma^2}} N\left(-d_1+\frac{2r}{\sigma}\sqrt{T-t}\right) - \right.$$

$$\left. e^{r(T-t)}N(-d_1)\right] \qquad (10-51)$$

$$E^0[\min(k_0^t, k_t^T)] = k_0^t P(k_0^t \leqslant k_t^T) + E[k_t^T \mid k_t^T < k_0^t]$$

$$= k_0^t\left[N(d_1-\sigma\sqrt{T-t}) - \left(\frac{S_t}{k_0^t}\right)^{1-\frac{2r}{\sigma^2}} N\left(-d_1+\frac{2r\sqrt{T-t}}{\sigma\sqrt{T-t}}\right)\right] +$$

$$2S_t e^{r(T-t)}N(-d_1) + \left(1-\frac{\sigma^2}{2r}\right)S_t$$

$$\left[\left(\frac{k_0^t}{S_t}\right)^{\frac{2r}{\sigma^2}} N\left(-d_1+\frac{2r}{\sigma}\sqrt{T-t}\right) - e^{r(T-t)}N(-d_1)\right] \qquad (10-52)$$

$$C_t = S_t - e^{-r(T-t)} E^0 [\min(k_0^t, k_t^T)]$$

$$= S_t N(d_1) - e^{-r(T-t)} k_0^t N(d_1 - \sigma\sqrt{T-t}) +$$

$$e^{-r(T-t)} \frac{\sigma^2}{2r} S_t \left[\left(\frac{k_0^t}{S_t}\right)^{\frac{2r}{\sigma^2}} N\left(-d_1 + \frac{2r}{\sigma}\sqrt{T-t}\right) - e^{r(T-t)} N(-d_1) \right]$$

$$（10-53）$$

2. 回望卖权定价——浮动履约价

借鉴回望买权定价经验,现对回望卖权进行定价,定义回望卖权到期回报为:

$$P = e^{-r(T-t)} E^0 [\max(K_0^T - S_T, 0)]$$

$$= e^{-r(T-t)} E^0 [K_0^T - S_T] \times I_{\{K_0^T > S_T\}}$$

$$= e^{-r(T-t)} E^0 [\max(K_0^t, K_t^T)] - S_t$$

$$= e^{-r(T-t)} E^0 [K_0^t | K_0^t \geq K_t^T] + e^{-r(T-t)} E^0 [K_t^T | K_0^t < K_t^T] - S_t$$

$$= e^{-r(T-t)} K_0^t P^0 (K_0^t \geq K_t^T) + e^{-r(T-t)} E^0 [K_t^T | K_0^t < K_t^T] - S_t$$

$$（10-54）$$

第一项中的概率求解如下:

$$P^0(K_0^t \geq K_t^T) = P^0 \left[\ln\left(\frac{K_0^t}{S_t}\right) \geq \ln\left(\frac{K_t^T}{S_t}\right) \right]$$

$$= P^0(Y_t^T \leq Y_0^t)$$

$$= N\left[\frac{\ln\left(\frac{K_0^t}{S_t}\right) - \mu(T-t)}{\sigma\sqrt{T-t}} \right] - e^{2\mu\ln\left(\frac{k_0^t}{S_t}\right)\frac{1}{\sigma^2}} N\left[\frac{-\ln\left(\frac{K_0^t}{S_t}\right) - \mu(T-t)}{\sigma\sqrt{T-t}} \right]$$

$$= N(-d_1^* + \sigma\sqrt{T-t}) - \left(\frac{K_0^t}{S_t}\right)^{\frac{2r-\sigma^2}{\sigma^2}} N\left(d_1^* - \frac{2r\sqrt{T-t}}{\sigma} \right] \quad （10-55）$$

其中,

$$-d_1^* + \sigma\sqrt{T-t} = \frac{\ln\left(\frac{K_0^t}{S_t}\right) - \left(r - \frac{\sigma^2}{2}\right)(T-t)}{\sigma\sqrt{T-t}}$$

$$d_1^* = \frac{-\ln\left(\dfrac{K_0^t}{S_t}\right) + \left(r + \dfrac{\sigma^2}{2}\right)(T-t)}{\sigma\sqrt{T-t}}, u = r - \frac{1}{2}\sigma^2$$

第二项求解：

$$e^{-r(T-t)}E^0[K_t^T \mid K_0^t < K_t^T]$$

$$= e^{-r(T-t)}E^0\left[S_t e^{Y_t^T} \,\middle|\, Y_t^T > \ln\frac{K_0^t}{S_t}\right] \quad \left(Y_t^T = \ln\frac{K_t^T}{S_t}\right)$$

$$= e^{-r(T-t)}\int_{\ln\frac{K_0^t}{S_t}}^{\infty} S_t e^{Y_t^T} h(Y_t^T)\, d_{Y_t^T} \qquad (10-56)$$

其中，

$$h(Y_t^T) = \frac{1}{\sigma\sqrt{T-t}}\phi\left(\frac{y - \mu(T-t)}{\sigma\sqrt{T-t}}\right) - \frac{2\mu}{\sigma^2}e^{\frac{2\mu y}{\sigma^2}}N\left(\frac{-y - \mu(T-t)}{\sigma\sqrt{T-t}}\right) +$$

$$e^{\frac{2\mu y}{\sigma^2}}\frac{1}{\sigma\sqrt{T-t}}\phi\left(\frac{-y - \mu(T-t)}{\sigma\sqrt{T-t}}\right)$$

将密度函数代入式（10-52），可得：

$$e^{-r(T-t)}\int_{\ln\frac{K_0^t}{S_t}}^{\infty} S_t e^{Y_t^T} h(Y_t^T)\, d_{Y_t^T}$$

$$= e^{-r(T-t)}\left\{ \begin{array}{l} \underbrace{\int_{\ln\frac{K_0^t}{S_t}}^{\infty} S_t e^{y} \dfrac{1}{\sigma\sqrt{T-t}}\phi\left(\dfrac{y - \mu(T-t)}{\sigma\sqrt{T-t}}\right) d_y}_{a} \\[4mm] \underbrace{- \int_{\ln\frac{K_0^t}{S_t}}^{\infty} S_t e^{y} \dfrac{2\mu}{\sigma^2}e^{\frac{2\mu y}{\sigma^2}}N\left(\dfrac{-y - \mu(T-t)}{\sigma\sqrt{T-t}}\right) d_y}_{b} \\[4mm] \underbrace{+ \int_{\ln\frac{K_0^t}{S_t}}^{\infty} S_t e^{y} e^{\frac{2\mu y}{\sigma^2}}\dfrac{1}{\sigma\sqrt{T-t}}\phi\left(\dfrac{-y - \mu(T-t)}{\sigma\sqrt{T-t}}\right) d_y}_{c} \end{array} \right\} \qquad (10-57)$$

在式（10-57）中，$a = c$，故仅求 a 式即可。

$$\int_{\ln\frac{K_0^t}{S_t}}^{\infty} S_t e^{y} \frac{1}{\sigma\sqrt{T-t}}\phi\left(\frac{y - \mu(T-t)}{\sigma\sqrt{T-t}}\right) d_y = S_t e^{r(T-t)}N(d_1^*) \quad (10-58)$$

b 式积分可得：

$$-\int_{\ln\frac{K_0^t}{S_t}}^{\infty} S_t e^y \frac{2\mu}{\sigma^2} e^{\frac{2\mu y}{\sigma^2}} N\left(\frac{-y-\mu(T-t)}{\sigma\sqrt{T-t}}\right) d_y$$

$$= \left(1-\frac{\sigma^2}{2r}\right) S_t \left[\left(\frac{K_0^t}{S_t}\right)^{\frac{2r}{\sigma^2}} N\left(d_1^* - \frac{2r\sqrt{T-t}}{\sigma}\right) - e^{r(T-t)} N(d_1^*)\right]$$

$$（10-59）$$

把式（10-58）和式（10-59）代入式（10-57）可得第二项结果：

$$e^{-r(T-t)} E^0[K_t^T \mid K_0^t < K_t^T]$$

$$= 2S_t N(d_1^*) + e^{-r(T-t)}\left[\left(\frac{K_0^t}{S_t}\right)^{\frac{2r}{\sigma^2}} N\left(d_1^* - \frac{2r\sqrt{T-t}}{\sigma}\right) - e^{r(T-t)} N(d_1^*)\right]$$

$$= 2S_t N(d_1^*) + e^{-r(T-t)}\left(1-\frac{\sigma^2}{2r}\right) S_t \left[\left(\frac{K_0^t}{S_t}\right)^{\frac{2r}{\sigma^2}} N\left(d_1^* - \frac{2r\sqrt{T-t}}{\sigma}\right) - e^{r(T-t)} N(d_1^*)\right]$$

$$（10-60）$$

把式（10-55）和式（10-60）代入式（10-54）可得回望卖权的定价结果：

$$P = e^{-r(T-t)} K_0^t P^0(K_0^t \geq K_t^T) + e^{-r(T-t)} E^0[K_t^T \mid K_0^t < K_t^T] - S_t$$

$$= e^{-r(T-t)} K_0^t \left[N(-d_1^* + \sigma\sqrt{T-t}) - \left(\frac{K_0^t}{S_t}\right)^{\frac{2r-\sigma^2}{\sigma^2}} N\left(d_1^* - \frac{2r\sqrt{T-t}}{\sigma}\right)\right] +$$

$$2S_t N(d_1^*) + e^{-r(T-t)}\left(1-\frac{\sigma^2}{2r}\right) S_t$$

$$\left[\left(\frac{K_0^t}{S_t}\right)^{\frac{2r}{\sigma^2}} N\left(d_1^* - \frac{2r\sqrt{T-t}}{\sigma}\right) - e^{r(T-t)} N(d_1^*)\right] - S_t$$

$$= -S_t N(-d_1^*) + e^{-r(T-t)} K_0^t N(-d_1^* + \sigma\sqrt{T-t})$$

$$- e^{-r(T-t)} \frac{\sigma^2}{2r} S_t \left[\left(\frac{K_0^t}{S_t}\right)^{-\frac{2r}{\sigma^2}} N\left(d_1^* - \frac{2r\sqrt{T-t}}{\sigma}\right) - e^{r(T-t)} N(d_1^*)\right] \quad （10-61）$$

五、极值期权定价

上述奇异期权的标的资产都是单一标的,但现实中经常会出现多标的资产的情况,此时会涉及极值期权的定价问题。极值期权在结构化产品的构造中经常被使用,在结构化产品挂钩多标的资产时,到期回报通常依赖于多标的中表现最差的标的,此时就涉及最小值期权的定价。在此以多标的资产行权价格相同[①]的最小值期权为例,利用鞅方法对其定价过程展开介绍。

1. 最小值买权

最小值买权到期现金流可表示如下:

$$C_{\min,T} = \begin{cases} S_T^* - K, S_T^* > K \\ 0, S_T^* < K \end{cases} \tag{10-62}$$

其中 $S_T^* = \min(S_{1T}, S_{2T}, \cdots, S_{NT})$, N 表示标的资产的个数。在风险中性概率测度 P^0 下,定价过程如下:

$$\begin{aligned} C_{\min} &= e^{-rT} E^0 (S_T^* - K)^+ \\ &= e^{-rT} E^0 (S_T^* - K | S_T^* > K) \\ &= e^{-rT} E^0 (S_T^* | S_T^* > K) - e^{-rT} E^0 (K | S_T^* > K) \end{aligned} \tag{10-63}$$

$$\begin{aligned} C_1 &= E^0 (S_T^* | S_T^* > K) \\ &= E^0 (S_T^* I_{\{S_T^* > K\}}) \\ &= S^* e^{rT} E^R (I_{\{S_T^* > K\}}) \\ &= S^* e^{rT} P^R (S_T^* > K) \\ &= e^{rT} \sum_{i=1}^{N} S_i P^R (S_{1T} > S_{iT}, S_{2T} > S_{iT}, \cdots, S_{NT} > S_{iT}, S_{iT} > K) \\ &= e^{rT} \sum_{i=1}^{N} S_i N_N (d_1, d_2, \cdots, d_N; b_i; \rho_{i,jk}) \end{aligned} \tag{10-64}$$

其中, $b_i = \dfrac{\ln\dfrac{S_i}{K} + \left(r + \dfrac{1}{2}\sigma_i^2\right) T}{\sigma_i \sqrt{T}}, d_i = \dfrac{\ln\dfrac{S_j}{S_i} + \dfrac{1}{2}\sigma_{ij}^2 T}{\sigma_{ij}}$, $N_N(\cdot)$ 表示 N 维正态分布,

---

① 在实际中也可能出现多个标的资产设置不同的行权价格,例如 N 个标的资产 $(S_1, S_2, \cdots, S_N)$ 对应 N 个行权价格 $(K_1, K_2, \cdots, K_N)$。

$$\sigma_{ij}^2 = \sigma_i^2 + \sigma_j^2 - 2\rho_{ij}\sigma_i\sigma_j,$$

$$\rho_{i,jk} = corr\left(\ln\frac{S_i}{S_j}, \ln\frac{S_i}{S_k}\right) = \frac{\sigma_i^2 - \rho_{ij}\sigma_i\sigma_j - \rho_{ik}\sigma_i\sigma_k + \rho_{jk}\sigma_j\sigma_k}{(\sigma_i^2 + \sigma_j^2 - \rho_{ij}\sigma_i\sigma_j)(\sigma_i^2 + \sigma_k^2 - \rho_{ik}\sigma_i\sigma_k)}$$

$$C_2 = E^0(K \mid S_T^* > K)$$

$$= KP^0(S_T^* > K)$$

$$= KP^0(K < S_{1T}, K < S_{2T}, \cdots, K < S_{NT})$$

（注：假定标的之间相关）

$$= KN_N(b_1, b_2, \cdots, b_N; \rho_{ij}), i \neq j \in [1, N] \qquad (10\text{-}65)$$

其中，$b_i = \dfrac{\ln\dfrac{S_i}{K} + \left(r - \dfrac{1}{2}\sigma^2\right)T}{\sigma_i\sqrt{T}}, \rho_{ij} = corr(\ln S_i, \ln S_j)$。

将 C_1, C_2 代入 $C_{\min}$ 中有：

$$C_{\min} = \sum_{i=1}^N S_i N_N(d_1, d_2, \cdots, d_N, b_i; \rho_{i,jk}) - e^{-rT}KN_N(b_1, b_2, \cdots, b_N; \rho_{ij})$$

$$(10\text{-}66)$$

2. 最小值卖权

最小值卖权到期现金流可表示如下：

$$P_{\min,T} = \begin{cases} K - S_T^*, K > S_T^* \\ 0, K < S_T^* \end{cases} \qquad (10\text{-}67)$$

其中 $S_T^* = \min(S_{1T}, S_{2T}, \cdots, S_{NT})$，$N$ 表示标的资产的个数。在风险中性概率测度 P^0 下，定价过程如下：

$$P_{\min} = e^{-rT}E^0(K - S_T^*)^+$$

$$= e^{-rT}E^0(K - S_T^* \mid K > S_T^*)$$

$$= e^{-rT}E^0(K \mid K > S_T^*) - e^{-rT}E^0(S_T^* \mid K > S_T^*) \qquad (10\text{-}68)$$

$$P_1 = E^0(K \mid K > S_T^*)$$

$$= KP^0(K > S_T^*)$$

$$= K[1 - P^0(K < S_T^*)]$$

$$= K[1 - P^0(K < S_{1T}, K < S_{2T}, \cdots, K < S_{NT})]$$

(注：假定标的之间相关)

$$= K[1 - N_N(b_1, b_2, \cdots, b_N; \rho_{ij})], i \neq j \in [1, N] \quad (10\text{-}69)$$

其中，$b_i = \dfrac{\ln \dfrac{S_i}{K} + \left(r - \dfrac{1}{2}\sigma^2\right)T}{\sigma_i \sqrt{T}}$，$\rho_{ij} = corr(\ln S_i, \ln S_j)$，$N_N(\cdot)$ 表示 N

维正态分布。

$$\begin{aligned}
P_2 &= E^0(S_T^* \mid K > S_T^*) \\
&= E^0(S_T^* I_{\{K > S_T^*\}}) \\
&= S^* e^{rT} E^R(I_{\{K > S_T^*\}}) \\
&= S^* e^{rT} P^R(K > S_T^*) \\
&= e^{rT} \sum_{i=1}^{N} S_i P^R(S_{1T} > S_{iT}, S_{2T} > S_{iT}, \cdots, S_{NT} > S_{iT}, K > S_{iT}) \\
&= e^{rT} \sum_{i=1}^{N} S_i N_N(d_1, d_2, \cdots, d_N, -b_i; -\rho_{i,jk}) \quad (10\text{-}70)
\end{aligned}$$

其中，$b_i = \dfrac{\ln \dfrac{S_i}{K} + \left(r + \dfrac{1}{2}\sigma_i^2\right)T}{\sigma_i \sqrt{T}}$，$d_i = \dfrac{\ln \dfrac{S_j}{S_i} + \dfrac{1}{2}\sigma_{ij}^2 T}{\sigma_{ij}}$，

$\sigma_{ij}^2 = \sigma_i^2 + \sigma_j^2 - 2\rho_{ij}\sigma_i \sigma_j$，

$\rho_{i,jk} = corr\left(\ln \dfrac{S_i}{S_j}, \ln \dfrac{S_i}{S_k}\right) = \dfrac{\sigma_i^2 - \rho_{ij}\sigma_i\sigma_j - \rho_{ik}\sigma_i\sigma_k + \rho_{jk}\sigma_j\sigma_k}{(\sigma_i^2 + \sigma_j^2 - \rho_{ij}\sigma_i\sigma_j)(\sigma_i^2 + \sigma_k^2 - \rho_{ik}\sigma_i\sigma_k)}$

将 P_1, P_2 代入 $P_{\min}$ 中有：

$$P_{\min} = e^{-rT} K[1 - N_N(b_1, b_2, \cdots, b_N; \rho_{ij})] -$$

$$\sum_{i=1}^{N} S_i N_N(d_1, d_2, \cdots, d_N, -b_i; \rho_{i,jk}) \quad (10\text{-}71)$$

第二节 结构化产品定价

一、结构化产品的回报

结构化产品的本质是一类组合产品，其将固定收益证券的特征与衍

生品的特征结合在一起的新型金融产品。通过使用金融工程结构化的方法而产生的结构化产品,把多种基础性金融资产与金融衍生产品联系在一起,从而实现增加收益的目的,或者将投资者对未来市场价格发展状况的预期实现产品化。

市场中结构化产品大多与挂钩标的市场表现相关联,基于回报特征的不同,主要分为"看多型"、"看空型"和"多空型"三类产品,三种类型产品具有不同的适用场景,每类产品也可根据所设置的条件细分多种情形,下面将详细介绍。

1."看多型"联动产品

当投资者预期未来挂钩标的走势较为稳定,存在小幅上涨的可能,可以选择与看跌期权空头具有相同回报特征的产品,产品到期损益如图 10-1 所示。

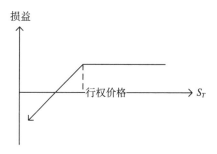

图 10-1 看跌期权空头到期损益

当投资者预期未来挂钩标的走势小幅上涨,又担心标的价格反向变动带来较大损失,此时可采用与牛市差价策略(Bull Spread Strategy)①具有相同回报特征的产品。到期损益如图 10-2 和图 10-3 所示。

当投资者预期未来挂钩标的走势小幅上涨,又想在此行情下尽可能提高自己的收益率,此时可投资于采用单鲨鱼鳍策略构建的结构化产品,利用障碍价格的条件,将结构化产品的损益特征设置为向上敲出的看涨

---

① 期权组合策略的具体内容可参见:郑振龙、陈蓉:《金融工程(第五版)》,高等教育出版社 2020 年版。

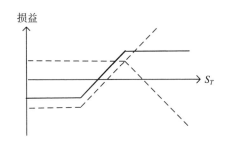

图 10-2　看涨期权牛市差价组合到期损益

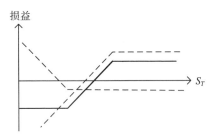

图 10-3　看跌期权牛市差价组合到期损益

期权。到期损益如图 10-4 所示。

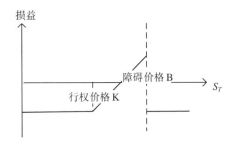

图 10-4　向上敲出看涨期权多头到期损益

　　当投资者预期后市较为稳定,有小幅上涨可能,此时可以选择图 10-5 损益形式的结构化产品进行投资,该类产品损益与图 10-1 较为相似,但二者也有一定差异,相较来说,在预期准确的情况下,两种产品的到期损益一致,但图 10-5 的成本却比图 10-1 的成本低。图 10-5 现在大多用在标准雪球产品的设计中。

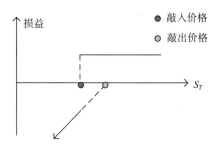

图 10-5　双障碍期权到期损益

2. "看空型"联动产品

当投资者预期未来挂钩标的走势较为稳定,存在小幅下跌的可能,通常采用损益与看涨期权空头损益相同的结构化产品进行投资,到期损益如图 10-6 所示。

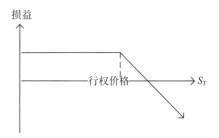

图 10-6　看涨期权空头到期损益

当投资者预期未来挂钩标的走势小幅下跌,又担心标的价格反向变动带来无限损失(见图 10-6),通常投资于"空头价差"策略(Bear Spread Strategy)构建的结构化产品。到期损益如图 10-7 和图 10-8 所示。

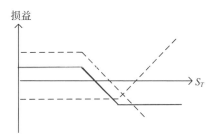

图 10-7　看涨期权熊市差价组合到期损益

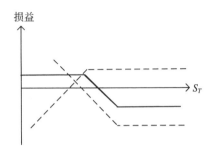

图 10-8　看跌期权熊市差价组合到期损益

当投资者预期未来挂钩标的走势小幅下跌,又想在此行情下尽可能提高投资收益,此时可以选择采用单鲨鱼鳍策略构建的结构化产品,利用障碍价格的条件,将结构化产品的损益设置为向下敲出的看跌期权的形式,具体到期损益如图 10-9 所示。

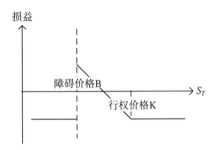

图 10-9　向下敲出看跌期权多头到期损益

3. "多空型"联动产品

当投资者预期未来挂钩标的波动幅度较小,但方向难以确定,此时可以投资于顶部勒式组合构建的结构化产品;当投资者预期未来挂钩标的波动幅度较大,且方向难以确定,此时可以投资于底部勒式组合构建的结构化产品。到期损益如图 10-10 和图 10-11 所示。

当投资者预期未来挂钩标的波动幅度较大,但在某一范围内,而方向难以确定,此时可投资于双鲨鱼鳍组合构建的结构化产品,具体损益如图 10-12 所示。图 10-12 与图 10-11 的区别在于障碍条件的设置,从而使得产品的成本存在一定的差异。

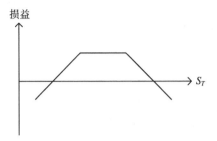

图 10-10 顶部勒式组合到期损益

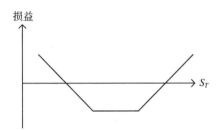

图 10-11 底部勒式组合到期损益

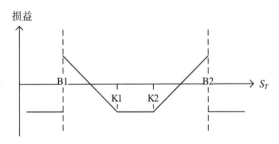

图 10-12 双鲨鱼鳍组合到期损益

在对上述三种回报类型产品进行分析的过程中,读者会发现,结构化产品的到期损益与期权组合得到的损益曲线是一致的,那么是否可以直接对期权进行相应的交易呢? 其实两种交易是不能够完全替代的。第一,结构化产品的到期损益曲线与期权组合到期损益曲线一致,但二者的交易机制却完全不同,所投资的结构化产品是组合后形成的一个综合性产品,只需交易该结构化产品即可,即使该结构化产品在分解过程中有期权空头头寸的参与,投资者也无须缴纳保证金。但期权组合却不同,投资者在交易期权组合的过程中,交易过程其实是对组合的分解,需要对分解出的多个期权分别进行交易,这时如果有期权空头头寸参与,投资者则需要按需缴纳保证金。第二,在投资期权组合过程中,场内期权品种较为有限,标的资产的可选择性较弱,而结构化产品的联动标的可选择性十分广泛,不仅包含场内期权所对应的标的资产,还可以包含利率、汇率等。

二、结构化产品的定价

1. "看多型"产品

"看多型"产品大多适用于市场走势较为平稳,有一定上升空间的情况,市场行情大致处于"慢牛"市行情中,在此以证券公司某产品为例,对该结构化产品进行定价分析。

产品要素

(1)挂钩标的:中证 500 指数。

(2)期初价格:2022 年 12 月 23 日(期初观察日)标的收盘价格。

(3)期末价格:2023 年 1 月 30 日(期末观察日)标的收盘价格。

(4)观察期:期初观察日(不含)至期末观察日(含)之间的每一个交易日。

(5)执行价格:期初价格的 100%(按照四舍五入法精确到小数点后两位)。

(6)障碍价格:期初价格的 105.8%(按照四舍五入法精确到小数点后两位)。

(7)敲出事件:观察期内标的收盘价曾高于障碍价格。

产品结构分析

(1)到期收益分析

本产品的到期收益率函数为:

$$到期收益率 = \begin{cases} 1\%, S_T < K \\ 1\% + \dfrac{S_T - K}{S}, \bar{S} \le 105.8\%S \text{ 且 } S_T \ge K \\ 1\%, \bar{S} > 105.8\%S \text{ 且 } S_T \ge K \end{cases}$$

$$= 1\% + \begin{cases} \dfrac{S_T - K}{S}, \bar{S} \le 105.8\%S \text{ 且 } S_T \ge K \\ 0, \text{其他} \end{cases} \qquad (10\text{-}72)$$

其中，$\bar{S} = \max\limits_{0 < t \le T} S_t$，表示挂钩标的在观察期内的最高价格，$S$ 表示挂钩标的的期初价格，S_T 表示挂钩标的的期末价格，K 表示执行价格，且 $K = S$。

（2）产品组成

通过对该产品到期收益率的整理分析可以看到，该产品可以分解为：收益率为 1% 的固定收益债券+向上敲出看涨期权多头。

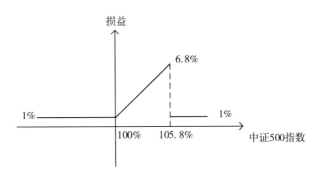

图 10-13　"看多型"产品收益图

产品定价

（1）固定收益债券定价

附息债券的价格：

$$P = \frac{c_{t_1}}{(1 + r_{t_1})^{t_1}} + \frac{c_{t_2}}{(1 + r_{t_2})^{t_2}} + \cdots \frac{c_{t_n}}{(1 + r_{t_n})^{t_n}} + \frac{A}{(1 + r_{t_n})^{t_n}}$$

$$(10\text{-}73)$$

零息债券的价格：

$$P = \frac{M}{(1 + r_{t_n})^{t_n}} \tag{10-74}$$

其中，$t_1, t_2, \cdots, t_n$ 是以年为单位的期限长度，$c_{t_1}, c_{t_2}, \cdots, c_{t_n}$ 是各期支付的利息，A 是到期支付的本金，M 是零息债券的到期本息和。

（2）向上敲出看涨期权定价

$$v(0,S) = S\left[N\left(\frac{\ln(\frac{S}{K}) + (r + \frac{1}{2}\sigma^2)T}{\sigma\sqrt{T}} \right) - N\left(\frac{\ln(\frac{S}{B}) + (r + \frac{1}{2}\sigma^2)T}{\sigma\sqrt{T}} \right) \right] -$$

$$e^{-rT}K\left[N\left(\frac{\ln(\frac{S}{K}) + (r - \frac{1}{2}\sigma^2)T}{\sigma\sqrt{T}} \right) - N\left(\frac{\ln(\frac{S}{B}) + (r - \frac{1}{2}\sigma^2)T}{\sigma\sqrt{T}} \right) \right] -$$

$$B\left(\frac{S}{B} \right)^{-\frac{2r}{\sigma^2}}\left[N\left(\frac{\ln(\frac{B^2}{KS}) + (r + \frac{1}{2}\sigma^2)T}{\sigma\sqrt{T}} \right) - N\left(\frac{\ln(\frac{B}{S}) + (r + \frac{1}{2}\sigma^2)T}{\sigma\sqrt{T}} \right) \right] +$$

$$e^{-rT}K\left(\frac{S}{B} \right)^{-\frac{2r}{\sigma^2}+1}\left[N\left(\frac{\ln(\frac{B^2}{KS}) + (r - \frac{1}{2}\sigma^2)T}{\sigma\sqrt{T}} \right) - N\left(\frac{\ln(\frac{B}{S}) + (r - \frac{1}{2}\sigma^2)T}{\sigma\sqrt{T}} \right) \right] \tag{10-75}$$

其中，B 为障碍值。

2. "多空型"产品

"多空型"产品适用于市场波动方向不明的情况，在此以某产品为例，对该结构化产品进行定价分析：

产品要素

（1）挂钩标的：上海金现货合约水平。

（2）期初价格：2021 年 11 月 2 日（期初观察日）标的收盘价格。

（3）期末价格：2022 年 12 月 2 日（期末观察日）标的收盘价格。

（4）观察期：期初观察日（不含）至期末观察日（含）之间的每一个交易日。

（5）执行价格：期初价格的 100%（按照四舍五入法精确到小数点后 2 位）。

（6）障碍价格 1：期初价格的 115%（按照四舍五入法精确到小数点后两位）。

（7）障碍价格 2：期初价格的 85%（按照四舍五入法精确到小数点后两位）。

（8）敲出事件 1：观察期内标的收盘价曾高于障碍价格 1。

（9）敲出事件 2：观察期内标的收盘价曾低于障碍价格 2。

产品结构分析

（1）到期收益分析

本产品的到期收益率函数为：

$$
到期收益率 = \begin{cases} 3.2\% + 上参与率 \times \dfrac{S_T - K}{S}, & S_T \geq K \text{ 且 } \bar{S} \leq 115\%S \text{ 且 } \underline{S} > 85\%S \\[2mm] 3.2\%, & S_T \geq K \text{ 且 } \bar{S} > 115\%S \\[2mm] 3.2\% + 下参与率 \times \dfrac{K - S_T}{S}, & S_T \leq K \text{ 且 } \bar{S} \leq 115\%S \text{ 且 } \underline{S} > 85\%S \\[2mm] 3.2\%, & S_T \leq K \text{ 且 } \underline{S} < 85\%S \end{cases}
$$

$$
= 3.2\% + \begin{cases} 上参与率 \times \dfrac{S_T - K}{S}, & S_T \geq K \text{ 且 } \bar{S} \leq 115\%S \text{ 且 } \underline{S} > 85\%S \\[2mm] 下参与率 \times \dfrac{K - S_T}{S}, & S_T \leq K \text{ 且 } \bar{S} \leq 115\%S \text{ 且 } \underline{S} > 85\%S \\[2mm] 0, & 其他 \end{cases}
$$

$$
= 3.2\% + \begin{cases} \bar{L} \times \dfrac{S_T - K}{S} \times I_{\{S_T \geq K\}}, & \bar{S} \leq 115\%S \text{ 且 } \underline{S} > 85\%S \\[2mm] 0, & 其他 \end{cases} +
$$

$$
\begin{cases} \underline{L} \times \dfrac{K - S_T}{S} \times I_{\{S_T \leq K\}}, & \bar{S} \leq 115\%S \text{ 且 } \underline{S} > 85\%S \\[2mm] 0, & 其他 \end{cases} \tag{10-76}
$$

其中，$\bar{S} = \max\limits_{0 < t \leq T} S_t$，表示挂钩标的在观察期内的最高价格，$\bar{L}$ 为上参与率；$\underline{S} = \min\limits_{0 \leq t \leq T} S_t$，表示持有期内标的资产最低价格，$\underline{L}$ 为下参与率；S 表示

挂钩标的期初价格，S_T 表示挂钩标的期末价格，K 表示执行价格，且 $K = S$ 。

（2）产品组成

通过对该产品到期收益率的整理分析可以看到，该产品可以分解为：收益率为3.2%的固定收益债券+双鲨鱼鳍期权。其中，双鲨鱼鳍期权可以分解为：有条件的双向敲出看涨期权+有条件的双向敲出看跌期权的组合。

因此该产品可分解为：3.2%的固定收益债券+有条件的双向敲出看涨期权+有条件的双向敲出看跌期权

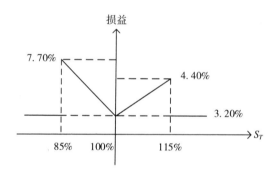

图 10-14　"多空型"产品收益图

产品定价

（1）固定收益债券定价

附息债券的价格：

$$P = \frac{c_{t_1}}{(1 + r_{t_1})^{t_1}} + \frac{c_{t_2}}{(1 + r_{t_2})^{t_2}} + \cdots \frac{c_{t_n}}{(1 + r_{t_n})^{t_n}} + \frac{A}{(1 + r_{t_n})^{t_n}}$$

$$(10-77)$$

零息债券的价格：

$$P = \frac{M}{(1 + r_{t_n})^{t_n}} \tag{10-78}$$

其中，$t_1, t_2, \cdots, t_n$ 是以年为单位的期限长度，$c_{t_1}, c_{t_2}, \cdots, c_{t_n}$ 是各期支付的利息，A 是到期支付的本金，M 是零息债券的到期本息和。

（2）普通双向敲出看涨期权定价

$$V_1(S,t) = (\frac{S}{\underline{B}})^\alpha e^{\beta(T-t)} \sum_{n=1}^{\infty} \frac{2}{l} \sin(\frac{n\pi}{l} \ln \frac{S}{\underline{B}}) e^{-\frac{n^2\pi^2\sigma^2}{2l^2}(T-t)}$$

$$\int_{\underline{B}}^{\overline{B}} (\frac{S}{\underline{B}})^{-\alpha} \max\{0, (1 - \frac{K}{S})\} \sin(\frac{n\pi}{l} \ln \frac{S}{\underline{B}}) dS \quad (10-79)$$

其中，S 为标的资产的价格，$\overline{B}$ 代表双边障碍期权所规定的上边界，$\underline{B}$ 为双边障碍期权所规定的下边界，t 为时间且范围为 $[0,T]$，$\sin$ 为正弦函数，n 为正整数，$\{\}$ 为绝对值函数。α,β,l 为参数，$\alpha = -\frac{1}{\sigma^2}(r - q - \frac{\sigma^2}{2})$，

$\beta = -r - \frac{1}{2\sigma^2}(r - q - \frac{\sigma^2}{2})^2$，$l = \ln \frac{\overline{B}}{\underline{B}}$。

在本例中，由于上、下参与率不同，且收益结构以收益率形式给出，因此调整后双鲨鱼鳍期权定价结果为有条件的双向敲出看涨期权：

$$c = \frac{\overline{L}}{S} V_1(S,t)$$

$$= \frac{\overline{L}}{S} (\frac{S}{L})^\alpha e^{\beta(T-t)} \sum_{n=1}^{\infty} \frac{2}{l} \sin(\frac{n\pi}{l} \ln \frac{S}{L}) e^{-\frac{n^2\pi^2\sigma^2}{2l^2}(T-t)}$$

$$\int_L^U (\frac{S}{L})^{-\alpha} \max\{0, (1 - \frac{K}{S})\} \sin(\frac{n\pi}{l} \ln \frac{S}{L}) dS \quad (10-80)$$

（3）普遍双向敲出看跌期权定价

$$V_2(S,t) = (\frac{S}{\underline{B}})^\alpha e^{\beta(T-t)} \sum_{n=1}^{\infty} \frac{2}{l} \sin(\frac{n\pi}{l} \ln \frac{S}{\underline{B}}) e^{-\frac{n^2\pi^2\sigma^2}{2l^2}(T-t)}$$

$$\int_{\underline{B}}^{\overline{B}} (\frac{S}{\underline{B}})^{-\alpha} \max[0, (\frac{K}{S} - 1)] \sin(\frac{n\pi}{l} \ln \frac{S}{\underline{B}}) dS \quad (10-81)$$

在本例中，由于上、下参与率不同，且收益结构以收益率形式给出，因此调整后双鲨鱼鳍期权定价结果为有条件的双向敲出看跌期权：

$$p = \frac{L}{S} V_2(S,t)$$

$$= \frac{L}{S} (\frac{S}{L})^a e^{\beta(T-t)} \sum_{n=1}^{\infty} \frac{2}{l} \sin(\frac{n\pi}{l} \ln \frac{S}{L}) e^{-\frac{n^2\pi^2\sigma^2}{2l^2}(T-t)}$$

$$\int_{L}^{U} \left(\frac{S}{L}\right)^{-\alpha} \max\left[0, \left(\frac{K}{S} - 1\right)\right] \sin\left(\frac{n\pi}{l}\ln\frac{S}{L}\right) dS \qquad (10-82)$$

通过对该产品分析发现,对于双鲨鱼鳍期权设置两个不同的参与率可以使得产品带有方向性的偏好,例如本例下参与率>上参与率,使得产品体现出对下跌趋势的偏好性。

思 考 题

1. 利用鞅方法对向上敲出看涨期权和看跌期权进行定价。

2. 利用鞅方法对极大值期权进行定价。

3. 重设型期权与再装期权的异同有哪些,此类期权适用于哪些金融场景?

4. 投资结构化产品与投资标的资产有何差异?

5. 双敲出期权为何不能简单分解为向上敲出期权和向下敲出期权的组合?

第十一章　交易应用

第一节　市场交易数据

一、波动率和相关性

本部分首先对实际交易数据进行研究,主要以沪深 300 指数及其衍生产品为分析对象。

波动率是分析期权和衍生工具最重要的概念,它反映证券价格变动的无向风险,是对证券价格变动离差的度量。根据前述章节内容,需要区分几个不同但又在一定程度上相关的波动率概念。

(1)历史波动率:指一个金融时间序列对数收益率的标准差。假设观察到证券价格的收盘价序列为 $S^N = \{S_0, S_1, \cdots, S_N\}$,则可以得到该序列的对数收益率 $r_n = \ln S_n - \ln S_{n-1}$, $n \in \{1, \cdots, N\}$,收益率的均值为:

$$\mu = \frac{1}{N} \sum_{n=1}^{N} r_n \tag{11-1}$$

该序列的历史波动率为:

$$\sigma = \sqrt{\frac{1}{N-1} \sum_{n=1}^{N} (r_n - \mu)^2} \ ① \tag{11-2}$$

(2)瞬时波动率:瞬时波动率指的是一个扩散过程的波动率因子。

---

① 该公式为样本标准差,在 NumPy 中,默认使用总体标准差,即用 $1/N$ 代替 $1/(N-1)$。

例如在 BSM 模型中,使用瞬时波动率 σ 描述股票价格的随机过程(风险中性)。其中 r 为无风险收益率。

$$dS_t = rS_t dt + \sigma S_t dB_t \qquad (11-3)$$

(3)隐含波动率:隐含波动率是在 BSM 期权定价公式中,根据期权的市场价格反推得到的波动率水平,它反映投资者对标的资产未来波动率的预期。比如当前某个行权价为 K ,剩余到期时间为 T 的欧式看涨期权价格为 c_0^* ,那么隐含波动率 σ^{imp} 就是下面隐形方程的解。其中 r 表示无风险收益率。

$$c_0^* = c^{BSM}(S,K,T,r,\sigma^{imp}) \qquad (11-4)$$

通常,波动率以年化的形式给出,式(11-2)为日度波动率,此时需要将原波动率乘以年化因子 $\sqrt{N}$,也就是一年交易周期的算数平方根。例如,当使用日频数据时,因为一年的交易日为 250 天(中国市场),因此 N 等于 250。该处理过程要求股票市场满足半强有效市场假说,因为在半强有效市场中,每日的收益率相对独立,年收益率的方差等于日收益率方差的和。

如果该历史价格序列包括了股息支付(或者拆股),那么就需要对价格序列进行调整。由于除息的影响,即使股价没有发生波动,看起来也会有一定的波动。如果不进行调整,那么对波动率的度量就可能出现误差。例如,我国上海证券交易所规定,上市证券发生权益分派、公积金转增股本、配股等情况,交易所在权益登记日(B 股为最后交易日)次一交易日对该证券作除权除息处理。除权(息)参考价格的计算公式为:除权(息)参考价格=[(前收盘价格-现金红利)+配(新)股价格×流通股份变动比例]÷(1+流通股份变动比例)。当股票发生了除权除息,那么计算股票波动率时需要对历史价格序列进行复权处理。常见的复权形式有向前复权和向后复权。向前复权是保持现有价位不变,将以前的价格缩减,将除权前的 K 线向下平移,使图形吻合,保持股价走势的连续性。向后复权是保持先前的价格不变,而将以后的价格增加。两者最明显的区别在于向前复权的当前周期报价和 K 线显示价格完全一致,而向后复权的报价大多低于 K 线显示价格。

(4)历史相关性:历史相关性测量的是两个金融时间序列之间的共

同运动。假设我们预测到两个序列 a 和 b ,总共有 N 对历史对数收益率 (r_n^a, r_n^b) , $n \in \{1, \cdots, N\}$,均值为 $\hat{\mu}^a$ 和 $\hat{\mu}^b$ 。那么历史相关性 $\hat{\rho}$ 为:

$$\hat{\rho} = \frac{\sum_{n=1}^{N} (r_n^a - \hat{\mu}^a)(r_n^b - \hat{\mu}^b)}{\sqrt{\sum_{n=1}^{N} (r_n^a - \hat{\mu}^a)^2 \sum_{n=1}^{N} (r_n^b - \hat{\mu}^b)^2}} \tag{11-5}$$

二、收益率的正态性

正态分布是金融学中最重要的分布之一,投资组合理论、资本资产定价模型、有效市场假说、期权定价理论等很大程度上依赖于股票市场收益的正态分布。通过前面章节学习发现,描述股票价格运动时大多采用几何布朗运动过程形式,如公式(11-3)所示(除此以外,也有学者将股票价格描述为服从普通布朗运动过程。两种方式有不同的适用场景)。该过程认为,在风险中性环境中,任意很短的时间内股票价格服从正态分布,即 $\frac{\Delta S_t}{S_t} \sim N(r\Delta t, \sigma \sqrt{\Delta t})$ (Δt 表示非常短的时间间隔)。由于在较短时间内股票的百分比收益率与对数收益率差异极小,因此也常常使用 $\ln S_t / S_{t-\Delta t}$ 表示收益率。

上述过程的离散形式可以由如下差分方程表示[①]。

$$S_t = S_{t-\Delta t} \exp\left\{\left(r - \frac{1}{2}\sigma^2\right)\Delta t + \sigma \sqrt{\Delta t} B_t\right\} \tag{11-6}$$

其中, $t \in \{\Delta t, 2\Delta t, \cdots, N\Delta t\}$, B_t 是服从标准正态分布的随机变量。

将模型的参数设置为 $S_0 = 100$, $T = 10$, $r = 0.05$, $\sigma = 0.2$,根据上述差分方程即可得到模拟路径。

图 11-1 展示了模拟得到的股票价格序列和日对数收益率。从图形上看,模拟结果与真实的股票价格变动非常相似。图 11-2 给出了日对数收益率的频率分布,并将其与正态分布进行对比,可以看出两者是非常相似的。图 11-3 使用 Q-Q 图刻画了股票价格对数收益率的正态性,在

---

① 详细的推导过程可参考:郑振龙、陈蓉:《金融工程》(第五版),高等教育出版社 2020 年版。

图中,所有的收益率都分布在一条直线上,说明对数收益率近似服从正态分布。另外,统计检验可以进一步确定图形得到的信息。使用 Python 计算收益率的均值、标准差、偏度和峰度得到结果如下:

```
描述性统计
------------

日对数收益率的均值    0.000069
日对数收益率的标准差    0.012765
对数收益率的年化均值    0.017171
对数收益率的年化标准差    0.201837
------------

对数收益率的偏度 −0.015398
正态偏度检验的 p 值    0.747317
------------

对数收益率的峰度    0.122546
正态峰度检验的 p 值    0.199805
------------

正态检验的 p 值    0.417363
------------

真实的波动率    0.201840
真实的方差    0.040739
```

从结果看出,模拟得到的股票价格对数收益率的年化标准差几乎与布朗运动的瞬时波动率相等。偏度几乎为零和正态偏度检验的高 p 值表明对数收益率服从正态分布。尽管峰度稍微大于零,但正态峰度检验的 p 值仍支持对数收益率服从正态分布的结论。

通常历史波动率是用固定的时间窗或观测数进行计算的,而实际波动率则是随时间不断变化的。以上述模拟数据为例,假设已经有了 5 个观测值,就可以根据这些观测值进行第一次计算。一天后,当获得第 6 个观测值时,我们就可以更新波动率的值,使其包含第 6 个观测值的信息。通过这种方式,实际波动率持续不断地更新。图 11-4 展示了实际波动

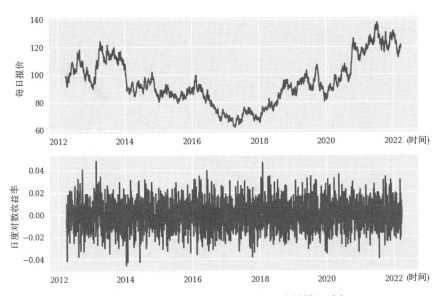

图 11-1 几何布朗运动及其对数收益率的模拟路径

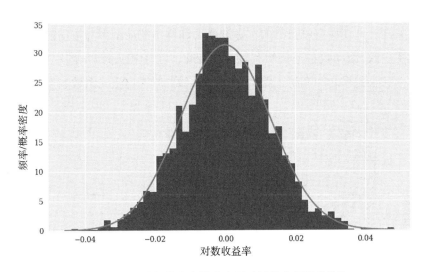

图 11-2 日对数收益率的直方图以及具有相同均值和
方差的正态分布的概率密度函数

率的变化过程。很明显,实际波动率也是趋近于之前的 0.2018,与瞬时波
动率几乎一样。图 11-5 给出 1 年的滚动平均收益率、滚动波动率和滚动

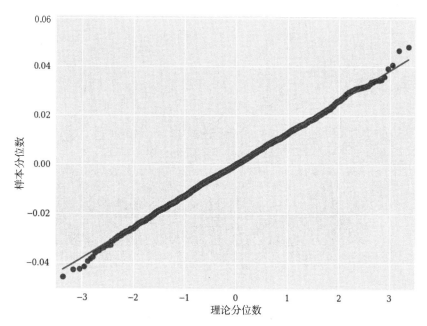

图 11-3　几何布朗运动的日对数收益率的 Q-Q 图

相关性。即使所有收益率的实际波动率和样本波动率都与滚动的瞬时收益率一致，滚动收益率仍然有较大的变化。至于相关性，从图中看出，波动率和收益率之间有时正相关、有时负相关，但平均相关系数趋近于零。

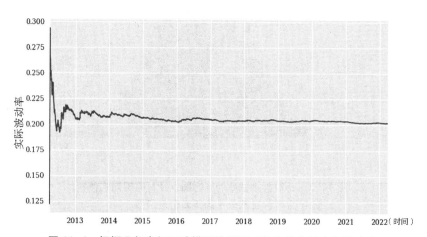

图 11-4　根据几何布朗运动模拟的股票对数收益率的实际波动率

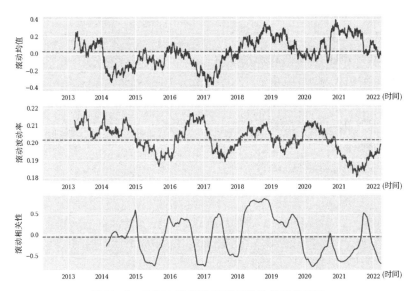

图11-5 几何布朗运动序列对数收益率的滚动 （1年）均值、波动率和相关性

基于几何布朗运动模拟和数据分析的程序源代码：

```
#分析几何布朗运动
#文件名:GBM.py
import math
import pandas as pd
import numpy as np
import scipy.stats as scs
import statsmodels.api as sm
import matplotlib as mpl
import matplotlib.pyplot as plt


plt.style.use('seaborn')
mpl.rcParams['font.family'] = 'serif'


def simulate_gbm():
```

```python
# 模型参数
S0 = 100.0  # 股票初始价格
T = 10.0  # 时间期限
r = 0.05   # 无风险收益率
vol = 0.2  # 瞬时波动率
#模拟参数
np.random.seed(250000)
gbm_dates = pd.date_range(start = '2012 - 03 - 27', end = '2022 - 03 - 31',
freq = 'B')
M = len(gbm_dates)# 时间长度
I = 1
dt = 1/250
df = math.exp(-r * dt)# 折现因子
#股票价格路径
rand = np.random.standard_normal((M,I))   # 生成随机数
S = np.zeros_like(rand)   # 股票矩阵
S[0] = S0
for t in range(1,M):
    S[t] = S[t - 1] * np.exp((r - vol ** 2/2) * dt + vol * rand[t] *
math.sqrt(dt))
gbm = pd.DataFrame(S[:,0],index = gbm_dates,columns = ['index'])
gbm['returns'] = np.log(gbm['index']/gbm['index'].shift(1))
gbm['rea_var'] = 250 * np.cumsum(gbm['returns'] ** 2)/np.arange(len
(gbm))
gbm['rea_vol'] = np.sqrt(gbm['rea_var'\])
gbm = gbm.dropna()
return gbm
def print_statistics(data):
    print('描述性统计')
    print('------------')
```

```
    print('日对数收益率的均值'," %9.6f"%np.mean(data['returns'\]))
    print('日对数收益率的标准差'," %9.6f" % np.std(data['returns'\]))
    print('对数收益率的年化均值'," %9.6f" % np.mean(250 * data['re-
turns']))
    print('对数收益率的年化标准差'," %9.6f" % np.std(math.sqrt(250) * data
['returns']))
    print('------------')
    print('对数收益率的偏度'," %9.6f" % scs.skew(data['returns']))
    print('正态偏度检验的 p 值'," %9.6f" % scs.skewtest(data['returns'])
[1])
    print('------------')
    print('对数收益率的峰度'," %9.6f" % scs.kurtosis(data['returns']))
    print('正态峰度检验的 p 值'," %9.6f" % scs.kurtosistest(data['returns'])
[1])
    print('------------')
    print('正态检验的 p 值'," %9.6f" % scs.normaltest(data['returns'])[1])
    print('------------')
    print('真实的波动率'," %9.6f" % data['rea_vol'].iloc[-1])
    print('真实的方差'," %9.6f" % data['rea_var'].iloc[-1])


#图形输出
def quotes_returns(data):
    '''用图形输出报价和收益率'''
    plt.figure(figsize=(9,6))
    plt.subplot(211)
    data['index'].plot()
    plt.ylabel('每日报价')
    plt.grid(True)
    plt.axis('tight')
    plt.subplot(212)
```

```python
data['returns'].plot()
plt.ylabel('日度对数收益率')
plt.grid(True)
plt.axis('tight')


#年化对数收益率直方图
def return_histogram(data):
    '''画出收益率的直方图'''
    plt.figure(figsize=(9,5))
    x = np.linspace(min(data['returns']),max(data['returns']),100)
    plt.hist(np.array(data['returns']),bins=50,density=True)
    y = dN(x,np.mean(data['returns']),np.std(data['returns']))
    plt.plot(x,y,linewidth=2)
    plt.xlabel('对数收益率')
    plt.ylabel('频次/概率密度')
    plt.grid(True)


#年化对数收益率的Q-Q图
def return_gaplot(data):
    '''画出收益率的Q-Q图'''
    sm.qqplot(data['returns'],line='s')
    plt.grid(True)
    plt.xlabel('理论分位数')
    plt.ylabel('样本分位数')


#波动率
def realized_volatility(data):
    '''画出波动率图'''
    plt.figure(figsize=(9,5))
    data['rea_vol'].plot()
```

```
        plt.ylabel('实际波动率')

        plt.grid(True)


#平均收益率、波动率和相关性
def rolling_statistics(data):

        '''计算并画图滚动的统计数据(均值,标准差和相关性)'''

        plt.figure(figsize=(11,8))

        plt.subplot(311)

        mr = data['returns'].rolling(250).mean() * 250

        mr.plot()

        plt.grid(True)

        plt.ylabel('1 年的滚动收益率')

        plt.axhline(mr.mean(),color='r',ls='dashed',lw=1.5)

        plt.subplot(312)

        vo = data['returns'\].rolling(250).std() * math.sqrt(250)

        vo.plot()

        plt.grid(True)

        plt.ylabel('1 年的滚动波动率)')

        plt.axhline(vo.mean(),color='r',ls='dashed',lw=1.5)

        vx = plt.axis()

        plt.subplot(313)

        co = mr.rolling(250).corr(vo)

        co.plot()

        plt.grid(True)

        plt.ylabel('1 年的滚动波动性')

        cx = plt.axis()

        plt.axis([vx[0],vx[1],cx[2],cx[3]])

        plt.axhline(co.mean(),color='r',ls='dashed',lw=1.5)
```

根据上述函数展开分析的源代码:

```
from GBM import *
data = simulate_gbm( )
print_statistics( data)
quotes_returns( data)
return_histogram( data)
return_gaplot( data)
realized_volatility( data)
rolling_statistics( data)
plt.show( )
```

三、沪深 300 指数收益率

真实交易数据与使用几何布朗运动模拟得到的股票价格序列通常不同,且表现出独特的性质。一般认为,股票价格收益率存在以下几个重要特性。

随机波动率:波动率不是恒定的,也没有确定的变化规律。所以,几乎不存在较高信心水平下预测波动率的机制。

波动率聚集:经验数据表明高波动率的事件经常聚集在一段事件,波动率的测度通常会存在正的自相关性。

波动率均值回复:波动率具有均值回复的特性,既不等于 0,也不会变为无穷。但是,其均值可能会随时间而变化。

杠杆效应:研究表明,波动率和资产收益率之间是负相关的。如果收益率增加,波动率会减小,反之亦然。

厚尾:与正态分布相比,过高的收益率与过低的收益率都更加常见。

跳跃:指数水平可能会以一种无法用正态扩散过程解释的方式运动,此时需要使用跳跃的概念解释价格的剧烈波动。

为此,使用沪深 300 股票指数的对数收益率验证上述事实。选取 2012 年 3 月 27 日至 2022 年 3 月 31 日的数据进行分析。下面是我们所使用的原始数据的一部分,后续的结果和图形都是基于 Wind 金融数据库的收盘价得到,部分数据如下所示(数据我们已经以文件形式给出,可供未安装 Wind 金融数据库的读者练习使用)。

	index	returns	rea_var	rea_vol
2012-03-28	2474.9000	-0.028772	0.206962	0.454931
2012-03-29	2443.1220	-0.012923	0.124357	0.352643
2012-03-30	2454.8990	0.004809	0.084832	0.291259
2012-04-05	2512.8320	0.023325	0.097627	0.312453
2012-04-06	2519.8300	0.002781	0.078488	0.280157
… …	…	…	…	
2022-03-25	4174.5742	-0.018214	0.051523	0.226987
2022-03-28	4148.4663	-0.006274	0.051506	0.226949
2022-03-29	4134.1441	-0.003458	0.051486	0.226905
2022-03-30	4254.0989	0.028603	0.051549	0.227044
2022-03-31	4222.5968	-0.007433	0.051533	0.227010

图 11-6 给出沪深 300 指数收盘价序列和日对数收益率。从图上看出,指数的变化与几何布朗运动并未相差太多,但日对数收益率存在较大差异:收益率的波动幅度随时间发生变化,且存在波动率聚集的现象。

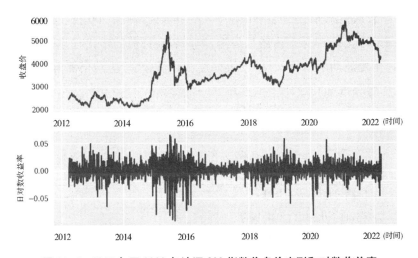

图 11-6　2012 年至 2022 年沪深 300 指数收盘价序列和对数收益率

图 11-7 比较了样本对数收益率的频率分布以及具有相同均值和标准差的正态分布的概率密度。从图中看出,样本分布同时具有高峰值和厚尾现象。但是偏度与正态分布相差不大,没有明显的"左倾"和"右倾"。

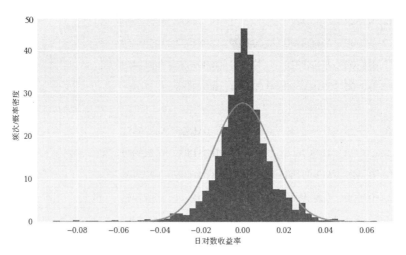

图 11-7 沪深 300 指数日对数收益率直方图和具有相同期望和方差的正态分布的密度函数

使用 Q-Q 图观察沪深 300 指数的分布情况也可以看出,该对数收益率并不服从正态分布(见图 11-8)。进一步统计沪深 300 指数的日对数收益率得到以下结果。由结果可知,沪深 300 指数的年化收益率大约为 5.2%,历史波动率约为 22.7%。高峰度、厚尾以及检验结果都拒绝"样本服从正态分布"的原假设。

描述性统计

日对数收益率的均值　0.000208

日对数收益率的标准差　0.014356

对数收益率的年化均值　0.051918

对数收益率的年化标准差　0.226986

对数收益率的偏度 -0.747159

正态偏度检验的 p 值 0.000000

对数收益率的峰度 5.560903

正态峰度检验的 p 值 0.000000

正态检验的 p 值 0.000000

真实的波动率 0.227010

真实的方差 0.051533

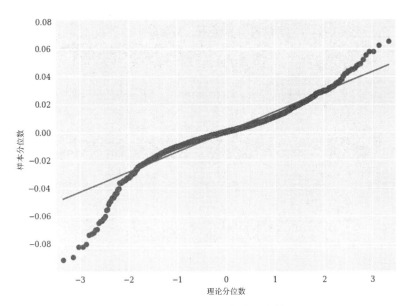

图 11-8 沪深 300 指数日对数收益率的 Q-Q 图
（2012 年 3 月 27 日至 2022 年 3 月 31 日）

那么，实际波动率如何随时间而变化呢？图 11-9 表明实际波动率随着时间变化且没有收敛（至少不明显）。一开始，实际波动率跌到了 20% 以下，然后上涨至 27% 左右，随后下跌。这证明波动率是随

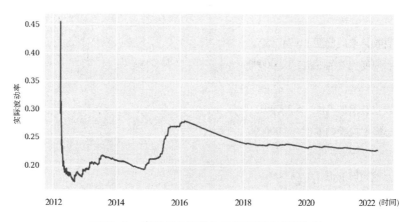

**图 11-9　沪深 300 指数的实际波动率（2012 年
3 月 27 日至 2022 年 3 月 31 日）**

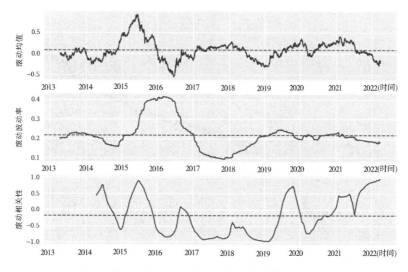

**图 11-10　沪深 300 指数的对数收益率的滚动均值、
波动率和相关性（虚线为均值）**

时间变化的。滚动年度波动率也证实了该结论，滚动波动率的测度
值在 10% 和 43% 之间变化，其偏差比图 11-5 中几何布朗运动模型
大很多。而且，不论是从相对均值的偏差，还是从最大值与最小值之
间离差的角度来说，这一点都是正确的。不过，波动率显然是均值回

复的。另外,对比图 11-5 波动率及相关性曲线,可以发现二者存在一定的负相关性。

总之,如果想要对沪深 300 指数建立一个符合现实的模型,那么该模型就需要考虑以下几点:(1)自相关的随机波动率;(2)波动率的均值回复;(3)杠杆效应及收益率和波动率负相关;(4)指数收益率的厚尾和跳跃。

下载并处理沪深 300 指数收盘价序列的程序源代码:

```
#下载沪深 300 指数收盘价并处理数据
#数据源:wind 金融数据库
#数据文件保存为 hs300_data.csv,可在其他程序中直接读入
#文件名:hs300_return.py
from WindPy import w
import numpy as np
import pandas as pd
def read_hs300_data():
    w.start()
    if w.isconnected():
        wsddata1 = w.wsd("000300.SH","close","2012-03-27","2022-03-31","Fill=Previous")
        gbm_dates = pd.DatetimeIndex(wsddata1.Times)
        S = np.array(wsddata1.Data)
        gbm = pd.DataFrame(S[0,:],index=gbm_dates,columns=['index'])
        gbm['returns'] = np.log(gbm['index']/gbm['index'].shift(1))
        gbm['rea_var'] = 250 * np.cumsum(gbm['returns'] ** 2)/np.arange(len(gbm))
        gbm['rea_vol'] = np.sqrt(gbm['rea_var'])
        gbm = gbm.dropna()
    else:
```

```
        #若未安装wind金融终端或未登录账号等,则w.isconnected()的值为
FALSE,此时执行下一条命令
        print("wind金融数据库连接不成功")
            gbm =""
    w.close()
    return gbm
hs300_data.to_csv('hs300_data.csv')
```

基于已整理好的数据展开分析的程序源代码:

```
from GBM import *
from hs300_return import *
data = read_hs300_data()
#如果没有wind金融终端,请注释掉前两行,将本书提供的文件hs300_data.csv
放在当前目录下,反注释掉后两行
#import pandas as pd
#data=pd.read_csv('hs300_data.csv')
print(data)
print_statistics(data)
quotes_returns(data)
return_histogram(data)
return_gaplot(data)
realized_volatility(data)
rolling_statistics(data)
plt.show()
```

四、衍生品交易数据

1. 衍生品报价与交易数据

不管是基础性证券还是衍生金融工具,基于市场的定价都应该能够
得到足够精确的结果。但是很多市场微观结构因素对价格都有着直接或

间接的影响。其中需要注意的一点是,通常证券报价并不是仅有一个,而是至少两个。在做市商市场,买方报价,即做市商愿意为购买期权所支付的价格;卖方报价,即做市商出售期权所要求的售价。由指令驱动市场,交易者提交买卖指令,市场形成最优的买价和卖价。

中国金融期货交易所规定,沪深 300 股指期权合约的行权价格覆盖沪深 300 指数上一交易日收盘价上下浮动 10% 对应的价格范围,合约月份为当月、下月及随后 3 个季度月。沪深 300 股指期货合约的合约月份是当月、下月及随后 2 个季度月。上海证券交易所规定,上证 50ETF 期权的行权价格至少包括 4 个实值期权、4 个虚值期权和 1 个平值期权,合约月份为当月、下月及随后两个季度月。因此,市场同时存在不同到期日的期货和期权合约,对某个到期日而言,期货只存在一种合约,期权存在不同行权价的多个合约。与股票不同,股票(股指)衍生品的行情信息存在结算价和持仓量等信息,其中,结算价的存在主要用于确定投资者的保证金金额。表 11-1 给出了 20×× 年 12 月 1 日我国沪深 300 股指期权的部分合约、股指期货及其标的资产的收盘行情。表中只列出了 4 只期权合约的收盘信息,实际上,20×× 年 12 月 1 日市场中存在的次年 1 月份到期的合约共 52 只,在大多数情况下,对期权的研究必须依赖计算机技术。

表 11-1　沪深 300 股指期权、股指期货和股票指数在
20×× 年 12 月 1 日的收盘行情

产品名称	开盘价	最高价	最低价	收盘价	成交量	持仓量	结算价
IO××01C3750	249.6	259.2	219.6	219.6	55	462	217.6
IO××01C3800	206	225	185	185.6	433	753	185.6
IO××01P3750	52	55	47.8	55	517	812	55
IO××01P3800	68.6	71.6	62	71.4	693	757	70.8
IF2301	3940.2	3965	3909	3910.4	5525	7338	3913.4
000300.SH	3921.2954	3944.5645	3893.8718	3894.7687	$1.6996×10^{10}$	—	—

2. 期权的隐含波动率

公式(11-4)表明,已知期权价格时可以反推得到标的资产的波动率,即隐含波动率。实际交易中,期权价格、行权价、标的资产价格、剩余到期期限以及无风险收益率均可得到,因此可以根据市场交易数据和BSM公式得到隐含波动率。

接下来我们分析实际的波动率曲面。波动率曲面是指具有同一标的、不同执行价格和不同到期时间的期权所隐含的波动率形成的曲面。以沪深300指数的欧式看涨期权为例计算隐含波动率,根据计算结果看出,期权的隐含波动率曲面也有一些特性。(1)波动率微笑,期权隐含波动率呈现出微笑曲线的形式。也就是说,对于看涨期权,虚值期权的隐含波动率要高于平值期权的隐含波动率,有时实值期权的隐含波动率也高于平值期权。(2)期限结构,相较于剩余期限较长的期权,波动率微笑在剩余期限较短的期权中更加明显,这种现象通常被称为波动率期限结构。

使用2022年7月19日沪深300股指期权的报价可以得到隐含波动率曲面。部分交易数据如下。其中Strike表示行权价格,Call_price表示看涨期权价格,Maturity表示到期时间,Put_price表示看跌期权价格。

	Strike	Call_price	Maturity	Put_price
0	3550.0	685.2	2022−08−19	2.4
1	3600.0	649.6	2022−08−19	3.2
2	3650.0	580.0	2022−08−19	4.0
3	3700.0	566.4	2022−08−19	5.2
4	3750.0	482.4	2022−08−19	6.4
...	...	...	...	...
126	4600.0	201.0	2023−06−16	601.6
127	4700.0	170.2	2023−06−16	689.0
128	4800.0	146.2	2023−06−16	761.8
129	4900.0	127.8	2023−06−16	826.8
130	5000.0	113.4	2023−06−16	905.2

根据上述交易数据可以计算出不同到期日和行权价期权的隐含波动

率,图 11-11 基于看涨期权价格绘制了隐含波动率的情况。当日沪深
300 指数收盘价为 4293.3401,因此行权价格低(高)于该数值的期权为实
(虚)值期权。从图中看出,虚值期权的隐含波动率明显表现出波动率微
笑的特征,但在实值期权部分并未明显表现出该特性。

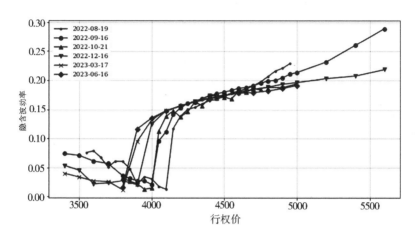

图 11-11   沪深 300 股指看涨期权的隐含波动率

隐含波动率计算源代码:

```
#基于 BSM 模型的欧式看涨期权的隐含波动率分析
#文件名:BSM_imp_vol.py
from math import log,sqrt,exp
from scipy import stats
from scipy.optimize import fsolve
class call_option(object):
    '''基于 BSM 的欧式看涨期权的分析
    变量定义
    ========
    S0:float,标的资产的初始价格
    K:行权价格
    t:datetime/Timestamp object,当前时间
```

M:datetime/Timestamp object,期权到期日

r:float,无风险利率

sigma:float,波动率

函数返回值

=========

value:float,返回看涨期权当前的价格

vega:float,返回看涨期权的 vega 值

imp_vol:float,返回给定报价的期权隐含波动率'''

```python
def __init__(self,S0,K,t,M,r,sigma):
    self.S0 = float(S0)
    self.K = K
    self.t = t
    self.M = M
    self.r = r
    self.sigma = sigma
def update_ttm(self):
    '''更新剩余到期时间'''      if self.t > self.M:
        raise ValueError("Pricing date later than maturity.")
    self.T = (self.M - self.t).days/365.
def d1(self):
    '''计算 BSM 公式的 d1'''
    d1 = ((log(self.S0/self.K)+(self.r + 0.5 * self.sigma ** 2) * self.T)
        /(self.sigma * sqrt(self.T)))
    return d1
def value(self):
    '''返回期权价格'''
    self.update_ttm()
    d1 = self.d1()
    d2 = ((log(self.S0/self.K)+(self.r - 0.5 * self.sigma ** 2) * self.T)
        /(self.sigma * sqrt(self.T)))
```

```
    value = (self.S0 * stats.norm.cdf(d1,0.0,1.0) -self.K * exp(-self.r * self.
T) * stats.norm.cdf(d2,0.0,1.0))
        return value
    def vega(self):
        '''返回期权的 vega 值'''
        self.update_ttm()
        d1 = self.d1()
        vega = self.S0 * stats.norm.pdf(d1,0.0,1.0) * sqrt(self.T)
        return vega
    def imp_vol(self,C0,sigma_est=0.1):
        '''返回给定期权价格的隐含波动率'''
        option = call_option(self.S0,self.K,self.t,self.M,self.r,sigma_est)
        option.update_ttm()
        def difference(sigma):
        option.sigma = sigma
            return option.value() -C0
        iv = fsolve(difference,sigma_est)[0]
        return iv
```

期权数据处理和隐含波动率绘制源代码：

```
#基于 BSM 模型计算沪深 300 指数欧式期权的隐含波动率
#期权价格时间为 2022 年 7 月 19 日
#数据源:wind 金融数据库
#文件名:HS300_imp_vol.py
import numpy as np
import pandas as pd
from datetime import datetime
from BSM_imp_vol import call_option
import matplotlib as mpl
```

```python
import matplotlib.pyplot as plt
from WindPy import w
mpl.rcParams['font.family'] = 'serif'
pdate = pd.Timestamp('2022-07-19')
def calculate_imp_vols(data, S0, r):
# 计算所有期权的隐含波动率
    data['Imp_vol'] = 0.0
    for row in data.index:
        t = pdate
        T = data['Maturity'][row]
        ttm = (T - t).days/365.
        a = data['Strike'][row]
        call = call_option(S0[0], a, t, T, r, 0.20)
        data.loc[row, ['Imp_vol']] = call.imp_vol(data['Call_price'][row])
    return data
def plot_imp_vols(Data):
    '''画出隐含波动率图像'''      maturities = sorted(set(Data['Maturity']))
    plt.figure(figsize=(10,5))
    for i, mat in enumerate(maturities):
        dat = Data[(Data['Maturity'] == mat) & (Data ['Imp_vol'] > 0)]
        plt.plot(dat['Strike'].values, dat['Imp_vol'].values, 'b%s-' % markers
[i], label=str(mat)[:10])
    plt.grid()
    plt.legend()
    plt.xlabel('行权价')
    plt.ylabel('隐含波动率')
#定价数据
w.start()
if w.isconnected():
```

```
Option_code = w.wset("optionchain","date = 2022 - 07 - 19;us_code =
000300.SH;option_var = IO.CFE;call_put = 全部;field = option_code")
Option_price = w.wss(Option_code.Data[0],"exe_price,close,exe_mode,last-
tradingdate","tradeDate = 20220719;priceAdj = U;cycle = D")
    Data = {"Codes":Option_price.Codes,
            "Strike":Option_price.Data[0],
            "Price":Option_price.Data[1],
            "C_o_P":Option_price.Data[2],
            "Maturity":Option_price.Data[3]}
    Data = pd.DataFrame(Data)
    Call_Data = Data[Data.C_o_P == "认购"]    #认购即看涨期权
    Put_Data = Data[Data.C_o_P == "认沽"]    #认沽即看跌期权
--    Data = Call_Data.merge(Put_Data,how = "inner",left_on = ['Strike','Ma-
turity'],right_on = ['Strike','Maturity'\])
    Data = Data.loc[('Strike','Price_x','Maturity','Price_y')]        Data =
Data.rename(columns = {'Price_x':'Call_price','Price_y':'Put_price'})
    S0 = w.wss("000300.SH","close","tradeDate = 20220719;priceAdj = U;cy-
cle = D")
    S0 = S0.Data[0]
else:
    #若未安装 wind 金融终端或未登录账号等,则 w.isconnected() 的值为
FALSE,此时执行下一条命令
    print("wind 金融数据库连接不成功")
    gbm = ""
w.close()
#w.start()至 w.close()部分的功能是下载期权数据,我们已经提供了 Data.csv 文
件,和本程序放在一个文件夹下后,可以删除下载期权数据的代码,使用下一行
代码替换
#Data = pd.read_csv('Data.csv')
r = 0.02
```

```
Data = calculate_imp_vols(Data, S0, r)
markers = ['.', 'o', '^', 'v', 'x', 'D']
plot_imp_vols(Data)
plt.show()
```

第二节 期权定价的数值方法实现

介绍二叉树应用实例之前,首先回顾一下前面章节介绍的期权定价的数值方法。在金融市场中,不是所有的期权品种都可以得到相对简单的解析式定价公式,很多期权价格无法通过解析方法求得。即使理论上可以得到比较完整的计算模型,但通常由于计算模型过于复杂,实现起来非常困难,有时是不可能实现的,所以数值分析方法就成为解决期权定价问题的重要方法之一。近年来,许多数学家、经济学家针对该问题进行了大量的研究和探讨,得出了很多有效的数值分析方法,大体可以分为三个基本类型:网格分析方法(Lattice Method)、有限差分方法(Finite Difference Method)和蒙特卡罗模拟法(Monte Carlo Simulation Method)。下面简要介绍这些方法的基本思想与应用。

网格分析方法的基本原理是在风险中性条件下,首先将期权的标的资产价格的运动过程表示为离散形式,然后再利用动态规划的方法为期权定价,主要包括二叉树模型、三叉树模型等。

1979 年,科克斯、罗斯和鲁宾斯坦提出了二叉树期权定价模型,也记为 CRR 期权。实证研究表明利用 CRR 模型估计的期权价格,特别是美式期权价格,呈现出震荡收敛的特点,说明二叉树模型进行价格估计收敛速度较慢。近年来,很多学者对传统的二叉树方法进行了大量的改进,改进的思路主要集中在二叉树方法的精度和计算效率两个方面。

在二叉树定价模型中,由于标的资产在一个时间段内的收益状态只有两种可能性,使得计算结果的误差较大。为了保证计算精度,可采取的方法是把期权的有效期分为更多个时间段以期获得更多的收益状态,这种方法的弊端是导致计算量大增。因此有学者提出将每一个时间段内的可能状态由两种增加为三种,也就是将二叉树模型扩展成三叉树模型,采用这种方法来提高计算精度。相较于二叉树方法,三叉树定价模型的构造更加复杂:第一,从每个节点有三个分支发出,而不再是两个;第二,对于三叉树树图上的不同部分而言,其分支的概率不相同;第三,分支的变化模式可能会发生变化。上述特点使得三叉树方法比二叉树方法复杂很多,如果为同一个期权定价,三叉树模型的计算复杂度大约为 $o(3n^2/2)$,这个结果明显高于二叉树方法的计算复杂度。但对于比较复杂的期权如障碍期权,三叉树定价方法求解则更具优势。

二叉树和三叉树等基本定价模型可以为欧式期权和普通的美式期权以及具有多标的变量的期权品种定价,尤其在一维问题中得到了广泛的应用。但是这两种模型本身也存在局限性,在许多情况下无法得到理想的估计效果。例如利用传统的 CRR 模型对美式期权或利用普通的三叉树模型对障碍期权定价的时候,定价过程都呈现出明显的震荡。虽然对模型的改进在一定程度上改善了震荡性,但并没有从根本上解决问题。此外,这类网格定价模型在对高维的美式期权定价时,随着处理问题的维数增加,计算工作量和数据处理量都将呈指数型增长。因此网格定价模型对于较低维数期权的价格估计能取得较理想的效果,但解决高维问题还存在非常大的困难。

有限差分方法的主要原理是:首先将期权满足的微分方程按照一定方式转化为许多个差分方程,接着再利用逐步迭代法求出这些差分方程的解,主要包括隐性有限差分方法和显性有限差分方法两大类。

有限差分方法能够处理欧式期权和美式期权,但在处理多标的变量的期权定价时也会出现"维数灾难"问题。

蒙特卡罗模拟方法的基本原理是:在风险中性条件下,首先模拟出标的资产在期权的有效期内价格变化的一系列样本路径,再对每一条路径的收益进行贴现,最后对每一条路径的贴现收益求平均值,由此求得该期权价格的估计值。

相对于网格分析和有限差分方法而言,蒙特卡罗模拟方法具有两个优点:一是比较灵活,易于实现;二是能更好地解决高维的期权定价问题。蒙特卡罗模拟法的缺点是在处理一些复杂的期权问题时,需要通过多次模拟的方式来增加估计精度,因而将产生较大的估计方差。针对这一问题专家学者们提出了很多有效的改进措施,主要有以下三个方面:一是方差减少技术,主要包括控制变量技术、对偶变量技术、矩匹配方法、重要性抽样技术、分层抽样技术和条件蒙特卡罗模拟等;二是在低偏差率序列的基础上提出的拟蒙特卡罗模拟;三是引入了动态规划理论及图论原理的美式期权定价的蒙特卡罗模拟。这些技术提高了蒙特卡罗模拟方法的估计效率,进一步扩大了其应用范围。

一、二叉树图的应用实例

表 11-2 展示了有 4 个时间间隔(即总共有 5 个时间点)的二叉树模型的结果。每个节点上指数可能上涨,也可能会下跌(参数: $S0 = 100$, $K = 100$, $T = 1.0$, $r = 0.03$, $\sigma = 0.2$)。

表 11-2　欧式看涨期权的 CRR 二叉树定价结果:上半部分为
指数价格,下半部分为期权价格

时间	$t = 0$	Δt	$2\Delta t$	$3\Delta t$	T
S_t	100	110.52	122.14	134.99	149.18
		90.48	100.00	110.52	122.14
			81.87	90.48	100.00
				74.08	81.87
					67.03
c_t	8.9373	14.7941	23.6291	35.7331	49.1825
		2.9157	5.7309	11.2643	22.1403
			0	0	0
				0	0
					0

通过变动二叉树模型的步长数,可以测试二叉树模型的精度和收敛方式,由于 BSM 定价模型可以给出欧式期权的精确解,故这里以 BSM 模型给出的欧式看涨期权为对比标准价格,步长设置为3 步到 100 步,如图 11-12所示。

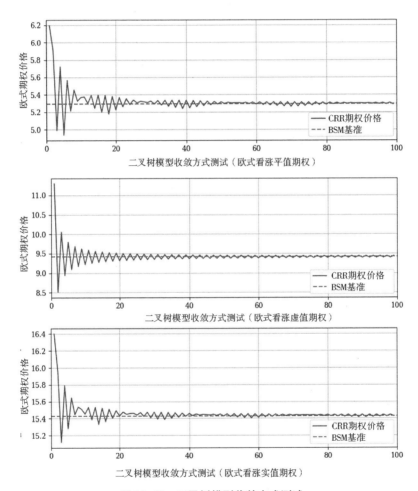

图 11-12 二叉树模型收敛方式测试

由上图看出,二叉树模型对于实值期权和虚值期权的收敛方式并不与平值一样具备明显趋势性,但整体上当步数足够大时,都是以震荡的方式收敛于对比标准价格。

　　CRR 二叉树模型得到的价格很好地趋近于 BSM 价格,那么相对于 BSM 模型,二叉树模型的优点在哪里? 对于标准的欧式期权,CRR 二叉树模型除了简单以外几乎没有什么优点。此时,该模型可以是一个较好的教学工具。但是,对于标准欧式期权以外的其他期权,二叉树模型就有明显的优势了:二叉树模型可以处理能够提前行权的期权,即美式期权和百慕大式期权,也适用于在 T 期可能有任意收益的期权。为此,在相同参数条件下使用 CRR 二叉树模型比较了欧式和美式期权价格与行权价格的关系,如图 11-13 所示。从图中看出,欧式看涨期权和美式看涨期权的价格差异较小,但欧式看跌期权和美式看跌期权的价格差异在实值部分的差异较大,这与理论分析是一致的。

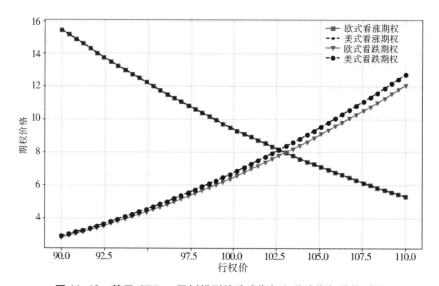

图 11-13　基于 CRR 二叉树模型的欧式期权和美式期权价格对比

　　三叉树图是二叉树图的一种良好替代,该树图的形状如图 11-14 所示。在每一个时间间隔 Δt 内证券价格有三种运动的可能:从开始的 S 上升为原先的 u 倍,即到达 Su;保持不变,仍为 S;下降为原先的 d 倍,即 Sd。

　　令 p_u、p_m 和 p_d 分别为每个节点价格上升、持平和下降的风险中性概

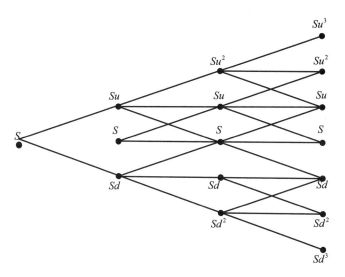

图 11-14 资产价格的三叉树图

率。当 Δt 的高阶小量可以忽略时,满足资产价格变化均值和方差的参数分别为:

$$
\begin{cases}
u = e^{\sigma\sqrt{3\Delta t}} \\
ud = 1 \\
p_u = \sqrt{\dfrac{\Delta t}{12\sigma^2}}\left(r - \dfrac{\sigma^2}{2}\right) + \dfrac{1}{6} \\
p_d = -\sqrt{\dfrac{\Delta t}{12\sigma^2}}\left(r - \dfrac{\sigma^2}{2}\right) + \dfrac{1}{6} \\
p_m = \dfrac{2}{3}
\end{cases}
\tag{11-7}
$$

用三叉树图为期权定价的计算过程与二叉树图的计算过程相似,此处就不再赘述。

BSM 期权定价源代码:

```
#BSM 期权定价模型估值
#文件名:BSM_option_valuation.py
import math
import numpy as np
from scipy.integrate import quad
#辅助函数
def dN(x):
    '''标准正态分布的概率密度函数'''
    return math.exp(-0.5 * x ** 2)/math.sqrt(2 * math.pi)
def N(d):
    '''标准正态分布的累积分布函数'''
    return quad(lambda x:dN(x),-20,d,limit=50)[0]
def d1f(St,K,t,T,r,sigma):
    #BSM 函数中的 d(N1)
    d1 = (math.log(St/K)+(r + 0.5 * sigma ** 2) * (T-t))/(sigma * math.
sqrt(T - t))
    return d1
#估值函数
def BSM_option_value(St,K,t,T,r,sigma,otype='call')
    '''
    计算 BSM 欧式看涨期权价格
    参数:
    St:float,股票或指数当前的价格
    K:float,行权价
    t:float,当前时间
    T:float,期权到期时间,T > t
    r:float,无风险利率
    sigma:float,波动率
    otype:string,期权类型,取值为'call'或'put'
    返回值
```

option_value:float,欧式期权当前价格

'''

d1 = d1f(St,K,t,T,r,sigma)

d2 = d1 − sigma ∗ math.sqrt(T − t)

if otype == 'call'：

    option_value = St ∗ N(d1) − math.exp(−r ∗ (T − t)) ∗ K ∗ N(d2)

else：

    option_value = −St ∗ N(−d1) + math.exp(−r ∗ (T − t)) ∗ K ∗ N

(−d2)

    return option_value

CRR 二叉树定价（适用于欧式期权和美式期权）源代码：

```
#CRR 二叉树期权定价模型
#文件名:CRR_option_calcuation.py
import math
import numpy as np
import matplotlib as mpl
import matplotlib.pyplot as plt
mpl.rcParams['font.family'] = 'serif'
from BSM_option_valuation import BSM_option_value
#模型参数
S0 = 100.0# 指数或股票价格
K = 100.0# 期权行权价
T = 1.0# 到期时间
r = 0.03# 无风险利率
sigma = 0.2# 波动率
#估值函数
def CRR_option_value(S0,K,T,r ,sigma,otype='call',M=4,EurorAme='Eur'):
```

```
'''
CRR 二叉树期权定价
参数:
S0:float,股票或指数在 0 时刻的价格
K:float,行权价
T:float,期权到期时间
r:float,无风险利率
sigma :float,波动率
otype:string,期权类型,取值为'call'或'put'
M:int,区间数量
'''

#时间参数设置
dt = T/M    #计算 delta_t 的,时间间隔长度
df = math.exp(-r * dt)    # 每一期的折现率
#二叉树参数,计算 u、d 和 p
u = math.exp(sigma * math.sqrt(dt))    # 上升程度
d = math.exp(-sigma * math.sqrt(dt))    # 下跌程度
q = (math.exp(r * dt) - d)/(u - d)#风险中性状态下的上涨概率
#股票价格或指数矩阵的初始化
mu = np.arange(M + 1)
mu = np.resize(mu,(M + 1,M + 1))
md = np.transpose(mu)
mu = u ** (mu - md)
md = d ** md
S = S0 * mu * md
# 内在价值
if otype == 'call':
    V = np.maximum(S - K,0)#看涨期权的内在价值
    h = np.maximum(S - K,0)
else:
```

```
    V = np.maximum( K - S,0)# 看跌期权的内在价值

        h = np.maximum( K - S,0)

    z = 0

    if EurorAme == 'Ame':

        C = np.zeros( ( M+1,M+1) )

        for t in range( M - 1,-1,-1):# 逆向迭代

            C[0:M-z,t] =( q * V[0:M-z,t+1]+(1-q) * V[1:M-z+1,t+1])
* df

            V[0:M-z,t] = np.where( h[0:M-z,t] > C[0:M-z,t],h[0:M-z,
t],C[0:M-z,t] )

                z += 1

    else:

        for t in range( M - 1,-1,-1):# 逆向迭代

            V[0:M - z,t] =( q * V[0:M - z,t + 1] +(1 - q) * V[1:
M - z + 1,t + 1]) * df

                z += 1

    return V[0,0]

    def plot_convergence( mmin,mmax,step_size) :

        '''绘制 CRR 期权价格与时间间隔数的关系'''

        BSM_benchmark = BSM_option_value( S0,K,0,T,r,sigma)

    m = range( mmin,mmax,step_size)

        CRR_values = [ CRR_option_value( S0,K,T,r,sigma,otype ='call',M =
M) for M in m]

        plt.figure( figsize =( 9,3) )

        plt.plot( m,CRR_values,label ='期权价格')

        plt.axhline( BSM_benchmark,color ='r',ls ='dashed',lw = 1.5,label ='
BSM 基准')

        plt.grid( )

        plt.xlabel( '# of binomial steps $ M $ ')

        plt.ylabel( '欧式看涨期权价格')
```

```
            plt.legend(loc = 4)
            plt.xlim(0, mmax)
        K = 100.0
        plot_convergence(1, 100, 1)
        K = 90.0
        plot_convergence(1, 100, 1)
        K = 110.0
        plot_convergence(1, 100, 1)
        plt.show()
K = 100.0
points = 50
klist = np.linspace(90, 110, points)
Eur_call_vlist = [CRR_option_value(S0, K, T, r, sigma, otype = 'call', M = 100, EurorAme = 'Eur') for K in klist]
Ame_call_vlist = [CRR_option_value(S0, K, T, r, sigma, otype = 'call', M = 100, EurorAme = 'Ame') for K in klist]
Eur_put_vlist = [CRR_option_value(S0, K, T, r, sigma, otype = 'put', M = 100, EurorAme = 'Eur') for K in klist]
Ame_put_vlist = [CRR_option_value(S0, K, T, r, sigma, otype = 'put', M = 100, EurorAme = 'Ame') for K in klist]
plt.figure(figsize = (10, 6))
plt.plot(klist, Eur_call_vlist, 'r<-', label = '欧式看涨期权')
plt.plot(klist, Ame_call_vlist, 'b--', label = '美式看涨期权')
plt.plot(klist, Eur_put_vlist, 'r<-', label = '欧式看跌期权')
plt.plot(klist, Ame_put_vlist, 'b--', label = '美式看跌期权')
plt.grid()
plt.xlabel('行权价')
plt.ylabel('期权价格')
plt.legend(loc = 1)
plt.show()
```

二、有限差分方法

BSM 期权定价模型在一系列基本假设下得到二阶偏微分方程,使我们可以用数值方法求解期权价格。有限差分就是将衍生证券所满足的偏微分方差转化为一系列近似的差分方程,再用迭代法求解这些差分方程,最后得到衍生证券的价格。

以不支付红利的股票期权为例,根据 BSM 模型可知,股票期权价格满足的偏微分方程为:

$$\frac{\partial f}{\partial t} + r\frac{\partial f}{\partial S}S + \frac{1}{2}\frac{\partial^2 f}{\partial S^2}\sigma^2 S^2 = rf \tag{11-8}$$

令现在为 0 时刻,将 0 到 T 时刻分成 N 个等间隔的时间段,每段步长是 $\Delta t = T/N$,则总共得到 $N + 1$ 个时刻点:$0, \Delta t, 2\Delta t, 3\Delta t, \cdots, T$。同理,令 S_{max} 为期权到期日股票价格能达到的最大值,将 0 到 S_{max} 分成 M 个等间距的价格段,步长为 $\Delta S = S_{max}/M$,则有 $M + 1$ 个价格点:$0, \Delta S, 2\Delta S, 3\Delta S, \cdots, S_{max}$。这些价格点构成了共 $(M + 1) \times (N + 1)$ 坐标点的方格。任意点 (i, j) 对应的时间是 $i\Delta t$,股票价格是 $j\Delta S$。价格和时间对应的格点如图 11-15 所示。令 $f(i, j)$ 表示 (i, j) 处的期权价格。根据偏微分方程给出不同点的期权价格、股票价格之间满足的差分方程,逐次求解,就可以得到零时刻初始资产价格所对应价格的期权价格。

要将式(11-8)转换为差分方程形式,就需要对 $\frac{\partial f}{\partial S}$、$\frac{\partial f}{\partial t}$ 和 $\frac{\partial^2 f}{\partial S^2}$ 做合理的近似。对 $\frac{\partial f}{\partial S}$ 的近似有三种方法:$\frac{f_{i,j+1} - f_{i,j}}{\Delta S}$、$\frac{f_{i,j} - f_{i,j-1}}{\Delta S}$ 和 $\frac{f_{i,j+1} - f_{i,j-1}}{2\Delta S}$,分别称为向上差分近似(Forward Difference Approximation)、向下差分近似(Backward Difference Approximation)和中心差分近似(Central Difference Approximation),其中前两个为 ΔS 的同阶无穷小,精度较低,第三个为 ΔS 的高阶无穷小,精度较高,因此一般采用中心差分近似逼近 $\frac{\partial f}{\partial S}$。

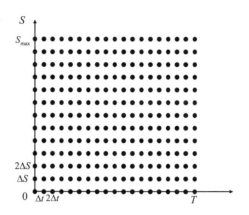

图 11-15 有限差分法的格点图

在点 (i,j) 处对 $\frac{\partial f}{\partial t}$ 的近似采取向右差分近似：$\frac{\partial f(i,j)}{\partial t} = \frac{f_{i+1,j} - f_{i,j}}{\Delta t}$，

其精度已基本满足要求。

在点 (i,j) 处 $\frac{\partial f}{\partial S}$ 的向上差分近似和向下差分近似分别为 $\frac{f_{i,j+1} - f_{i,j}}{\Delta S}$

和 $\frac{f_{i,j} - f_{i,j-1}}{\Delta S}$。因此 (i,j) 处 $\frac{\partial^2 f}{\partial S^2}$ 的差分近似为：

$$\frac{\partial^2 f}{\partial S^2} = \frac{\dfrac{f_{i,j+1} - f_{i,j}}{\Delta S} - \dfrac{f_{i,j} - f_{i,j-1}}{\Delta S}}{\Delta S} = \frac{f_{i,j+1} + f_{i,j-1} - 2f_{i,j}}{\Delta S^2}$$

得到 $\frac{\partial f}{\partial S}$、$\frac{\partial f}{\partial t}$ 和 $\frac{\partial^2 f}{\partial S^2}$ 的差分近似表达式后，就可以根据式(11-8)推出

期权价格。通常有两种方式：隐性有限差分法和显性有限差分法。以

(i,j) 点为例，隐性有限差分法中 $\frac{\partial f}{\partial S}$ 和 $\frac{\partial^2 f}{\partial S^2}$ 的差分近似均使用 $i\Delta t$ 处对应

的期权价格，显性有限差分法中 $\frac{\partial f}{\partial S}$ 和 $\frac{\partial^2 f}{\partial S^2}$ 的差分近似均使用 $(i + 1)\Delta t$

处对应的期权价格，如图 11-16 所示。

在 T 时刻，期权的价值是已知的(根据行权价和标的资产的价格即

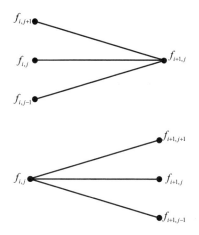

图 11-16　隐性差分和显性差分示意图

可确定期权价值)。在标的资产价格为零或 S_{max} 处,期权的价格也是已知的(分别是深度实值期权和深度虚值期权,由于此时时间价值趋于零,故可以用期权的内在价值代替期权价格)。因此,$i\Delta t(i=0,1,2\cdots N-1)$ 时刻共有 $M-1$ 个期权价格是未知的。

以 $(N-1)\Delta t$ 时刻和 $N\Delta t$(T)时刻为例,分别构建 $(N-1,j)$ 点($j=1,2,\cdots,M-1$)处的隐性有限差分和显性有限差分方程:

$$\frac{f_{N,j}-f_{N-1,j}}{\Delta t}+r\frac{f_{N-1,j+1}-f_{N-1,j-1}}{2\Delta S}S+\frac{1}{2}\frac{f_{N-1,j+1}+f_{N-1,j-1}-2f_{N-1,j}}{\Delta S^2}\sigma^2S^2=rf_{N-1,j}$$

$$(11-9)$$

和

$$\frac{f_{N,j}-f_{N-1,j}}{\Delta t}+r\frac{f_{N,j+1}-f_{N,j-1}}{2\Delta S}S+\frac{1}{2}\frac{f_{N,j+1}+f_{N,j-1}-2f_{N,j}}{\Delta S^2}\sigma^2S^2=rf_{N-1,j}$$

$$(11-10)$$

从上述分析看出,无法根据式(11-9)直接求解 $f_{N-1,j}$(方程中 $f_{N-1,j+1}$ 和 $f_{N-1,j-1}$ 至少有一个未知),需要构建 $M-1$ 个线性方程组求出每一个 $f_{N-1,j}$。式(11-10)中只存在一个未知数 $f_{N-1,j}$,故每个差分方程均可直接算出 $f_{N-1,j}$。

1. 隐性有限差分

由上述分析可以得到 (i,j) 处的隐性有限差分方程为：

$$a_j f_{i,j-1} + b_j f_{i,j} + c_j f_{i,j+1} = f_{i+1,j} \qquad (11\text{-}11)$$

其中

$$a_j = \frac{1}{2} r j \Delta t - \frac{1}{2} \sigma^2 j^2 \Delta t$$

$$b_j = 1 + r \Delta t + \sigma^2 j^2 \Delta t$$

$$c_j = -\frac{1}{2} r j \Delta t - \frac{1}{2} \sigma^2 j^2 \Delta t$$

基于式（11-11）构造线性方程组，以 $i \Delta t$ 时刻为例，则线性方程组为：

$$
\begin{aligned}
&a_1 f_{i,0} + b_1 f_{i,1} + c_1 f_{i,2} = f_{i+1,1} \\
&a_2 f_{i,1} + b_2 f_{i,2} + c_2 f_{i,3} = f_{i+1,2} \\
&a_3 f_{i,2} + b_3 f_{i,3} + c_3 f_{i,4} = f_{i+1,3} \\
&\cdots \\
&a_{M-2} f_{i,M-3} + b_{M-2} f_{i,M-2} + c_{M-2} f_{i,M-1} = f_{i+1,M-2} \\
&a_{M-1} f_{i,M-2} + b_{M-1} f_{i,M-1} + c_{M-1} f_{i,M} = f_{i+1,M-1}
\end{aligned}
\qquad (11\text{-}12)
$$

整理为矩阵形式得到：

$$
\begin{bmatrix}
b_1 & c_1 & 0 & 0 & \cdots & 0 & 0 & 0 \\
a_2 & b_2 & c_2 & 0 & \cdots & 0 & 0 & 0 \\
0 & a_3 & b_3 & c_3 & \cdots & 0 & 0 & 0 \\
\cdots & \cdots & \cdots & \cdots & \cdots & \cdots & \cdots & \cdots \\
0 & 0 & 0 & 0 & 0 & a_{M-2} & b_{M-2} & c_{M-2} \\
0 & 0 & 0 & 0 & 0 & 0 & a_{M-1} & b_{M-1}
\end{bmatrix}
\begin{pmatrix}
f_{i,1} \\
f_{i,2} \\
\vdots \\
f_{i,M-1}
\end{pmatrix}
=
\begin{pmatrix}
f_{i+1,1} \\
f_{i+1,2} \\
\vdots \\
f_{i+1,M-1}
\end{pmatrix}
-
\begin{pmatrix}
a_1 f_{i,0} \\
0 \\
\vdots \\
c_{M-1} f_{i,M}
\end{pmatrix}
$$

$$(11\text{-}13)$$

$i = N - 1$ 时，求解上述线性方程组即可得到 $(N-1)\Delta t$ 时刻中 $M-1$ 个期权价格。若期权为美式期权，则需要比较计算出的期权价格与立刻行权的价值孰高，较高者为 $f_{i,j}$ 的取值。依次向前递推便可求得每一时刻的期权价格。

假设某只股票当前价格为 50 元,收益率的波动率为 20%,市场中无风险利率为 3%。请使用隐性有限差分方法计算 1 年期的行权价为 50 元的该股票的期权价格。

将剩余到期时间划分成 N 个时间间隔,股票价格在 $[0,100]$ 上划分为 M 个间隔,则 M 和 N 取不同值时得到的期权价格如表 11-3 所示。

表 11-3 基于隐性有限差分法计算期权价格

	BSM 模型	隐性有限差分方法			
		$N=10,M=20$	$N=20,M=40$	$N=50,M=100$	$N=100,M=200$
欧式看涨期权	4.7067	4.5181	4.6490	4.6912	4.7002
美式看涨期权	—	4.5181	4.6490	4.6912	4.7002
欧式看跌期权	3.2290	3.0433	3.1727	3.2141	3.2228
美式看跌期权	—	3.1497	3.2939	3.3469	3.3601

通过计算可知,M 和 N 越大,使用隐性有限差分法得到的期权价格越接近于 BSM 模型。由表 11-3 可知,欧式看涨期权和美式看涨期权具有相同的价格,但美式看跌期权价格总是高于欧式看跌期权价格。这与理论分析也是一致的。

隐性有限差分程序代码:

```
import numpy as np
import copy
from BSM_imp_vol import *
def get_call_matrix(M,N,K,delta_S):
    # call 的三个边界条件
    #生成(M+1)*(M+1)的矩阵
    f_matrx = np.matrix(np.array([0.0] * (M+1) * (N+1)).reshape((M+1,
N+1)))
    S_max = M * delta_S
```

```
    # 边界条件① S=0 的时候,call=0
    f_matrx[0,:] = 0.0
    # 边界条件②:在某个时刻行权时的价值,期权=max(δS*j-K,0),矩阵内
部的设定可以解决美式期权行权问题
    for i in range(M + 1):
        f_matrx[i,:] = float(max(delta_S * i - K,0))
    # 边界条件③:S=S_max 的时候,call=S_max-K
    f_matrx[M,:] = float(S_max - K)
    # print("f_matrix shape :",f_matrx.shape)
    return f_matrx
def get_put_matrix(M,N,K,delta_S):
    f_matrx = np.matrix(np.array([0.0] * (M+1) * (N+1)).reshape((M+1,
N+1)))
    # S=S_max 的时候,put=0
    f_matrx[M,:] = 0.0
    # S=0 的时候,put=K
    f_matrx[0,:] = float(K)
    # 在某个时刻行权时的价值=max(K-S,0)
    for i in range(M + 1):
        f_matrx[i,:] = float(max(K - delta_S * i,0))
    # print("f_matrix shape :",f_matrx.shape)
    return f_matrx
def calculate_coeff(j):
    vj2 = (v * j) ** 2
    aj = 0.5 * delta_T * (r * j - vj2)
    bj = 1 + delta_T * (vj2 + r)
    cj = -0.5 * delta_T * (r * j + vj2)
    return aj,bj,cj
def get_coeff_matrix(M):
    #计算系数矩阵 B
```

```
    matrx = np.matrix( np.array( [ 0.0 ] * ( M－1 ) * ( M－1 ) ).reshape ( ( M－1,
M－1) ) )
    a1,b1,c1 = calculate_coeff( 1 )
    am_1,bm_1,cm_1 = calculate_coeff( M － 1 )
    matrx[ 0,0 ] = b1
    matrx[ 0,1 ] = c1
    matrx[ M－2,M－3 ] = am_1
    matrx[ M－2,M－2 ] = bm_1
    for i in range( 2,M－1 ):
        a,b,c = calculate_coeff( i )
        matrx[ i－1,i－2 ] = a
        matrx[ i－1,i－1 ] = b
        matrx[ i－1,i ] = c
    # print( "coeff matrix shape :",  matrx.shape)
    return matrx
def calculate_f_matrix( flag,M,N,EurorAme=" " ):
    if flag = = "call":
        f_matrx = get_call_matrix( M,N,K,delta_S )
    else:
        f_matrx = get_put_matrix( M,N,K,delta_S )
    matrx = get_coeff_matrix( M )
    inverse_m = matrx.I
    if EurorAme = = "Ame":
        for i in range( N,0,－1 ):
            # 迭代
            Fi = copy.deepcopy( f_matrx[ 1:M,i ] )
            a1,b1,c1 = calculate_coeff( 1 )
            am_1,bm_1,cm_1 = calculate_coeff( M － 1 )
            Fi[ 0,0 ] = Fi[ 0,0 ]－a1 * f_matrx[ 0,i－1 ]
            Fi[ M－2,0 ] = Fi[ M－2,0 ]－cm_1 * f_matrx[ M,i－1 ]
```

```
                Fi_1 = inverse_m * Fi
                for j in range(1,M):
                    if f_matrx[j,i-1]>Fi_1[j-1]:
                        Fi_1[j - 1] = f_matrx[j,i-1]
                Fi_1 = list(np.array(Fi_1))
                f_matrx[1:M,i-1]=Fi_1
        else:
            for i in range(N,0,-1):
                # 迭代
                Fi = copy.deepcopy(f_matrx[1:M,i])
                a1,b1,c1 = calculate_coeff(1)
                am_1,bm_1,cm_1 = calculate_coeff(M - 1)
                Fi[0,0] = Fi[0,0]-a1 * f_matrx[0,i-1]
                Fi[M-2,0] = Fi[M-2,0]-cm_1 * f_matrx[M,i-1]
                Fi_1 = inverse_m * Fi
                Fi_1 = list(np.array(Fi_1))
                f_matrx[1:M,i-1]=Fi_1
    # 这一步取出 S_t 在网格中的位置,然后抽出结果,即为在该股价的期
权价格。
    i = np.round(S/delta_S,0)
    return f_matrx[int(i),0]
v = 0.2
r = 0.03
N = 20
T = 1
delta_T = T/N
delta_S = 1
K = 50
S = 50
M = 2 * int(1+round(K/delta_S,0))
```

```
flag = "call"
EurorAme = "Ame"
print("美式看涨期权价格")
print(calculate_f_matrix(flag, M, N, EurorAme))
print("欧式看涨期权价格")
print(calculate_f_matrix(flag, M, N))
print("基于 BSM 模型得到的欧式看涨期权价格")
print(call_option(S, K, 0, T, r, v).value())
flag = "put"
print("美式看跌期权价格")
print(calculate_f_matrix(flag, M, N, EurorAme))
print("欧式看跌期权价格")
print(calculate_f_matrix(flag, M, N))
print("基于 BSM 模型得到的欧式看涨期权价格")
p = call_option(S, K, 0, T, r, v).value() + K * exp(-r * T) - S
print(p)
```

2. 显性有限差分

与隐形有限差分相比,显性有限差分的计算更为简单,它可以根据 $(i+1)\Delta t$ 时刻已知的三个期权价格($f_{i+1,j-1}$、$f_{i+1,j}$ 和 $f_{i+1,j+1}$)直接得到 $i\Delta t$ 时刻 $f_{i,j}$ 的价格。结合式(11-10)可得到如下关系:

$$f_{i,j} = a_j f_{i+1,j-1} + b_j f_{i+1,j} + c_j f_{i+1,j+1} \qquad (11-14)$$

其中

$$a_j = \frac{1}{1 + r\Delta t}\left(-\frac{1}{2}rj\Delta t + \frac{1}{2}\sigma^2 j^2 \Delta t\right)$$

$$b_j = \frac{1}{1 + r\Delta t}(1 - \sigma^2 j^2 \Delta t)$$

$$c_j = \frac{1}{1 + r\Delta t}\left(\frac{1}{2}rj\Delta t + \frac{1}{2}\sigma^2 j^2 \Delta t\right)$$

继续使用隐性有限差分部分的案例,用显性有限差分计算期权价格,结果如表 11-4 所示。

表 11-4　基于显性有限差分法计算期权价格

	BSM 模型	显性有限差分方法			
		N=10, M=20	N=20, M=40	N=50, M=100	N=100, M=200
欧式看涨期权	4.7067	4.6272	4.6850	0.00	0.00
美式看涨期权	—	4.6272	4.6850	−1.3025	−4.9286
欧式看跌期权	3.2290	3.1517	3.2084	−1.3025	0.00
美式看跌期权	—	3.2982	3.3608	0.00	−4.9286

　　从上表看出,当 M 和 N 的取值较小时,使用显性有限差分得到的结果与 BSM 模型的结果非常接近。但 M 和 N 较大时却得到异常结果,也就是说该方法并不稳定,它的解可能不收敛于偏微分方程的解。与显性有限差分相比,隐性有限差分方法不存在收敛问题,它的解始终是有效的。

　　显性有限差分程序代码:

```
import numpy as np
import copy
from BSM_imp_vol import *
def get_call_matrix(M,N,K,delta_S):
    # call 的三个边界条件
    #生成(M+1) * (M+1)的矩阵

f_matrx = np.matrix(np.array([0.0] * (M+1) * (N+1)).reshape(M+1,N+1)
    S_max = M * delta_S
    # 边界条件① S=0 的时候,call=0
    f_matrx[0,:] = 0.0
    # 边界条件②:在某个时刻行权时的价值,期权 = max(δS * j-K,0),矩阵内
部的设定可以解决美式期权行权问题
    for i in range(M + 1):
```

```
        f_matrx[i,:] = float(max(delta_S * i - K,0))
        # 边界条件③:S=S_max 的时候,call=S_max-K
        f_matrx[M,:] = float(S_max - K)
        # print("f_matrix shape :",f_matrx.shape)
        return f_matrx
def get_put_matrix(M,N,K,delta_S):
        f_matrx = np.matrix(np.array([0.0] * (M+1) * (N+1)).reshape((M+1,
N+1)))
        # S=S_max 的时候,put=0
        f_matrx[M,:] = 0.0
        # S=0 的时候,put=K
        f_matrx[0,:] = float(K)
        # 在某个时刻行权时的价值=max(K-S,0)
        for i in range(M + 1):
            f_matrx[i,:] = float(max(K - delta_S * i,0))
        # print("f_matrix shape :",f_matrx.shape)
return f_matrx
def calculate_coeff(j):
        vj2 = (v * j) ** 2
        aj = (-0.5 * delta_T * (r * j - vj2))/(1+r * delta_T)
        bj = (1- vj2 * delta_T)/(1+r * delta_T)
        cj = (0.5 * delta_T * (r * j + vj2))/(1+r * delta_T)
        return aj,bj,cj
def get_coeff_matrix(M):
        #计算系数矩阵 B
        matrx = np.matrix(np.array([0.0] * (M-1) * (M+1)).reshape(M-1,M+
1))
        for i in range(1,M):
            a,b,c = calculate_coeff(i)
            matrx[i-1,i-1] = a
```

```
            matrx[i-1,i] = b
            matrx[i-1,i+1] = c
        # print("coeff matrix shape :", matrx.shape)
        return matrx
def calculate_f_matrix(flag,M,N,EurorAme=" "):
    if flag == "call":
        f_matrx = get_call_matrix(M,N,K,delta_S)
    else:
        f_matrx = get_put_matrix(M,N,K,delta_S)
    matrx = get_coeff_matrix(M)
    if EurorAme == "Ame":
        for i in range(N,0,-1):
            # 迭代
            Fi_1 = matrx * f_matrx[0:M+1,i]
            for j in range(1,M):
                if f_matrx[j,i-1]>Fi_1[j-1]:
                    Fi_1[j-1] = f_matrx[j,i-1]
            Fi_1 = list(np.array(Fi_1))
            f_matrx[1:M,i-1] = Fi_1
    else:
        for i in range(N,0,-1):
            # 迭代
            Fi_1 = matrx * f_matrx[0:M+1,i]
            Fi_1 = list(np.array(Fi_1))
            f_matrx[1:M,i-1] = Fi_1
    # 这一步取出 S_t 在网格中的位置,然后抽出结果,即为在该股价的期
权价格。
    i = np.round(S/delta_S,0)
    return f_matrx[int(i),0]
v = 0.2
```

```
r = 0.03
T = 1
N = 10
M = 20
delta_T = T/N
delta_S = 100/M
K = 50
S = 50
#M = 2 * int(1+round(K/delta_S,0))
flag = "call"
EurorAme = "Ame"
print("美式看涨期权价格")
print(calculate_f_matrix(flag,M,N,EurorAme))
print("欧式看涨期权价格")
print(calculate_f_matrix(flag,M,N))
# print("基于BSM模型得到的欧式看涨期权价格")
# print(call_option(S,K,0,T,r,v).value())
flag = "put"
print("美式看跌期权价格")
print(calculate_f_matrix(flag,M,N,EurorAme))
print("欧式看跌期权价格")
print(calculate_f_matrix(flag,M,N))
# print("基于BSM模型得到的欧式看涨期权价格")
# p = call_option(S,K,0,T,r,v).value()+K * exp(-r * T)-S
# print(p)
```

三、基于蒙特卡洛模拟的期权定价

1. 亚式期权定价

亚式期权(Asian Options)是到期回报依赖于标的资产在一段特定时间内的平均价格的期权,这段时间可以是整个期权有效期,也可以是期权有效期内的部分时段。将特定时间内的平均价格记作 A，如果用 A 代替 S_T，就得到平均资产价期权；如果用 A 代替 K，就得到平均行权价期权。根据平均值计算方法的不同可以将亚式期权分为算术平均和几何平均两类。算术平均形式为 $A = (S_1 + S_2 + \cdots + S_n)/n$，几何平均形式为 $A = (S_1 + S_2 + \cdots + S_n)^{1/n}$。连续取样的几何平均资产价格亚式期权价格具有解析解，其他类型的不存在解析解，只能使用数值方法定价。

假设存在某股票的算术平均资产价格的亚式期权，股票当前价格为 50 元，波动率为 20%，无风险利率为 3%，期权行权价为 50 元，剩余到期时间为 1 年。请计算亚式看涨期权和亚式看跌期权的价格。

步骤：(1)根据无风险利率、波动率等信息模拟得到股票的收益率和股票价格序列；(2)计算股票价格序列的算术平均值，并据此得到期权回报的贴现值；(3)模拟上述过程多次，计算期权回报贴现值的平均值。

编写程序可得，该股票的亚式看涨期权价格为 2.7804 元；亚式看跌期权价格为 1.8954 元。

2. 回望期权定价

低买高卖是许多投资者的终极梦想，无奈未来总是难以预料，不过回望过去，我们很容易找出某只股票或其他投资品种出现的那些低位和高位。回望期权(Lookback Options)提供了一个回报依赖历史最高或最低价的可能。回望期权的收益依附于标的资产在某个确定的时段内达到的最大或最小价格。通常，离散取样和连续取样对回望期权价格是有影响的。

回望期权根据资产价格还是行权价格采用回望价格可以分为四类：(1)浮动行权价看涨期权，其回报等于 $\max\{S_T - S_{min}, 0\}$，S_{min} 是期权有效期内股票的最低价格；(2)浮动行权价看跌期权，其回报等于 $\max\{S_{max} - S_T, 0\}$，S_{max} 是期权有效期内股票的最高价格；(3)固定行权价看涨期权，其回报等于 $\max\{S_{max} - K, 0\}$；(4)固定行权价看跌期权，其回报等于 $\max\{K - S_{min}, 0\}$。

由回望期权特点看出，它是一种强路径依赖型期权，可以使用蒙特卡洛模拟的方法刻画股票价格的走势，从而求出期权价格。

假设存在某股票的算术平均资产价格的亚式期权,股票当前价格为 50 元,波动率为 20%,无风险利率为 3%,期权行权价为 50 元,剩余到期时间为 1 年。请计算该股票的固定行权价回望期权价格。

编写程序可得,该股票的回望看涨期权价格为 8.7469 元;回望看跌期权价格为 6.2255 元。

亚式期权和回望期权定价程序代码:

```
import numpy as np
import math
def generate_simulated_stock_returns(t,r,sigma,N):
    a1 = []
    dt = t/N
    for i in range(1,N+1):
        z = np.random.normal()
        simulated_return = (r-(sigma * * 2/2)) * dt + z * sigma * (dt * *
(1/2))
        a1.append(simulated_return)
    array_return = np.array(a1)
    return array_return
def generate_simulated_stock_values(s,t,r,sigma,N):
    rate = generate_simulated_stock_returns(t,r,sigma,N)
    stock_price = [s]
    for i in range(1,N+1):
        values = stock_price[i-1] * math.e * * (rate[i-1])
        stock_price.append(values)
    array_price = np.array(stock_price)
    return array_price
def MCAsianCallOptionValue(s,x,t,r,sigma,N,M):
    call_prices = []
```

```
        for i in range(M):
            stock_price = np.mean(generate_simulated_stock_values(s,t,r,sigma,
N))
            call_price = max(stock_price-x,0) * np.exp(-r * t)
            call_prices.append(call_price)
        price_mean = np.mean(call_prices)
        return price_mean
def MCAsianPutOptionValue(s,x,t,r,sigma,N,M):
    put_prices = []
    for i in range(M):
        stock_price = np.mean(generate_simulated_stock_values(s,t,r,sigma,
N))
            put_price = max(x-stock_price,0) * np.exp(-r * t)
            put_prices.append(put_price)
        price_mean = np.mean(put_prices)
        return price_mean
def MCLookbackCallOptionValue(s,x,t,r,sigma,N,M):
    call_prices = []
    for i in range(M):
        stock_price = max(generate_simulated_stock_values(s,t,r,sigma,N))
        call_price = max(stock_price-x,0) * np.exp(-r * t)
        call_prices.append(call_price)
    price_mean = np.mean(call_prices)
    return price_mean
def MCLookbackPutOptionValue(s,x,t,r,sigma,N,M):
    put_prices = []
    for i in range(M):
        stock_price = min(generate_simulated_stock_values(s,t,r,sigma,N))
        put_price = max(x-stock_price,0) * np.exp(-r * t)
        put_prices.append(put_price)
```

```
    price_mean = np.mean(put_prices)

    return price_mean
acall_price = MCAsianCallOptionValue(50,50,1.0,0.03,0.20,100,1000)
print("亚式看涨期权价格")
print(acall_price)
aput_price = MCAsianPutOptionValue(50,50,1.0,0.03,0.20,100,1000)
print("亚式看跌期权价格")
print(aput_price)
lcall_price = MCLookbackCallOptionValue(50,50,1.0,0.03,0.20,100,1000)
print("回望看涨期权价格")
print(lcall_price)
lput_price = MCLookbackPutOptionValue(50,50,1.0,0.03,0.20,100,1000)
print("回望看涨期权价格")
print(lput_price)
```

第三节　期权合约的动态对冲

一、欧式期权的敏感性分析

在进行对冲和风险管理时,我们需要知道模型参数发生变化时,期权的价格如何变化。BSM 方程推导过程中,在期权的多头上加了 Delta 空头仓位来形成资产组合。Delta 为 $\Delta = \partial V/\partial S$,即期权价格相对于标的资产价格变动的一阶偏导,是期权敏感性分析(或称为希腊字母)中的一个指标。

前述章节已经给出基于 BSM 公式得到的敏感性分析指标的解析解(见表 11-5)。

表 11-5 期权的敏感性指标

名称	定义	看涨期权	看跌期权	含义
Δ	欧式期权价格对标的资产价格的一阶导数	$N(d_1)$	$N(d_1)-1$	标的资产价格的微小变化对期权价格的线性作用
Γ	欧式期权价格对标的资产价格的二阶导数	$\dfrac{e^{-0.5d_1^2}}{S\sigma\sqrt{2\pi T}}$	$\dfrac{e^{-0.5d_1^2}}{S\sigma\sqrt{2\pi T}}$	标的资产价格的微小变化对期权价格的非线性作用
Θ	欧式期权价格对时间的一阶导数	$-\dfrac{S\sigma e^{-0.5d_1^2}}{2\sqrt{2\pi T}}-rKe^{-rT}N(d_2)$	$-\dfrac{S\sigma e^{-0.5d_1^2}}{2\sqrt{2\pi T}}+rKe^{-rT}[1-N(d_2)]$	时间变化对期权价格的作用
ρ	欧式期权价格对无风险利率的一阶导数	$KTe^{-rT}N(d_2)$	$KTe^{-rT}[N(d_2)-1]$	利率微小变化对期权价格的作用
Λ	欧式期权价格对标的资产价格波动率的一阶导数	$\dfrac{S\sqrt{T}\times e^{-0.5d_1^2}}{\sqrt{2\pi}}$	$\dfrac{S\sqrt{T}\times e^{-0.5d_1^2}}{\sqrt{2\pi}}$	标的资产价格波动率敏感性

下面给出不同变量对期权敏感性指标影响的三维图，以此分析不同因素如何影响期权敏感性。我们在到期时间 T 和执行价格 K 取不同值时，给出期权的所有敏感性指标的取值图形。从图形中可以看出如下结论。

（1）Delta：图 11-17 表明看涨期权的 Delta 值，随着执行价格和到期日 T 的变化而变化；Delta 值会在深度实值的 1 及深度虚值的 0 之间变化；短期平价期权的 Delta 值变化最大。

（2）Gamma：图 11-18 表明 Gamma 在短期平价期权处取值最大，这与 Delta 在短期平价附近变化最大这一结果相一致。

（3）Theta：图 11-19 与 Gamma 的图形较为相似，但是方向是相反的。Theta 在短期平价期权附近的绝对值最大，说明期权的时间价值衰减最快。

（4）Rho：图 11-20 说明 Rho 随着到期日 T 的增加（更长的到期时间），以及在值程度从虚值期权变到平价期权，再变到实值期权而增加。

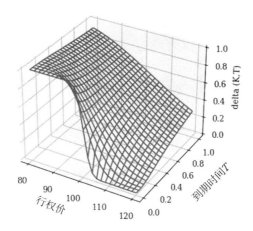

图 11-17 欧式看涨期权的 Delta 值随到期时间 T、执行价格 K 的变化

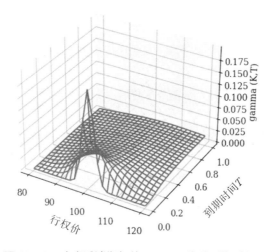

图 11-18 欧式看涨期权的 Gamma 值随到期时间 T、执行价格 K 的变化

（5）Vega：图 11-21 说明 Vega 随着 T 的增加而增加,但当在值程度从平价变为虚值期权或实值期权时,Vega 会减小。

此外,我们还需要注意一点,期权的敏感性参数的形状,部分取决于所选择的模型参数,尤其是期权是否为看涨期权。不过看跌期权的 Gamma 和 Vega 与看涨期权的 Gamma 和 Vega 是相同的。此外,针对上述

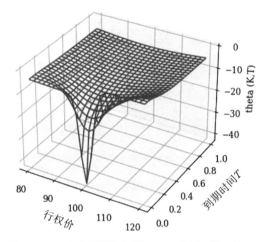

图 11-19　欧式看涨期权的 Theta 值随到期时间 T、
执行价格 K 的变化

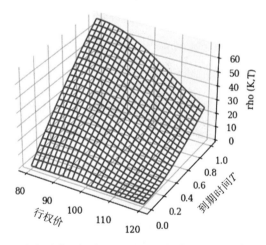

图 11-20　欧式看涨期权的 Rho 值随到期时间 T、执行价格 K 的变化

结果有以下结论:(1)短期内,大多数的敏感性指标都在平值期权处达到最大或者最小(除了 Vega);(2)对于到期日期较长的期权,只有 Rho 和 Vega 的值受到较大的影响,这主要是因为它们对期权的在值程度影响最大。

在实践中,期权交易者希望能够对冲一个或多个敏感性指标所代表

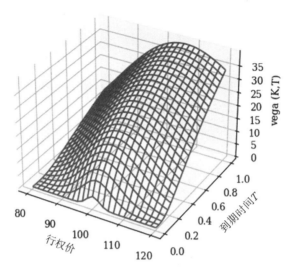

图 11-21 欧式看涨期权的 Vega 值随到期时间 *T*、执行价格 *K* 的变化

的风险。比如,交易者所说的"Delta 中性"仓位或"Vega 对冲"仓位,即意味着标的物价格或是波动率的(微小)变化,可以用标的物或其他期权的特定对冲仓位抵消掉。由于时间的流逝是我们无法改变的,这也是期权溢价的主要来源,所以证券对冲一般不包括 Theta 对冲。

敏感性分析源代码:

```
# BSM 欧式看涨期权的敏感性指标分析
#文件名:BSM_call_greeks.py
import math
import numpy as np
import matplotlib as mpl
import matplotlib.pyplot as plt
mpl.rcParams['font.family'] = 'serif'
from matplotlib import cm
import mpl_toolkits.mplot3d.axes3d as p3
from BSM_option_valuation import d1f, N, dN
#敏感性指标函数
```

```
def BSM_delta(St,K,t,T,r,sigma):
    '''
    基于BSM的欧式看涨期权的delta
    Parameters
    St:float,股票或指数在t时的价格水平
    K:float,行权价
    t :float,估值时间
    T:float,到期时间,T>t
    r:float,无风险利率
    sigma:float,波动率
    Returns
delta:float,欧式看涨期权的delta
    '''
    d1 = d1f(St,K,t,T,r,sigma)
    delta = N(d1)
    return delta
    def BSM_gamma(St,K,t,T,r,sigma):
    '''
    基于BSM的欧式看涨期权的gamma
    Parameters
    St:float,股票或指数在t时的价格水平
    K:float,行权价
    t :float,估值时间
    T:float,到期时间,T>t
    r:float,无风险利率
    sigma:float,波动率
    Returns
    gamma:float,欧式看涨期权的gamma
    '''
    d1 = d1f(St,K,t,T,r,sigma)
```

```
        gamma = dN(d1)/(St * sigma * math.sqrt(T - t))
        return gamma
def BSM_theta(St,K,t,T,r,sigma):
        '''
```

基于 BSM 的欧式看涨期权的 theta

Parameters

St:float,股票或指数在 t 时的价格水平

K:float,行权价

t :float,估值时间

T:float,到期时间,T>t

r:float,无风险利率

sigma:float,波动率

Returns

theta:float,欧式看涨期权的 theta

```
        '''
        d1 = d1f(St,K,t,T,r,sigma)
        d2 = d1-sigma * math.sqrt(T-t)
        theta = -(St * dN(d1) * sigma/(2 * math.sqrt(T - t))+r * K * math.
exp(- r *(T - t)) * N(d2))
        return theta
def BSM_rho(St,K,t,T,r,sigma):
        '''
```

基于 BSM 的欧式看涨期权的 rho

Parameters

St:float,股票或指数在 t 时的价格水平

K:float,行权价

t :float,估值时间

T:float,到期时间,T>t

r:float,无风险利率

sigma:float,波动率

```
        Returns
        rho:float,欧式看涨期权的 rho
        '''
        d1 = d1f(St,K,t,T,r,sigma)
        d2 = d1-sigma * math.sqrt(T-t)
        rho = K * (T - t) * math.exp(-r * (T - t)) * N(d2)
        return rho
def BSM_vega(St,K,t,T,r,sigma):
        '''
        基于 BSM 的欧式看涨期权的 vega
        Parameters
        St:float,股票或指数在 t 时的价格水平
        K:float,行权价
        t :float,估值时间
        T:float,到期时间,T>t
        r:float,无风险利率
        sigma:float,波动率
        Returns
        vega:float,欧式看涨期权的 vega
        '''
        d1 = d1f(St,K,t,T,r,sigma)
        vega = St * dN(d1) * math.sqrt(T - t)
        return vega
#绘制敏感性指标的三维图
def plot_greeks(function,greek):
        # 模型参数
        St = 100.0 #标的资产价格
        K = 100.0 # 期权行权价
        t = 0.0 # 当前时间
        T = 1.0 # 到期时间
```

```
r = 0.05 # 无风险利率
sigma = 0.2 # 波动率
# Greek Calculations
tlist = np.linspace(0.01,1,25)
klist = np.linspace(80,120,25)
V = np.zeros((len(tlist),len(klist)),dtype=np.float64)
for j in range(len(klist)):
    for i in range(len(tlist)):
        V[i,j] = function(St,klist[j],t,tlist[i],r,sigma)
#绘制三维图
x,y = np.meshgrid(klist,tlist)
ax = plt.figure().add_subplot(projection='3d')
surf = ax.plot_wireframe(x,y,V)
ax.set_xlabel('行权价 $K$')
ax.set_ylabel('到期时间 $T$')
ax.set_zlabel('%s(K,T)' % greek)
plot_greeks(BSM_delta,'delta')
plot_greeks(BSM_gamma,'gamma')
plot_greeks(BSM_theta,'theta')
plot_greeks(BSM_rho,'rho')
plot_greeks(BSM_vega,'vega')
plt.show()
```

二、Delta 动态对冲

从上一节看出,期权的敏感性指标随着标的资产价格变动,因此,投资组合持有期权合约时,很难实现静态对冲。本部分主要基于 BSM 模型介绍看涨期权的动态复制策略。

案例:某个金融机构以 330000 元的价格卖出 100000 份无股息股票的欧式看涨期权。股票当前价格为 49 元,期权执行价格为 50 元,无风险利率为 3%(年化收益率),股票收益率的波动率为 20%(年化值),期权剩余期限为 20 周(0.3846 年),股票的期望收益率为 13%(年化收益率)。根据 BSM 公式可以计算出期权的价格大约为 222630 元(即买 1 份股票期权的价格为 2.2263 元)。这家金融机构卖出期权的价格比理论价格高出 65650 元。

这笔交易看似有利可图,但却面临较高的风险。如果到期时股票价格低于 50 元,那么投资者获得较好收益,整个交易带给金融机构的收益为 330000 元。如果期权到期时被行权,那么投资者就要在市场上以市价购买 100000 份股票,这带给金融机构的费用为 100000×(股票价格−行权价格)。可以计算,当股票价格高于 53.35 元时(考虑期权费的利息收入),金融机构将面临亏损。

如果金融机构在卖出期权的同时也以 49 元的价格买入 100000 份股票,当期权被行权时,该金融机构的盈利较好。然而,如果股票价格降到 40 元,那么金融机构持有的股票将蒙受较大损失。

由此看出,静态对冲(或不对冲)都不是很好的交易策略。实际交易中大多数采用动态策略进行对冲,最常用的是 Delta 动态对冲策略。

上述案例中,如果看涨期权的价格立刻调整至 BSM 模型的理论价格 2.2263 元,那么金融机构可以立刻以市场价格买入 100000 份该期权,从而立刻获得超额收益 107370 元。但这往往是无法实现的。从期权定价过程看出,标的资产和负债可以动态复制期权合约,从而实现买入期权。下面是给定标的资产价格变动路径时的对冲费用(相当于买入看涨期权的费用)。

表 11-6　Delta 对冲模拟(期权为实值期权,对冲费用为 236327 元)

股票价格	Delta	购买股票数量	购买股票费用	累计现金流	利息费用
49.00	0.497	49700	2435.3	2435.3	1.4
48.12	0.434	(6300)	(303.2)	2133.5	1.2
47.37	0.377	(5699)	(270.0)	1864.8	1.1
50.25	0.574	19699	989.9	2855.8	1.6

股票价格	Delta	购买股票数量	购买股票费用	累计现金流	利息费用
51.75	0.673	9900	512.3	3369.7	1.9
53.12	0.757	8399	446.2	3817.9	2.2
53.00	0.755	(200)	(10.6)	3809.5	2.2
51.87	0.689	(6600)	(342.3)	3469.4	2.0
51.38	0.657	(3199)	(164.4)	3306.9	1.9
53.00	0.773	11600	614.8	3923.6	2.3
49.88	0.533	(24000)	(1197.1)	2728.8	1.6
48.50	0.397	(13600)	(659.6)	2070.8	1.2
49.88	0.527	13000	648.4	2720.4	1.6
50.37	0.576	4899	246.8	2968.8	1.7
52.13	0.758	18200	948.8	3919.3	2.3
51.88	0.749	(900)	(46.7)	3874.8	2.2
52.87	0.859	10999	581.6	4458.6	2.6
54.87	0.977	11800	647.5	5108.7	2.9
54.62	0.989	1200	65.5	5177.2	3.0
55.87	1.000	1100	61.5	5241.6	3.0
57.25	1.000	0	0.0	5244.6	—

表 11-6 中,由于到期时股票价格高于行权价,看涨期权行权,投资者收到资金 50×100000＝5000 千元,因此总成本为 5244.5－5000＝244.6 千元,它和基于 BSM 公式得到的期权价格(222.630 千元)接近,即通过动态交易股票,对看涨期权空头实现对冲。

表 11-7　Delta 对冲模拟(期权为虚值期权,对冲费用为 236327 元)

周数	股票价格	Delta	购买股票数量	购买股票费用	累计现金流	利息费用
0	49	0.497	49700	2435.3	2435.3	1.4

续表

周数	股票价格	Delta	购买股票数量	购买股票费用	累计现金流	利息费用
1	49.75	0.544	4700	233.8	2670.5	1.5
2	52	0.685	14100	733.2	3405.3	2.0
3	50	0.557	(12800)	(640.0)	2767.2	1.6
4	48.38	0.437	(12000)	(580.6)	2188.3	1.3
5	48.25	0.422	(1500)	(72.4)	2117.2	1.2
6	48.75	0.455	3300	160.9	2279.3	1.3
7	49.63	0.520	6500	322.6	2603.2	1.5
8	48.25	0.401	(11900)	(574.2)	2030.5	1.2
9	48.25	0.393	(800)	(38.6)	1993.1	1.1
10	51.12	0.641	24800	1267.8	3262.0	1.9
11	51.5	0.677	3600	185.4	3449.3	2.0
12	49.88	0.527	(15000)	(748.2)	2703.1	1.6
13	49.88	0.524	(300)	(15.0)	2689.7	1.6
14	48.75	0.387	(13700)	(667.9)	2023.3	1.2
15	47.50	0.227	(16000)	(760.0)	1264.5	0.7
16	48.00	0.253	2599	124.8	1390.0	0.8
17	46.25	0.059	(19400)	(897.2)	493.6	0.3
18	48.13	0.178	11900	572.7	1066.6	0.6
19	46.63	0.007	(17100)	(797.4)	269.9	0.2
20	48.12	0	−700	−33.7	236.3	—

表 11-7 中,到期时股票价格低于行权价,该机构无须进行任何操纵,因此总成本为 236.3 千元,它也和期权理论价格(222.630 千元)接近,因此,在这种情况下实现了对看涨期权空头的对冲。

对股票价格的运动路径模拟 10000 次后,可以得到该动态对冲的成本分布情况,如图 11-22 所示。模拟结果显示:动态对冲的最大成本为 484.124 千元,最小成本为 56.100 千元,均值为 225.404 千元,中位数为 224.741 千元。从结果看出,由于对冲的调整频率较低(每周调整一次),

因此,总成本在某些极端情况下较高(低),可能导致金融机构蒙受一定的损失(赚取更多的收益)。从均值和中位数看出,整体对冲效果较好,平均成本和基于 BSM 公式计算得到的看涨期权价格相差不大。

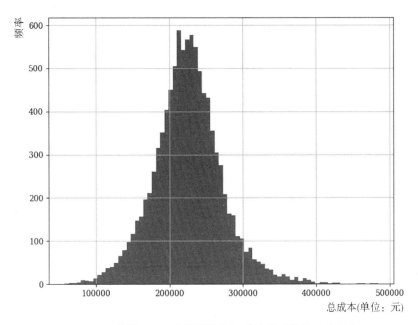

图 11-22 模拟 10000 次股票价格运动路径时的总对冲成本
频率分布图(每周调整一次)

为避免极端情况的发生、提高对冲效果,我们将每周调整一次 Delta 改为每天调整一次。此时对冲成本的频率分布如图 11-23 所示。模拟结果显示:动态对冲的最大成本为 404.890 千元,最小成本为 131.515 千元,均值为 225.416 千元,中位数为 225.350 千元。与图 11-22 相比,此时的对冲成本的分布更集中,极端状态出现的频率更低,对冲效果更好。

无论是每周调整一次还是每天调整一次,对冲的成本都很接近 BSM 公式给出的理论价格,但两个又不完全相同。如果是完美对冲的话,对每一组模拟的股票价格变化,贴现后的对冲成本与利率价格都应当完全相等。造成这一差异的主要原因是对冲频率不同。当对冲再平衡的频率增

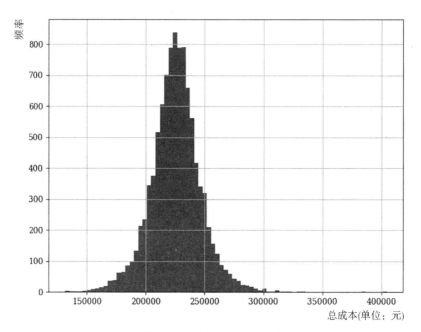

**图11-23 模拟10000次股票价格运动路径时的
总对冲成本频率分布图（每天调整一次）**

大时,对冲费用与理论的差距会减小。

表11-8给出了模拟10000次股票价格随机路径后所对应的Delta对冲效果。使用对冲费用的标准差与BSM价格的比率衡量对冲效果。显然,随着再平衡频率的增加,对冲效果越来越好。需要注意的是,随着频率的增加,对冲带来的交易成本也在增加,因此,实际对冲过程中,应选择适当的对冲频率。

表11-8 Delta对冲效果

再平衡的时间间隔（周）	5	4	2	1	0.5	0.2
对冲表现	0.45	0.41	0.29	0.21	0.15	0.10

注:衡量标准为卖出看涨期权的同时对冲所需的费用标准差与期权理论价格的比率。

根据BSM模型对欧式看涨期权展开动态对冲时的操作较为简单,可以利用解析解计算得到期权的Delta且不用考虑期权提前行权的问题。

但分析美式期权、障碍期权等的动态对冲时,没有合适的解析解计算 Delta 且要考虑期权提前行权的情况,此时,使用蒙特卡洛模拟成为最好的方法。

表 11-6、表 11-7、表 11-8、图 11-22、图 11-23 的源代码:

```python
#基于 BSM 的 delta 动态对冲策略
#文件名:BSM_hedging_dynamic.py
import math
import numpy as np
import matplotlib as mpl
import matplotlib.pyplot as plt
    from BSM_imp_vol import *
    mpl.rcParams['font.family'] = 'serif'
def dynamic_hedging(S1,K,r,sigma,T,simulation,N):
    dt = T/simulation # 单位步数
    #初始结构设定
    expire_time = np.append(0,np.ones((simulation,1)).cumsum()[::1])   #
到期期限的时间序列
    cash = np.zeros(simulation + 1)  # 现金账户
    div = np.zeros(simulation)   # 利息账户
    delta = np.zeros(simulation+1)   # delta
    #开始对冲
    for step in range(simulation + 1):
        # 期初开仓
        if step==0:
            delta[step] = call_option(S1[step],K,dt * expire_time[step],T,r,
sigma).delta()[0]# 计算对冲路径上 delta
            delta[step] = round(delta[step],3)
            cash[step] = delta[step] * N * S1[0]# 期初现金账户
            div[step] = cash[step] * r * dt  # 期初利息账户
```

```
#中途对冲
        if step in range(1,simulation):
            delta[step] = call_option(S1[step],K,dt * expire_time[step],T,r,
sigma).delta()[0]
            delta[step] = round(delta[step],3)
            cash[step] = cash[step - 1] + div[step - 1] +(delta[step] - delta
[step - 1]) * S1[step] * N # 每次结算损益
            div[step] = cash[step] * r * dt

        # 期末结算
        if step == simulation:
            if S1[step] > K:
                delta[step] = 1
                cash[step] = cash[step - 1] + div[step - 1] + (delta
[step] - delta[step - 1]) * S1[step] * N # 每次结算损益
                all_cost = cash[-1] - N * K
            elif S1[step] <= K:
                delta[step] = 0
                cash[step] = cash[step - 1] + div[step - 1] + (delta
[step] - delta[step - 1]) * S1[step] * N # 每次结算损益
                all_cost = cash[-1]
    return delta,cash,div,expire_time,all_cost
def print_result(S1,delta,cash,div,expire_time,all_cost,N):
    diff_delta = np.append(delta[0],np.diff(delta))
    print(70 * '-')
    print('周数  股票价格  delta  购买股票数量  购买股票费用  累计现
金流 利息费用')
    print(70 * '-')
    for i in range(0,simulation):
        print("%2d   %7.2f   %7.3f   %7d    %9.1f   %9.1f   %7.1f" %
(expire_time[i],S1[i],delta[i],diff_delta[i] * N,diff_delta[i] * N * S1
[i]/1000,cash[i]/1000,div[i]/1000))
```

```
    print("%2d    %7.2f    %7.3f    %7d    %9.1f    %9.1f" % (expire_time[simu-
lation],S1[simulation],delta[simulation],diff_delta[simulation] * N,diff_delta
[simulation] * N * S1[simulation]/1000,cash[simulation]/1000))
    print("总成本为:%7.2f" % all_cost)
    def simulate_gbm(S0,T,r,vol,simulation):
    dt = T/simulation
    df = math.exp(-r * dt)# 折现因子
    #股票价格路径
    rand = np.random.standard_normal((simulation+1,1))    # 生成随机数
    S = np.zeros_like(rand)    # 股票矩阵
    S[0] = S0
    for t in range(1,simulation+1):
        S[t] = S[t-1] * np.exp((r - vol ** 2/2) * dt + vol * rand[t] *
math.sqrt(dt))
    return S
#期权的关键参数
S0 = 49
N = 100000# 期权份数
K = 50# 行权价
r = 0.03# 无风险利率
sigma = 0.2# 波动率
T = 0.3846# 期限
S1 = [49,48.12,47.37,50.25,51.75,53.12,53,51.87,51.38,53,49.88,48.5,49.
88,50.37,52.13,51.88,52.87,54.87,54.62,55.87,57.25]# 股票价格第一种走势
simulation = len(S1)-1# 路径步数
delta,cash,div,expire_time,all_cost = dynamic_hedging(S1,K,r,sigma,T,
simulation,N)
#打印表 11-6
print_result(S1,delta,cash,div,expire_time,all_cost,N)
```

```
S1 = [49,49.75,52,50,48.38,48.25,48.75,49.63,48.25,48.25,51.12,51.5,49.
88,49.88,48.75,47.5,48,46.25,48.13,46.63,48.12]# 股票价格第二张走势
delta,cash,div,expire_time,all_cost = dynamic_hedging(S1,K,r,sigma,T,
simulation,N)
#打印表11-7
print_result(S1,delta,cash,div,expire_time,all_cost,N)
#绘制图11-22
simulation = 20
all_cost = np.zeros(10000)
for i in range(0,10000):
    S = simulate_gbm(S0,T,r,sigma,simulation)
    all_cost[i] = dynamic_hedging(S,K,r,sigma,T,simulation,N)[4]
print(max(all_cost))
print(np.mean(all_cost))
print(np.median(all_cost))
print(min(all_cost))
plt.figure(figsize=(8,6))
plt.grid()
plt.hist(all_cost,75)
plt.xlabel('总成本')
plt.ylabel('频率')
plt.show()
#绘制图11-23
simulation = 100
all_cost = np.zeros(10000)
for i in range(0,10000):
    S = simulate_gbm(S0,T,r,sigma,simulation)
    all_cost[i] = dynamic_hedging(S,K,r,sigma,T,simulation,N)[4]
```

```
print( max( all_cost) )

print( np.mean( all_cost) )

print( np.median( all_cost) )

print( min( all_cost) )

plt.figure( figsize = ( 8,6) )

plt.grid( )

plt.hist( all_cost,75)

plt.xlabel( '总成本')

plt.ylabel( '频率')

plt.show( )

#打印表 11-8

simulation_list = [ 4,5,10,20,40,100]

BSM_price = call_option( S0,K,0,T,r,sigma).value( ) ∗ N

print( '再平衡时间间隔    对冲表现')

for simulation in simulation_list：

    all_cost = np.zeros( 10000)

    for i in range( 0,10000)：

        S = simulate_gbm( S0,T,r,sigma,simulation)

        all_cost[ i] = dynamic_hedging( S,K,r,sigma,T,simulation,N) [ 4]

        # print( "%7.2f" % all_cost[ i] )

print( '%7.2f    %7.2f' %( 20/simulation,np.std( all_cost)/BSM_price) )
```

三、其他对冲方式

上一节的对冲方式属于以固定时间间隔进行对冲,该方法在每个时段的末尾,执行交易以保证合约标的的总 Delta 为 0。通常大型交易公司使用该方法。这些公司可能持有包含几百种合约标的的期权头寸。每天收盘前,他们会平掉每个合约标的的 Delta。该办法比较简单,易于理解,但对冲的时间间隔的选择比较重要。提高对冲频率可以降低风险,但反过来,降低对冲频率可以降低成本。除此以外,还可以将资产组合的

Delta 对冲至一个区间或者根据合约标的价格的变动进行对冲。

对冲至一个 Delta 区间。通常做市商只有少量衍生品种类的金融机构采用该对冲策略。该方法首先需要确定一个固定的能容忍的 Delta 敞口。当 Delta 超过这个数值时,交易员才进行对冲。

该策略的实现过程为:预先设定一个 Delta 阈值,该阈值的设定可以用固定的数值,也可以用当前 Delta 的百分比代替,随时监测投资组合的 Delta 值,一旦组合的 Delta 值触及设定的阈值,就要采取措施重新调整组合的 Delta 值,使其重新回到 Delta 中性状态。

区间的确定需要一些统计和数学方法。通常区间大小需要通过评估无法对冲的合约标的价格变动(如开盘价跳空)所导致的风险敞口金额来确定的。当然,这个区间也取决于投资组合 Gamma 的符号。如果投资组合处于 Gamma 多头状态,我们可以让对冲区间更宽一些,因为多头 Gamma 头寸会对不利的价格变动起到保护作用。另外,对冲区间不应该是固定不变的,而是取决于期权头寸。因此,这个方法需要随时进行临时调整才能实现。

实际交易中,空头和多头需要使用不同的方法对冲。由于空头头寸需要承担时间衰减,调整 Delta 的机会相对较少,因此对冲区间需要更窄一些。

根据合约标的价格变化来对冲。该策略的实现过程为:用标的资产价格预先设定一个阈值,用当前价格加、减该阈值,可以得到标的资产价格的对冲带。若标的资产价格在对冲带中间变化,则不对投资组合的 Delta 值做调整,一旦标的价格变化超过这个区间,就需要重新调整组合 Delta,令其维持 Delta 中性状态。

这个策略背后的合理观点是:投资组合的风险是由合约标的价格变动引起的,因此这也应当作为调整平衡的出发点。然而,实践中,管理者仍需要解决如何确定合适的触发调整平衡价格变化量的问题。该策略跟固定 Delta 对冲带策略有些相似,但也有不同,该策略直接以标的资产价格变化为参照标准,比用 Delta 更直接。该策略也是仅仅适合于那些阅历丰厚的老交易员,因为他们对标的资产价格波动具有独到的认知,知道价格波动的压力、支撑所在,不会造成大的亏损。

从前面的分析可以看出,动态对冲需要不断调整所持资产头寸。然而,频繁地调整头寸会增加交易费用。因此在实际运用中,风险管理者更倾向于使用期权的敏感性指标评估资产组合的风险,然后根据它们对标的资产价格、无风险利率和波动率未来的变化进行估计,考虑是否有必要对资产组合进行调整。如果风险是可接受的,或对自己有利,就不调整;若风险对自己不利且是不可接受的,则进行相应调整。

第四节　基于期权的套利交易案例

期权品种的数量是标的数量的十倍甚至百倍以上,由于期权的定价难度较高,本身就很容易出现定价错误的情况,当市场处于高波动率的行情下,期权价格更容易出现错估,此时通过构造相应期权组合便可进行期权无风险套利,在几乎无须承担风险的前提下,通过"低买高卖"在交易中获得稳定的收益。

期权无风险套利可以分为边界套利、正向(反向)平价套利、箱体套利、垂直价差套利以及凸性套利等。以欧式期权为例,欧式看涨期权价格满足:$\max\{S - Ke^{-rT},0\} < c < S$;欧式看跌期权价格满足:$\max\{Ke^{-rT} - S,0\} < p < Ke^{-rT}$,当期权价格不满足上述关系时,市场存在边界套利机会,如表11-9所示。正向(反向)平价套利和箱体套利都属于平价套利,均是基于欧式看涨看跌平价公式展开套利。垂直价差套利和凸性套利则是利用不同行权价的关系展开套利。

表11-9　边界套利分类、套利条件及操作

分类	套利条件	操作
欧式看涨期权上边界套利	$c > S$	卖出期权,买入标的资产(备兑开仓,可减免保证金)
欧式看涨期权下边界套利	$c < \max\{S - Ke^{-rT},0\}$	买入期权,卖出标的资产(无须保证金)

续表

分类	套利条件	操作
欧式看跌期权上边界套利	$p > Ke^{-rT}$	卖出期权(需要保证金)
欧式看跌期权下边界套利	$p < \max\{Ke^{-rT} - S, 0\}$	买入期权,买入标的资产(无须保证金)

一、平价套利案例

20××年×月×日 09:43:55,沪深 300ETF(510300.SH)期权正向平价套利出现了年化收益率达到 40.05% 的机会。假设实时盘口数据如表 11-10 所示。

表 11-10　沪深 300ETF(510300.SH)期权在 20××年×月×日的实时盘口

合约简称	卖一价	买一价	卖一量	买一量	最新成交价
510300.SH	**3.623**	3.622	177 手	20911 手	3.622
300ETF 购×月 3700	0.0006	**0.0004**	10 张	**5 张**	0.0005
300ETF 沽×月 3700	**0.0666**	0.0614	**10 张**	10 张	0.0675

此日为上述期权的到期日,因此 $T = 0$,正向平价套利策略获得收益。买入 1 张看跌期权(300ETF 沽×月 3700)和 10000 份(100 手,1 张期权的标的资产数量为 10000 份 ETF)沪深 300ETF,卖出 1 张看涨期权(300ETF 购×月 3700),假设现货手续费为 1‰,期权手续费为每张 1.6 元,因此总成本为(0.0666+3.623×(1+0.001)−0.0004)×10000+1.6×2 = 36931.43 元(加粗部分为交易策略涉及的价格与交易量)。

由上述分析可知,无论行权时沪深 300ETF 的价格是多少,投资者都能以 3.70 元的价格卖出,因此该组合的最终收益为 37000,无风险套利利润为 68.57 元。

需要注意的是,卖出期权时需要缴纳保证金。但在该案例中,交易日就是期权到期日,缴纳的保证金可以在短时间内收回,因此在分析中并未考虑保证金。另外,有些交易所已经推出期权组合保证金,大大地降低了缴纳保证金的数量。

该例中使用反向平价套利策略无法获取正的收益。分析如下:买入1张看涨期权,费用为6元,卖出1张看跌期权和10000份沪深300ETF(未考虑融券费用),收入614+36220=36834元,手续费为1.6×2+36220×0.001=39.42元,总收入为36834−39.42−6=36788.58元。行权时需要支付37000元购买上证50ETF,因此套利收益为负,该策略不可行。在20××年×月×日出现的行情中,反向平价套利的利润为正,应该采取反向平价套利策略,假设行情如表11-11所示,读者可以根据上述分析过程计算此时的套利收益。

表11-11 沪深300ETF期权在20××年×月×日的实时盘口

合约简称	卖一价	买一价	卖一量	买一量	最新成交价
510300.SH	4.242	4.240	733345 手	4822 手	4.240
300ETF 购×月 4200	0.0116	0.0107	5 张	5 张	0.0108
300ETF 沽×月 4200	0.0018	0.0001	3 张	6 张	0.0001

需要注意的是,反向平价套利策略需要卖空标的资产,若卖空费用较高,可能造成套利失败。已持有一定仓位标的资产的投资者可以直接利用持有的资产进行套利,从而降低资产(或组合)的持有成本。

二、箱体套利案例

20××年×月×日,沪深300ETF期权合约出现了正向箱体套利机会,相关合约的交易信息假设如表11-12所示。

表11-12 沪深300ETF期权在20××年×月×日的实时盘口

合约简称	卖一价	买一价	卖一量	买一量	最新成交价
300ETF 购×月 3350	**0.3648**	0.3395	**9**	10	0.3648
300ETF 沽×月 3350	0.0024	**0.0005**	2	**1**	0.0003

合约简称	卖一价	买一价	卖一量	买一量	最新成交价
300ETF 购×月 3800	0.0978	**0.0950**	1	**12**	0.0978
300ETF 沽×月 3800	**0.0743**	0.0731	**5**	1	0.0733

根据表 11-12 中加粗的价格构造正向箱体策略,期初成本为 $(0.3648-0.0005+0.0743-0.0950)\times 10000=3436$ 元。期末行权收益为 $(3.80-3.35)\times 10000=4500$ 元,故不考虑无风险收益时的套利利润为 $4500-3436=1064$ 元。由于手续费、借贷利息等费用占比较低,因此套利策略可行。

与平价套利类似,若投资者持有期权的标的资产,可以避免卖空标的资产行权,采用箱式套利策略可降低持有成本。以实物交割的期权使用箱式套利策略时面临到期买入和卖出标的资产的麻烦,可能会降低套利收益。此时选取现金方式交割的期权构造箱式套利策略可能更优。

表 11-13 给出了存在反向箱体套利机会的市场行情,读者可以自行分析套利策略及收益。

表 11-13　沪深 300ETF 期权在 20××年×月×日的实时盘口

合约简称	卖一价	买一价	卖一量	买一量	最新成交价
300ETF 购×月 3350	0.6298	0.6186	1	1	0.6212
300ETF 沽×月 3350	0.0005	0.0002	21	10	0.0005
300ETF 购×月 3800	0.3648	0.3395	9	10	0.3648
300ETF 沽×月 3800	0.0024	0.0005	2	1	0.0003

三、垂直价差套利

假设市场存在两个行权价分别为 K_1 和 K_2 ($K_1 < K_2$) 且其他条款完全相同的欧式看涨期权,期权费分别 c_1 和 c_2。构造牛市价差组合(买入行权价格低的看涨期权并卖出行权价高的看涨期权)的当前成本为

$c_1 - c_2$,到期时的最大收益为 $K_2 - K_1$,最小收益为 0。由此可知,该策略利润的最大值为 $(K_2 - K_1)e^{-rT} - (c_1 - c_2)$,最小值为 $-(c_1 - c_2)$。当两者均大于 0 或者均小于 0(构造熊市价差组合)时,市场存在无风险套利机会。因此,欧式看涨期权价差边界为:

$$0 < c_1 - c_2 < (K_2 - K_1)e^{-rT} \tag{11-15}$$

同理,欧式看跌期权(行权价仍为 K_1 和 K_2,$K_1 < K_2$)价差边界为:

$$0 < p_2 - p_1 < (K_2 - K_1)e^{-rT} \tag{11-16}$$

两个看涨期权或看跌期权的价差一旦超过了上边界或下边界,便可通过构建熊市价差组合或牛市价差组合进行套利,具体情况分为看涨期权价差超过上边界、看涨期权价差超过下边界、看跌期权价差超过上边界以及看跌期权价差超过下边界四种情况,市场条件、套利操作和收益如表 11-14 所示。

表 11-14　垂直价差套利条件、操作及收益情况分析

市场条件	套利操作	期初收益	期末收益	期末总利润
$c_1 - c_2 > (K_2 - K_1)e^{-rT}$	看涨期权熊市价差组合卖出 c_1,买入 c_2,期初收入做无风险投资	$c_1 - c_2$	$\max\{S_T - K_2, 0\} - \max\{S_T - K_1, 0\}$	
$c_1 - c_2 < 0$	看涨期权牛市价差组合买入 c_1,卖出 c_2,期初收入做无风险投资	$-(c_1 - c_2)$	$\max\{S_T - K_1, 0\} - \max\{S_T - K_2, 0\}$	
$p_2 - p_1 > (K_2 - K_1)e^{-rT}$	看跌期权牛市价差组合买入 p_1,卖出 p_2,期初收入做无风险投资	$p_2 - p_1$	$\max\{K_1 - S_T, 0\} - \max\{K_2 - S_T, 0\}$	

市场条件	套利操作	期初收益	期末收益	期末总利润
$p_2 - p_1 < 0$	看跌期权熊市价差组合卖出 p_1，买入 p_2，期初收入做无风险投资	$-(p_2 - p_1)$	$\max\{K_2 - S_T, 0\}$ $- \max\{K_1 - S_T, 0\}$	

20××年 2 月×日 09:43:55，沪深 300ETF（510300.SH）期权出现套利机会。假设实时盘口数据如表 11-15 所示。

表 11-15　沪深 300ETF（510300.SH）期权在 20××年 2 月×日的实时盘口

合约简称	卖一价	买一价	卖一量	买一量	最新成交价
300ETF 购 6 月 3800	**0.2324**	**0.2317**	5 张	3 张	0.2324
300ETF 购 6 月 3900	0.3995	0.3993	2 张	8 张	0.3993

令 300ETF 购 6 月 3800 的指令簿价格分别为 $c_{A1} = 0.2324$（A 表示 Ask Price，卖一价，下同）和 $c_{B1} = 0.2317$（B 表示 Bid Price，买一价，下同），300ETF 购 6 月 3900 的指令簿价格分别为 $c_{A2} = 0.3995$ 和 $c_{B2} = 0.3993$。根据表 11-15 看出，$c_{A1} - c_{B2} = -0.1669 < 0$，可以采取看涨期权牛市价差组合方式套利。买入 1 张 300ETF 购 6 月 3800，卖出 1 张 300ETF 购 6 月 3900，收益为 $10000(c_{B2} - c_{A1}) = 1669$ 元。从表 11-14 的期末总利润图看出，这是投资者的最低收益。期权到期时，如果沪深 300ETF（510300.SH）的价格高于 3.90 元，则投资者收益至少为 $1669 + 10000(3.90 - 3.80) = 2669$ 元。扣除交易成本等费用（20 元左右）后，投资者仍然拥有较高的套利收益。

表 11-14 中，无论到期时标的资产价格是多少，投资者总能获得正的无风险套利收益。事实上，很多情况下即使最小收益小于零，投资者也可以使用牛市价差组合和熊市价差组合获利。以看涨期权熊市价差组合为例，$c_1 - c_2$ 略小于 $(K_2 - K_1)e^{-rT}$ 且标的资产价格 S 远小于 K_2 时，投资

者采用看涨期权熊市价差组合获利的概率非常大。

四、凸性套利

从欧式看涨期权和欧式看跌期权价格与行权价关系看出，期权价格曲线是行权价的凸函数，即期权价格对行权价的二阶导数大于 0，如图 11-24 所示。

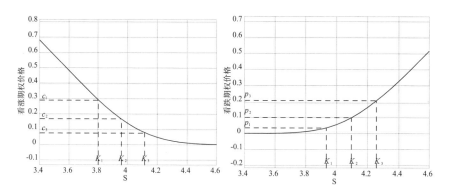

图 11-24　欧式期权价格与行权价的关系

假设行权价分别为 K_1、K_2 和 K_3 的欧式看涨期权和看跌期权价格分别为 c_1、c_2、c_3、p_1、p_2 和 p_3。那么满足如下关系：

$$\frac{c_1 - c_2}{K_2 - K_1} > \frac{c_2 - c_3}{K_3 - K_2} \text{ 和 } \frac{p_2 - p_1}{K_2 - K_1} < \frac{p_3 - p_2}{K_3 - K_2} \qquad (11-17)$$

令 $\lambda = (K_2 - K_1)/(K_3 - K_2)$，一旦看涨期权的凸性被打破，期权的价格曲线不再呈现凸性形态，即 $c_1 + \lambda c_3 < (1 + \lambda)c_2$，投资者可通过买入 1 份 c_1 以及 λ 份 c_3，同时卖出 $(1 + \lambda)$ 份 c_2 进行套利。在构建组合时刻，投资者的收益为 $(1 + \lambda)c_2 - c_1 - \lambda c_3 > 0$。

期权到期时，若 $S_T \geqslant K_3$，三只期权均会被行权，投资者的收益为：

$$K_2 - K_1 - \lambda(K_3 - K_2) = K_2 - K_1 - \frac{K_2 - K_1}{K_3 - K_2}(K_3 - K_2) = 0$$

若 $K_2 \leqslant S_T < K_3$，c_1 和 c_2 将被行权，c_3 不会行权，投资者的收益为：

$$(1 + \lambda)K_2 - K_1 - \lambda S_T > (1 + \lambda)K_2 - K_1 - \lambda K_3 = 0$$

若 $K_1 \leq S_T < K_2$，c_1 将被行权，c_2 和 c_3 不会行权，投资者的收益为：

$$S_T - K_1 \geq 0$$

若 $S_T < K_1$，三只期权均不行权，投资者收益为零。

由于该组合期初收益为正，因此无论期权到期时标的资产价格是多少，投资者均能获得正的利润。

对看跌期权套利的分析如下：

仍然令 $\lambda = (K_2 - K_1)/(K_3 - K_2)$，若看跌期权的凸性被打破，期权的价格曲线也不再呈现凸性形态，即 $p_1 + \lambda p_3 < (1+\lambda)p_2$，投资者可通过买入 1 份 p_1 以及 λ 份 p_3，同时卖出 $(1+\lambda)$ 份 p_2 进行套利。在构建组合时刻，投资者的收益为 $(1+\lambda)p_2 - p_1 - \lambda p_3 > 0$。

期权到期时，若 $S_T > K_3$，三只期权均不行权，投资者收益为零。

若 $K_2 \leq S_T < K_3$，p_3 将被行权，p_1 和 p_2 不会行权，投资者的收益为：

$$\lambda(K_3 - S_T) \geq 0$$

若 $K_1 \leq S_T < K_2$，p_2 和 p_3 将被行权，p_1 不会行权，投资者的收益为：

$$S_T + \lambda K_3 - (1+\lambda)K_2 > K_1 + \lambda K_3 - (1+\lambda)K_2 = 0$$

若 $S_T < K_1$，三只期权均会被行权，投资者的收益为：

$$K_1 + \lambda K_3 - (1+\lambda)K_2 = 0$$

由于该组合期初收益为正，因此无论期权到期时标的资产价格是多少，投资者均能获得正的利润。

当 $\lambda = 1$ 时，上述套利策略相等于构造了蝶式期权组合。

20××年 2 月×日 09:42:50，沪深 300ETF(510300.SH)期权出现凸性套利机会。假设实时盘口数据如表 11-16 所示。

表 11-16 沪深 300ETF(510300.SH)期权在 20××年 2 月×日的实时盘口

合约简称	卖一价	买一价	卖一量	买一量	最新成交价
300ETF 沽 6 月 3600	0.3349	0.3345	6	12	0.3348
300ETF 沽 6 月 4300	0.1188	0.1186	14	9	0.1189
300ETF 沽 6 月 4400	0.0597	0.0601	16	10	0.06

令 300ETF 沽 6 月 3600 的指令簿价格分别为 $p_{A1} = 0.3349$ 和 $p_{B1} = 0.3345$，300ETF 沽 6 月 4300 的指令簿价格分别为 $p_{A2} = 0.1188$ 和 $p_{B2} = 0.1186$，300ETF 沽 6 月 4400 的指令簿价格分别为 $p_{A3} = 0.0597$ 和 $p_{B3} = 0.0601$。三个期权的行权价分别为 $K_1 = 3.60$、$K_2 = 4.30$ 和 $K_3 = 4.40$，所以 $\lambda = 7$。由于 $p_{A1} + 7p_{A3} = 0.7528 < 8p_{B2} = 0.9488$，因此存在套利机会。买入 1 份 300ETF 沽 6 月 3600 合约和 7 份 300ETF 沽 6 月 4400 合约，同时卖出 8 份 300ETF 沽 6 月 4300 合约，期初总收入为 1960 元。由于期末收益总大于等于零，因此投资者套利总利润为 1800 元左右（交易费用约 160 元）。

五、其他套利方式

日历价差套利。日历价差组合是"买远卖近"，具体地说则是买入远月看涨期权（看跌期权），同时卖出近月、同行权价看涨期权（看跌期权）。该策略的盈利点主要在于期权的时间价值衰减因素，近期期权时间价值衰减速度快于远期期权，这就存在套利机会。远期期权超过近期期权的价值若能覆盖成本，投资者就可以进行平仓操作，以获取远、近期期权合约的价格基差变化带来的收益。通常，日历组合在隐含波动率较低的市场下使用效果更佳。

波动率套利。在实际交易中，一些市场会在大部分时段呈现隐含波动率大于历史波动率的情况，因此投资者可以通过做空波动率获利，即通过做空期权或期权组合，并以一定频率进行 Delta 对冲，赚取市场中赋予期权的额外溢价。该策略的核心是准确预测波动率的变动。

从广义的定义来看，波动率套利策略不局限于隐含波动率和历史波动率的比较交易，很多专业的交易团队通过对不同执行价格、不同到期时间的期权波动率进行精密的数学建模，针对波动率的水平、偏度、曲率和期限结构来进行交易。这种套利逻辑是根据计算出的波动率"公允值"，来判断目前市场上某个期权所隐含的波动率是否有高估或低估行为，或者某几个期权的隐含波动率之间是否有相对高估或低估行为。

平价套利、箱体套利、垂直套利等均是根据期权价格存在的某种严格数学关系开展的套利,属于无风险套利,在开仓时就锁定了到期时的收益。波动率套利属于统计套利,是在对历史数据进行统计分析的基础上构建的套利策略,相比于无风险套利,统计套利少量增加了一些风险,但是由此可获得的套利机会将数倍于无风险套利。

六、套利的其他问题

1. 保证金占用减免

无论是牛市价差组合、熊市价差组合还是蝶式价差组合,与单独卖出期权相比,其最大亏损是有限的,因此需要缴纳的保证金应予以减免。2019 年 11 月,我国上海证券交易所和深圳证券交易所同时推出了股票期权组合策略保证金制度,以帮助投资者部分或全部减免指定组合中的开仓/维持保证金,提高资金使用效率,降低交易成本。在进行无风险套利的过程中,投资者可以利用交易所推出的股票期权组合策略保证金制度,降低保证金的占用。组合策略包括看涨牛市价差策略、看涨熊市价差策略、看跌牛市价差策略、看跌熊市价差策略、跨式空头策略以及宽跨式空头策略六种类型。具体减免情况如表 11-17 所示。

表 11-17　股票期权组合策略保证金制度

组合策略名称	策略描述	开仓/维持保证金(减免前)	开仓/维持保证金(减免后)
看涨牛市价差	一个看涨期权多头与一个相同合约标的、相同到期日、相同合约单位的看涨期权空头组成,其中空头行权价格高于多头行权价格	义务仓保证金	0
看涨熊市价差	一个看涨期权多头与一个相同合约标的、相同到期日、相同合约单位的看涨期权空头组成,其中空头行权价格低于多头行权价格	义务仓保证金	行权价差×合约单位
看跌牛市价差	一个看跌期权多头与一个相同合约标的、相同到期日、相同合约单位的看跌期权空头组成,其中空头行权价格高于多头行权价格	义务仓保证金	行权价差×合约单位

组合策略名称	策略描述	开仓/维持保证金（减免前）	开仓/维持保证金（减免后）
看跌熊市价差	一个看跌期权多头与一个相同合约标的、相同到期日、相同合约单位的看跌期权空头组成，其中空头行权价格低于多头行权价格	义务仓保证金	0
跨式空头	由一个看涨期权空头与一个相同合约标的、相同到期日、相同合约单位，相同行权价格的看跌期权空头组成	双边义务仓保证金	保证金较高方保证金+保证金较低方合约前结算价×合约单位
宽跨式空头	由一个较高行权价格的看涨期权空头，与一个相同合约标的相同到期日，相同合约单位，较低行权价格的看跌期权空头	双边义务仓保证金	保证金较高方保证金+保证金较低方合约前结算价×合约单位

2. 期权套利相关风险

（1）融券费率。套利过程涉及卖空标的证券时需要考虑融券费率，比如反向平价套利。通常，融券费率较高（在我国为 8%—10%）且可用于融券的证券较为稀少。因此，该套利操作在实际应用中受到的限制较大。实际操作中即使出现套利机会，也可能面临无券可融的情况，导致错失套利机会。

（2）强平风险。卖出期权涉及保证金交纳的问题，保证金由开仓保证金以及维持保证金组成，当标的期权价格发生变化导致期权亏损出现，投资者需要及时补充维持保证金，如果资金没有按时到账，则会面临期权交易被强平的风险。因此，在进行无风险套利的过程中需要预留足够的资金，并保持对账户的监控，一旦需要提高维持保证金的情况，要及时交纳，避免被强行平仓。

（3）违约风险。由于保证金制度的存在，场内期权交易的违约风险极低。不过，套利过程也需要考虑在行权日期权义务方无法履约的潜在风险，做好一定的风险应对措施。

思 考 题

1. 试分析不同类型期权和不同在值程度期权的 Gamma 值。

2. 市场存在一只当前价格为 50 元,波动率为 20% 的股票,同时存在该股票的欧式看涨期权和看跌期权,行权价均为 48 元,剩余期限为一年,请分别使用 BSM 期权定价公式、二叉树、有限差分和蒙特卡洛模拟的方法为期权定价,并比较这些定价结果(市场无风险利率为 5%)。

3. 市场中存在剩余期限为 1 年的浮动行权价的欧式回望看涨期权,标的资产当前价格为 100 元,波动率为 20%。截至目前,标的资产价格的最小值为 98 元。市场无风险利率为 5%。请运用蒙特卡洛方法计算该期权价格。

4. 假设 2 月份某日盘中沪深 300ETF 期权价格为每份 3.26 元,某些期权合约的行情如下所示,不考虑交易费用(无风险利率为 0),合约单位 10000。试指出市场存在何种套利机会并说明如何套利。

合约简称	卖一价	买一价	卖一量	买一量
300ETF 购 4 月 3100	0.2012	0.2010	10 张	5 张
300ETF 购 4 月 3200	0.0751	0.0748	6 张	12 张
300ETF 购 4 月 3300	0.0012	0.0007	6 张	1 张
300ETF 沽 4 月 3100	0.0009	0.0007	10 张	10 张
300ETF 沽 4 月 3200	0.0081	0.0078	9 张	4 张
300ETF 沽 4 月 3300	0.0486	0.0482	14 张	7 张

5. 某只股票当前价格为 30 元,波动率为 25%,市场存在该股票的欧式看涨和欧式看跌期权,行权价均为 32 元。市场中无风险利率为 5%,请使用 Python 软件计算期权的价格、Delta、Gamma、Vega、Theta 和 Rho,并画出期权价格、Delta、Gamma、Vega、Theta 和 Rho 与股票价格的关系。

第十二章　金融风险管理

风险管理是金融工程在实际运用中的一个重要领域。按照驱动因素的划分,金融风险分为市场风险、信用风险、流动性风险和操作风险。为了与前述章节内容相一致,本章重点关注金融工程的技术和方法在风险管理中的具体应用,讨论的内容主要包括市场风险和信用风险。由于流动性风险在交易层面上更多的是关注买卖价差和交易量,偏向市场微观结构,在公司层面上更多的是关注资产和负债之间的缺口管理,偏向公司财务,而操作风险更多的是关注法律和公司内部的业务程序等方面的合规性,因此本章不对这两类金融风险进行介绍。

第一节　市场风险

金融市场中的参与者会面临来自利率、汇率、股票和大宗商品价格的不利变动带来损失的可能。由于这些市场价格变量发生变化所导致的金融资产价值变化的风险称为市场风险。本节首先介绍市场风险的度量方法,主要包括波动率和在险价值(Value-at-Risk,VaR),其中波动率的度量方法已经在第三章中介绍过;本节利用第三章的最小方差对冲比率,介绍如何利用久期对冲管理固定收益类产品所面临的利率风险以及 Beta 对冲在权益类产品风险管理中的应用。

一、市场风险的度量

作为风险的度量指标,波动率固然对市场参与者十分重要,但是并不能提供一个关于风险的直观感受。在险价值可以很好地弥补这方面的不足,它可以告诉投资者在未来的一段时间内,有多大程度的把握,资产组合的损失不会超过某一数值。这种度量方法以一个简单易懂的数字表明投资者在市场的波动中所面临的风险大小,最早由摩根大通开发,现如今已经被广泛应用于银行、证券、保险和基金等金融机构,在风险监管中发挥着重要作用。

通过之前章节的学习,我们已知若资产价格服从几何布朗运动,则在当前的 0 时刻观察未来的 T 时刻,资产价格 S_T 服从对数正态分布,收益率 $R_T = \ln(S_T/S_0)$ 服从正态分布。对于资产价格 S_T 的分布,在风险中性测度下,利用等价鞅测度的定价理论可知,期货的定价公式实际上就是在计算 $E_0^Q(S_T)$;期权的定价公式实际上就是在计算 $e^{-rT}E_0^Q[\max(S_T - K, 0)]$;二叉树和蒙特卡洛模拟的关键是使用数值的方法来刻画 S_T 的分布。对于收益率 R_T 的分布,波动率是该分布的标准差,VaR 的计算要用到这个分布的左侧分位数。

1. 单资产的 VaR

在险价值的定义是在未来的目标投资期内,在给定的置信度下(比如 95%),资产组合的预期最大损失。可以从两个方面对定义进行理解:一是投资经理有 95% 的把握,其管理的资产组合在未来的投资期内的损失不会超过 VaR 值;二是实际损失超过 VaR 值的可能性仅有 5%。

假设某个资产的初始投资额是 W_0,在未来目标投资期内的资产收益率 R 服从正态分布,均值是 μ,方差是 σ^2。投资期末的资产价值记为 W,则有 $W = W_0(1 + R)$。由于 VaR 值关注的是预期最大损失,因此我们需要确定收益率的左尾分布。给定的置信度用于确定分布的左侧分位数,例如 95% 的置信度所对应的分位数 R_c 的含义是,收益率 R 大于该分位数的概率是 95%。而 $(R - \mu)/\sigma$ 服从标准正态分布,其 95% 的置信度所对应的分位数记为 Z_c,由此可以确定:

$$\frac{R_c - \mu}{\sigma} = Z_c \tag{12-1}$$

$$R_c = \mu + \sigma Z_c \tag{12-2}$$

从定义上讲,VaR 是预期的损失额。根据计算方法的不同,分为相对 VaR 和绝对 VaR。相对 VaR 是资产组合投资期末的期望价值与给定置信水平下资产组合在极端市场环境下的价值 W^* 之差,用公式进行表达如下:

$$\begin{aligned} \text{相对 } VaR &= E(W) - W^* \\ &= W_0(1 + \mu) - W_0(1 + R_c) \\ &= -W_0\sigma Z_c \end{aligned} \tag{12-3}$$

绝对 VaR 是资产组合的初始价值 W_0 与给定置信水平下资产组合在极端市场环境下的价值 W^* 之差:

$$\begin{aligned} \text{绝对 } VaR &= W_0 - W^* \\ &= W_0 - W_0(1 + R_c) \\ &= -W_0(\mu + \sigma Z_c) \end{aligned} \tag{12-4}$$

标准正态分布三个常用的置信度所对应的分位数是 $Z_{0.95} = -1.65$、$Z_{0.975} = -1.96$ 和 $Z_{0.99} = -2.33$。在上述分析中,资产收益率 R 对应的是整个投资期间。若给定的是单位投资时间内的收益率分布,我们需要进行期限上的匹配。在 Δt 时间内收益率的均值和标准差分别记为 $\mu_{\Delta t}$ 和 $\sigma_{\Delta t}$,单位时间内收益率的均值和标准差分别记为 μ 和 σ,两者之间的转换关系为:

$$\mu_{\Delta t} = \mu \Delta t$$

$$\sigma_{\Delta t} = \sigma \sqrt{\Delta t} \tag{12-5}$$

本节后续的内容以相对 VaR 进行讨论。

2. 资产组合的 VaR

假设一个价值为 W_0 的资产组合中有 N 个资产,各资产收益率的列向量是 R,均值列向量是 μ,方差协方差矩阵是 Σ,权重列向量是 ω。资产组合的收益率记为 R_p,则有:

$$R_p = \omega^T R \tag{12-6}$$

资产组合收益率的期望和方差为：

$$E(R_p) = \omega^T \mu$$

$$Var(R_p) = E[\omega^T(R-\mu)(R-\mu)^T\omega]$$

$$= \omega^T \Sigma \omega \qquad (12-7)$$

若资产组合中的第 i 个资产的标准差记为 $\sigma_i(i=1,\cdots,N)$，各资产之间的相关系数矩阵记为 ρ，其与方差协方差矩阵 Σ 之间的关系可以表达为：

$$\Sigma = diag([\sigma_1,\cdots,\sigma_N]) \times \rho \times diag([\sigma_1,\cdots,\sigma_N]) \qquad (12-8)$$

因此，借助式(12-3)资产组合的 VaR 为：

$$VaR_p = -W_0 Z_c \sqrt{\omega^T \Sigma \omega}$$

$$= -W_0 Z_c \sqrt{\omega^T diag([\sigma_1,\cdots,\sigma_N]) \times \rho \times diag([\sigma_1,\cdots,\sigma_N])\omega}$$

$$= \sqrt{[-W_0 Z_c \omega^T diag([\sigma_1,\cdots,\sigma_N])] \times \rho \times [-W_0 Z_c diag([\sigma_1,\cdots,\sigma_N])\omega]}$$

$$= \sqrt{[VaR_1,\cdots,VaR_N] \times \rho \times [VaR_1,\cdots,VaR_N]^T} \qquad (12-9)$$

若相关系数矩阵 ρ 的所有元素全为 1，即各资产之间均是完全正相关时，则：

$$\rho = \begin{bmatrix} 1 \\ \cdots \\ 1 \end{bmatrix} \times [1 \quad \cdots \quad 1] \qquad (12-10)$$

资产组合的 VaR 可进一步化简为：

$$VaR_p = \sqrt{[VaR_1,\cdots,VaR_N] \times \begin{bmatrix} 1 \\ \cdots \\ 1 \end{bmatrix} \times [1 \quad \cdots \quad 1] \times [VaR_1,\cdots,VaR_N]^T}$$

$$= VaR_1 + \cdots + VaR_N \qquad (12-11)$$

上式说明只有在组合中各资产之间均是完全正相关时，资产组合 VaR_p 才等于各项资产 $VaR_i(i=1,\cdots,N)$ 之和。

3. 边际 *VaR*、增量 *VaR* 和成分 *VaR*

在通常情况下，资产组合 VaR_p 并不等于各项资产 $VaR_i(i=1,\cdots,N)$ 之和。因此，对于资产组合的管理者而言，知道各项资产的 VaR 对于把控资产组合总体风险的主要来源并不能提供有意义的参考价值。接下来介绍的边际 VaR、增量 VaR 和成分 VaR 在资产组合的管理中具有重要的作用。

资产组合中第 i 个资产的权重为 w_i，其价值为 $x_i = W_0 w_i$。边际 VaR 的含义是，当新增加资产 i 的 1 元钱投资时，整个资产组合 VaR 的变动值，数学表达式如下：

$$M - Va R_i = \frac{\partial VaR_p}{\partial x_i} = \frac{1}{W_0} \frac{\partial VaR_p}{\partial w_i} \tag{12-12}$$

使用向量导数，计算 VaR_p 对权重向量 ω 的导数，可得：

$$\frac{\partial VaR_p}{\partial w} = - \frac{W_0 Z_c}{\sigma_p} \Sigma \omega \tag{12-13}$$

而式（12-12）需要的 VaR_p 对 w_i 的偏导数，即为式（12-13）中的第 i 个元素。截取矩阵的第 i 行或第 i 列的所有元素，可以使用选择向量 l_i 通过矩阵的乘法运算来达成目的，$l_i = [0, \cdots, 1, \cdots, 0]^T$，其第 i 个元素为 1，其余元素均为 0。因此，可得：

$$\frac{\partial VaR_p}{\partial w_i} = l_i^T \frac{\partial VaR_p}{\partial w}$$

$$= - \frac{W_0 Z_c}{\sigma_p} l_i^T \Sigma \omega$$

$$= - \frac{W_0 Z_c}{\sigma_p} Cov(R_i, R_p) \tag{12-14}$$

根据 CAPM 模型的 β 系数的计算公式可知：

$$\beta_i = \frac{Cov(R_i, R_p)}{\sigma_p^2} \tag{12-15}$$

因此，$M - Va R_i$ 最终的计算结果为：

$$M - Va R_i = - Z_c \frac{Cov(R_i, R_p)}{\sigma_p} = \frac{VaR_p}{W_0} \beta_i \tag{12-16}$$

增量 VaR 的定义是当在资产组合中增加第 i 项资产的投资时，整个资产组合 VaR 的变动值。一个简便的算法是使用资产 i 的边际 VaR 与新

增加的资产 i 的投资金额的乘积进行计算。增量 VaR 在交易员进行新的资产交易时会提供决策参考。

资产 i 的成分 VaR 的定义如下:

$$C - VaR_i = \frac{\partial VaR_p}{\partial x_i} x_i \qquad (12-17)$$

可知,资产 i 的成分 VaR 是资产 i 的边际 VaR 与其投资金额的乘积。进一步分析,可得如下重要结论:

$$
\begin{aligned}
\sum_{i=1}^{N} C - VaR_i &= - \sum_{i=1}^{N} Z_c \frac{Cov(R_i, R_p)}{\sigma_p} x_i \\
&= - W_0 \sum_{i=1}^{N} Z_c \frac{Cov(w_i R_i, R_p)}{\sigma_p} \\
&= - W_0 Z_c \sigma_p \\
&= VaR_p \qquad (12-18)
\end{aligned}
$$

因此,资产组合的 VaR 等于组合中所有资产的成分 VaR 之和,资产 i 的成分 VaR 反映了资产 i 对组合 VaR 的贡献额。

案例1:巴林银行(Barings Bank)是一家成立于1762年的英国银行,在国际金融领域具有重要地位,曾在美国收购路易斯安那州以及巴拿马运河的开挖等著名的历史事件中提供资金支持。但就是这样一家拥有悠久历史的银行却在1995年破产,被荷兰国际集团以1英镑的象征性价格收购,事件的直接原因是由一名28岁的交易员尼克·里森(Nick Leeson)在衍生品市场巨额亏损所致,耗尽了巴林银行所有的股权资本。

1992年尼克·里森出任巴林银行新加坡分行期货与期权交易部门的总经理,当时代号为99905的账户专门用于处理错误的交易订单,并需要上报伦敦总部。之后,总部要求里森另外设置一个错误账户,专门处理一些不需要总部处理的较小错误,这个账户的代码是88888。但几周后,伦敦总部更换新的电脑系统,要求新加坡分行继续沿用原来的99905账户,而88888账户却被里森隐匿起来,总部方面也并不知道这件事,从而为里森日后隐瞒自己的交易行为提供方便。

随后,里森将自己手下交易员的大量错误订单隐藏在88888账户中。

随着时间的推移,该账户的亏损却越来越大。为了弥补损失,里森加大了自营交易,挪用银行内部的资金,并通过造假的方式欺骗审计人员。在1994年底,里森押注日本经济将会复苏,日经225指数将会上涨,他大量买进日经指数期货,还曾卖出跨式期权组合,通过收取期权费来弥补期货头寸上的保证金要求。1995年1月17日,日本发生神户地震,日经指数大跌。面临巨额损失的里森此时已经彻底沦为赌徒,他押注市场将会反弹,继续大量购买日经指数期货,并卖空日本政府债券。截至2月底,日经指数期货的名义市场价值达到70亿美元,卖空日本政府债券的规模也达到160亿美元。但市场走势却始终与里森的预期相反,此时里森的账户已经无法继续履约,发生爆仓,最终给巴林银行造成高达13亿美元的损失。几天后,巴林银行破产倒闭。

里森在日本政府债券的空头持仓为160亿美元,在日经指数期货的多头持仓为70亿美元。债券空头收益率是对应多头收益率的相反数,后续计算中会多次利用这一性质。使用组合 VaR 的方法度量里森的交易风险。根据市场数据,已知日本政府债券的方差为 1.4×10^{-4},日经指数期货的方差为 3.4×10^{-3},两者之间的协方差为 -8×10^{-5}。根据这些信息,可以计算整个投资组合的方差为 4.17×10^{-4}。在95%的置信水平下,可以计算出投资组合的 VaR 值为7.75亿美元。债券的空头收益率与投资组合收益率的协方差为 1.22×10^{-4},期货的多头收益率与投资组合收益率的协方差为 1.09×10^{-3},因此债券空头的 β 系数为0.29,期货多头的 β 系数为2.62。根据式(12-16),可知债券空头的边际 VaR 为 9.85×10^{-3},成分 VaR 为1.58亿美元;期货多头的边际 VaR 为 8.82×10^{-2},成分 VaR 为6.17亿美元。因此,里森投资组合的 VaR 为7.75亿美元,其中来自债券空头持仓为1.58亿美元,来自期货多头持仓占据了较大比例,为6.17亿美元。

二、市场风险的管理

在第三章中,我们首先介绍如何使用期货合约进行单位对冲,其定义为被对冲资产的数量和期货合约所覆盖的资产数量相同。进一步,如果对冲期限与期货合约的剩余期限一致,且被对冲资产与期货合约的标的资产一致,此时便得到完美对冲。

但在实际交易中,遇到的往往是不完美对冲。比如一个出口商想规避掉未来 2 个月内的价格风险,而市场上可以交易的期货合约的剩余期限是 3 个月,此时的对冲期限与期货合约的剩余期限不一致,会使得交易者面临基差风险。再比如一家航空公司想锁定未来航空燃油的进货成本,而市场上不存在以航空燃油为标的资产的期货合约,却存在与之高度相似的燃料油期货合约,此时的被对冲资产与期货合约的标的资产不一致,会使得交易者面临交叉对冲的问题。因此,在实际交易中运用更多的是最小方差对冲。虽然最小方差对冲往往不能够完全消除价格风险,但可以使整个对冲组合在对冲期限内价格变动的方差达到最小。

本节关注的是市场风险,之前已经介绍过市场风险的度量方法,那么如何来管理市场风险呢? 接下来将会使用最小方差对冲的技术方法,依次介绍久期对冲,用于固定收益类产品的市场风险管理;Beta 对冲,用于个股、行业和投资组合的市场风险管理。

1. 久期对冲

久期(Duration)指的是债券持有者收回所有现金流所需要等待的平均时间,最早由麦考利(Macaulay)在 1938 年提出。对于零息债券,由于在持有期内不会有任何票息收入,因此零息债券的久期与期限相等;对于附息债券,由于在持有期内会得到票息收入,因此附息债券的久期要小于期限。若某个债券一年付息 1 次,期限为 N 年,在第 i 年末收到的现金流记为 c_i,使用一年复利 1 次的年化到期收益率 y_1 进行折现,可知债券价格 P 为:

$$P = \sum_{i=1}^{N} \frac{c_i}{(1 + y_1)^i} \tag{12-19}$$

久期 D 的定义如下所示:

$$D = \sum_{i=1}^{N} \frac{\dfrac{c_i}{(1 + y_1)^i}}{P} i \tag{12-20}$$

式(12-20)表明,久期是债券现金流支付时间 i 的加权平均,权重为第 i 年收到的现金流的现值与债券价格的比值。由债券价格的定义式(12-19)可知,权重之和为 1。

在不存在违约风险的前提下,将一个债券持有至到期日可以按期获得利息和本金的支付,这也是债券被称为固定收益类产品的原因。而在债券到期日之前,债券价格会受到市场利率变动的影响,两者之间呈现反向变动的关系,因此持有者会面临利率风险。类比期权希腊字母的灵敏度分析法,将债券价格 P 对到期收益率 y_1 求导数,并利用久期 D 的定义对结果进行化简,可得:

$$\frac{dP}{P} = -\frac{D}{1 + y_1} d y_1 \qquad (12-21)$$

上式描述了市场利率的变动 $d y_1$ 对债券价格收益率 $\frac{dP}{P}$ 的影响。注意这里的市场利率 y_1 是一年复利 1 次,对于一年复利 m 次的年化市场利率 y_m ,可知以下两式成立:

$$(1 + y_1) = (1 + \frac{y_m}{m})^m \qquad (12-22)$$

$$\frac{d y_1}{1 + y_1} = \frac{d y_m}{1 + \frac{y_m}{m}} \qquad (12-23)$$

因此,若使用与 y_1 等价的一年复利 m 次的年化利率 y_m 进行计算,所得的债券价格和久期与之前仍然相同,这一点通过式(12-19)和式(12-20)的计算并结合式(12-22)即可得出。而式(12-21)的结论却与之前不同,将式(12-23)代入式(12-21),可得:

$$\frac{dP}{P} = -\frac{D}{1 + \frac{y_m}{m}} d y_m \qquad (12-24)$$

由此引出修正久期 D^* 的概念:

$$D^* = \frac{D}{1 + \frac{y_m}{m}} \qquad (12-25)$$

上式中,若 $m \to +\infty$,即复利频率趋于正无穷,此时对应连续复利的情形。离散化形式的式(12-21)和式(12-24)可以统一地表示为:

$$\frac{\Delta P}{P} = -D^* \Delta y \qquad (12-26)$$

其中, ΔP 是债券价格的变动, Δy 是市场利率的变动,注意计算修正久期 D^* 时需要考虑所使用的市场利率 y 的复利频率。

修正久期度量了债券价格在市场利率下的风险暴露。对于同等市场利率的变化,久期越短的债券价格变动越小,因而风险越小;久期越长的债券价格变动越大,因而风险越大。接下来,本节将介绍如何使用久期对冲来管理债券市场所面临的利率风险。

一个债券交易者持有的现货价值是 S ,修正久期是 D_S^* ,交易所内一张债券期货合约的价格是 F ,修正久期是 D_F^* [①]。使用式(12-26)的结论,可以得到如下两式:

$$\Delta S = -(D_S^* S)\Delta y \qquad (12-27)$$

$$\Delta F = -(D_F^* F)\Delta y \qquad (12-28)$$

该交易者打算进行 N 张期货合约的交易以对冲其持有的现货风险,整个对冲组合在对冲期内的价值变动 ΔV 为:

$$\Delta V = \Delta S + N\Delta F$$

$$= -(D_S^* S + N D_F^* F)\Delta y \qquad (12-29)$$

利用第三章中所介绍的最小方差对冲比率的技术方法,最小化对冲组合价值变动 ΔV 在对冲期内的方差,可以求得最优的期货合约交易张数 N^* :

$$N^* = -\frac{D_S^* S}{D_F^* F} \qquad (12-30)$$

若求解得到的 N^* 为正,说明交易者需要进入期货合约的多头;若求解得到的 N^* 为负,说明交易者需要进入期货合约的空头,求解结果的正

---

① 债券期货的久期可以通过最便宜交割债券(Cheapest-to-Deliver)的久期除以转换因子(Conversion Factor)求得。

负代表交易的方向。进一步可知,在进行最优期货合约的交易后,对冲组合在市场利率变动 Δy 下的风险暴露,即 $-(D_S^* S + N^* D_F^* F)$,等于 0。更为一般的,若该交易者想通过期货合约的交易,改变其在市场利率下的风险暴露水平,使得整个资产组合 V 的修正久期达到 D_V^* 的目标水平,即有 $\Delta V = -(D_V^* V)\Delta y$,结合式(12-29),可以求得所需交易的期货合约张数 N:

$$N = \frac{D_V^* V - D_S^* S}{D_F^* F} \tag{12-31}$$

案例 2:一个美国的投资经理持有 1000 万美元的长期国债现货,修正久期为 6.8 年。该债券经理预计在未来 3 个月内市场利率将会上升,为了避免债券价格下跌的不利变动,他计划使用长期国债期货进行风险对冲。从交易所可知,目前长期国债期货的价格是 93-02,修正久期是 9.2 年。已知一张长期国债期货的面值是 10 万美元,下面我们来确定该投资经理的期货交易方向和合约数量。

我们已知,$S = 1000$ 万,$D_S^* = 6.8$,$D_F^* = 9.2$。美国的长期国债现货和期货都是以美元和美元的 1/32 为单位报出的,所报价格是相对于面值 100 美元的债券。交易所给出的期货价格是 93-02,含义为 100 美元面值的债券的市场价格是 $93 + 2/32 = 93.0625$ 美元。一张长期国债期货的面值是 10 万美元,因此其名义市场价值是 $F = 9.30625$ 万美元。该投资经理需要规避债券价格下跌的风险,他需要进入期货合约的空头。根据式(12-30),可以求得需要交易的合约张数:

$$N^* = -\frac{6.8 \times 1000}{9.2 \times 9.30625} = -79.42$$

上式计算的数值为负,再次说明该投资经理需要进入期货合约的空头。取整后可知,所需交易的期货合约的数量为 79 张。在 3 个月后,正如投资经理之前所预料的那样,市场利率果然上升,此时该投资经理的现货头寸发生亏损,但期货头寸却是盈利的。因此该投资经理通过使用长期国债期货规避了利率上升带来的价格风险。

2. Beta 对冲

在同一市场中,个股与市场指数往往存在着紧密的联系,如果市场处于上升行情中,个股的价格很可能会上升;如果市场行情下降,个股的价格很可能也会下降。这说明个股面临着来自市场的系统性风险,单因素的市场模型描述了个股收益率和市场收益率的关系:

$$R_{it} = \alpha_i + \beta_i R_{mt} + \varepsilon_{it} \qquad (12-32)$$

上式中 R_{it} 是个股 i 在第 t 期的收益率,R_{mt} 是市场指数在第 t 期的收益率。β_i 衡量了个股 i 在市场因素下的风险暴露水平,是系统性风险的测度;残差项 ε_{it} 与 R_{mt} 不相关,衡量了个股 i 的非系统性风险,是个股 i 的特有风险。投资者可以通过分散化投资降低甚至消除非系统性风险,因而行业和投资组合所面临的非系统性风险要远远小于个股的情形。由于式(12-32)成立,我们可以使用股指期货对冲个股、行业和投资组合面临的市场风险。

由于截距项 α_i 不是风险因素的来源,残差项 ε_{it} 所表示的非系统性风险可以通过分散化投资消除,因此忽略这两项,可以得到下式:

$$R_{it} \approx \beta_i R_{mt} \qquad (12-33)$$

若 S 是个股价格,M 是市场指数,用价格形式表达式(12-33)即为:

$$\frac{\Delta S}{S} \approx \beta \frac{\Delta M}{M} \qquad (12-34)$$

根据之前章节的内容,我们已知股指期货价格满足 $F_0 = M_0 e^{(r-q)T}$,其中 r 是无风险收益率,q 是股指的红利率,T 是剩余期限。对该式两端同时取自然对数,然后进行微分运算,可得:

$$\frac{d\ln F}{d\ln M} = \frac{dF/F}{dM/M} = 1 \qquad (12-35)$$

该式表明,理论上期货收益率和标的现货收益率相等。类似久期对冲的内容,若某位投资者计划通过 N 张股指期货合约的交易以对冲其持有的个股、行业或者投资组合的市场风险,则整个对冲组合在对冲期内的价值变动 ΔV 为:

$$\Delta V = \Delta S + N\Delta F$$

$$= (\beta S + NF) \frac{\Delta M}{M} \quad\quad\quad (12\text{-}36)$$

利用最小方差对冲比率的技术方法,可以求得最优的股指期货合约的交易张数 N^*:

$$N^* = -\frac{\beta S}{F} \quad\quad\quad (12\text{-}37)$$

使用股指期货进行对冲的效果会受到残差项 ε_{it} 的影响。一般而言,一个充分分散的投资组合会消除非系统性风险,因此对冲效果最好。行业持仓虽然可以在很大程度上消除公司层面的特有风险,但仍会受到行业层面的特有风险,对冲表现次之。而使用股指期货对冲个股风险的表现是最差的。

案例 3:假设一个机构在 10 月 8 日得到承诺,在 12 月 10 日会有 300 万的资金到账,同时机构看中了 A、B、C 这 3 只股票,其当前价格分别是 5 元、10 元和 20 元。这个机构计划 A 股票持有 20 万股,B 股票持有 10 万股,C 股票持有 5 万股。在行情看涨的情况下,如果等到 12 月资金到位的时候,股价可能已经上涨了很多,因此就会面临踏空的风险。所以机构决定买进股指期货合约来锁定成本。假设在 12 月到期的沪深 300 股指期货在此时的报价是 1322 点,每点的乘数是 300 元。三只股票的 β 系数分别是 1.5、1.2 和 0.9,下面来分析该投资经理的交易方向和合约数量。

由于该机构要在 12 月 10 日收到资金,在未来才能购买这三只股票,因此其交易行为和盈亏金额的计算等价于一个空头头寸。由于投资组合的 β 系数具有线性可加性,因此这 3 只股票构成的多头组合的 β 系数为 1.2,结合 β 系数的计算公式,可知该机构的 β 系数为-1.2。在 10 月 8 日该机构等价的卖空资产规模恰好为 300 万元。根据式(12-37),可得股指期货合约的数量为:

$$N^* = -\frac{(-1.2) \times 3000000}{1322 \times 300} = 9.08 \text{ 张}$$

因此,为这三只股票的投资做套期保值,应该买进 9 张期货合约。假设沪深 300 股指期货的保证金比率是 8%,期初该机构需要缴纳的保证金为 28.5552 万元。到了 12 月 10 日,该机构如期收到了 300 万元,此时期货价格已经上升到 1520 点,同时 A、B、C 股票也已经分别涨到 6.12 元、11.8 元、22.7 元。这个时候如果去买进 20 万股、10 万股和 5 万股的这 3 只股票,我们所需要的资金就会变成 353.9 万元,相比拿到的 300 万元多出了 53.9 万元的资金缺口。但是由于我们在期初买入股指期货时进行了价格对冲,由于股指期货的价格上涨,带来的期货平仓的收益是 53.46 万元,基本上填补了资金的大部分缺口。我们可以看到,机构通过使用股指期货合约有效地避免了行情踏空的风险。

第二节　信用风险

信用风险也被称为违约风险,狭义的定义指的是由于借款人或交易对手违约而导致损失的可能性;广义的定义还包括由于债务人信用评级降低或履约能力发生变化导致其发行的债务工具市场价值下降,从而引起债权人损失的可能。关于信用风险的度量方法,本节将重点讨论如何利用二叉树的方法从债券价格中求解债务人的违约概率以及如何利用 BSM 的方法从股票价格中求解信用主体的违约概率。在信用风险的管理方面,本节将介绍三种信用衍生产品。

一、信用风险的度量

信用风险的度量方法有很多,专家系统法是依赖信贷人员和信贷专家自身的专业知识、技能和丰富经验,运用各种专业性的分析工具,在分析各种关键要素的基础上,依据主观判断来综合评定信用风险的分析系统,具体包括 5C 判断法、5P 判断法和骆驼分析法等,但这种方法受到信用分析人员专业素质和经验的影响,具有一定的主观性和随意性。阿尔特曼(Altman,1968)提出的 Z 得分模型,通过使用线性回归模型,利用财务指标数据,给出了美国制造业上市公司是否违约的判别准则。国内外的信用评级机构,也会定期发布信用主体的信用等级。但这些方法均忽略了利用金融市场中更加可靠和及时的数据来估计债务人的违约风险。接下来,本节将结合金融工程的方法和技术,分别讲解如何从债券和股票价格中计算债务人的违约概率。

1. 债券价格与违约概率

零息债券目前的市场价格是 P,在 1 年后到期时持有者将会收回本金 100 元,年化折现率是 y^*,因此下式成立:

$$P = \frac{100}{1 + y^*} \tag{12-38}$$

该债券在 1 年后可能违约,也可能不会违约。在风险中性测度下,该债券违约的概率是 π,此时持有者只能收回 $100f$ 的本金,f 是债券的回收率;不违约的概率是 $1 - \pi$,此时持有者能够收回全部的本金 100 元。年化无风险收益率是 y。运用二叉树定价公式,可得:

$$P = \frac{1}{1 + y}[100 \times (1 - \pi) + 100f \times \pi] \tag{12-39}$$

将式(12-38)和式(12-39)联立,进行化简,忽略其中的两项高阶项 πy^* 和 $f\pi y^*$,原因是 y^* 一般是3%-5%这样比较小的数,因此 πy^* 相比 π、$f\pi y^*$ 相比 $f\pi$ 均是可以忽略不计的,只保留 π 和 $f\pi$ 这两项即可,于是我们得到:

$$\pi \approx \frac{y^* - y}{1 - f} \tag{12-40}$$

上式分子中的 $y^* - y$ 被称为信用利差或信用价差或信用风险溢价。

若零息债券的期限是 T,风险中性测度下的累计违约概率是 π,其他的设定保持不变,下面求解累计违约概率 π 的表达式。在现实测度下求解的价格公式是:

$$P = \frac{100}{(1 + y^*)^T} \tag{12-41}$$

在风险中性测度下求解的价格公式是:

$$P = \frac{1}{(1 + y)^T}[100 \times (1 - \pi) + 100f \times \pi] \tag{12-42}$$

将两式联立，利用泰勒公式得到的近似式 $1/(1+x)^T \approx 1-Tx$ 进行化简，并忽略 $Ty\pi$ 和 $Tyf\pi$，于是可以得到：

$$\pi \approx \frac{T(y^* - y)}{1-f} \qquad (12\text{-}43)$$

2. 股票价格与违约概率

在莫顿(1974)的论文中利用 BSM 模型最早探究了如何从股票价格中求解违约概率的问题。为了便于讨论，论文中假设公司仅发行一个在 T 日到期的零息债券。在 T 日，若公司的资产价值 V_T 大于负债的价值 D，则公司股票的价值 $E_T = V_T - D$；若公司的资产价值 V_T 小于负债的价值 D，出现资不抵债的情形，则公司股票的价值 $E_T = 0$。这种关系用公式进行表示如下：

$$E_T = \max(V_T - D, 0) \qquad (12\text{-}44)$$

由上式可知，公司的股票价值可以看作是标的资产是公司资产，执行价格是公司负债的看涨期权。假设公司资产价值 V_t 遵循几何布朗运动，经过测度变换后：

$$dV_t = rV_t dt + \sigma_V V_t dB_t \qquad (12\text{-}45)$$

其中，r 是无风险利率，σ_V 是公司资产价值的波动率，B_t 是标准布朗运动。由 BSM 模型结论可知，当前的股票价值 E_0 和资产价值 V_0 满足下式：

$$E_0 = V_0 N(d_1) - De^{-rT} N(d_2) \qquad (12\text{-}46)$$

$$\begin{cases} d_1 = \dfrac{\ln(V_0/D) + \left(r + \dfrac{1}{2}\sigma_V^2\right)T}{\sigma_V \sqrt{T}} \\[4mm] d_2 = d_1 - \sigma_V \sqrt{T} \end{cases}$$

对股票价值的随机过程 $E(t, V_t)$ 应用伊藤引理，可得：

$$dE(t, V_t) = \left(\frac{\partial E}{\partial t} + \frac{\partial E}{\partial V_t}rV_t + \frac{1}{2}\frac{\partial^2 E}{\partial V_t^2}\sigma_V^2 V_t^2\right)dt + \frac{\partial E}{\partial V_t}\sigma_V V_t dB_t$$

$$(12\text{-}47)$$

假设 E_t 也遵循如下的几何布朗运动：

$$d\,E_t = r\,E_t dt + \sigma_E\,E_t d\,B_t \qquad (12\text{-}48)$$

由式(12-47)和式(12-48)的扩散项对应相等以及希腊字母 $delta$ 的定义,在 0 时刻下式成立:

$$\sigma_E\,E_0 = N(d_1)\,\sigma_V\,V_0 \qquad (12\text{-}49)$$

接下来计算违约概率,需要用到 $\ln V_T$ 服从正态分布的性质:

$$Prob(V_T \leq D) = Prob(\ln V_T \leq \ln D) = N(-d_2) \qquad (12\text{-}50)$$

模型的违约距离便是 d_2 :

$$d_2 = \frac{\ln V_0 + \left(r - \dfrac{1}{2}\sigma_V^2\right)T - \ln D}{\sigma_V\sqrt{T}} \qquad (12\text{-}51)$$

公司是否发生违约,取决于是否发生资不抵债的情形。$\ln V_0 + \left(r - \dfrac{1}{2}\sigma_V^2\right)T$ 是 T 日的对数资产价值的数学期望,即 $E_0^Q(\ln V_T)$,而 $\ln D$ 是 T 日的对数负债价值,因此 d_2 的含义是违约距离,只不过最后的结果是以标准差 $\sigma_V\sqrt{T}$ 的倍数进行表达。此外,根据式(12-50)计算违约概率时,需要用到 V_0 和 σ_V ,而这两个变量无法直接从市场上得以观测。我们能够观测到的是 E_0 和 σ_E ,因此需要借助式(12-46)和式(12-49),通过解方程组的数值方法求得不可观测的 V_0 和 σ_V ,然后代入式(12-50)计算违约概率。

1989 年,凯尔霍费尔、麦奎恩和瓦希切尔(Kealhofer,McQuown 和 Vasicek)在旧金山创立了 KMV 公司,他们在莫顿(1974)的基础上开发出 KMV 模型,提供信用风险管理服务。2002 年 4 月,该公司被穆迪收购。其他的信用风险度量模型包括 1997 年 4 月摩根大通发布的 CreditMetrics 模型、1997 年 10 月瑞士信贷银行发布的 CreditRisk+ 模型以及 1997 年麦肯锡公司发布的 Credit Portfolio View 模型。

案例 4:在计算细节上,KMV 模型与莫顿(1974)存在以下几点不同:首先是违约点(Default Point)的计算,KMV 模型的违约点通常设定为企业一年以下的短期负债(STD)加上未清偿长期负债(LTD)的一半,即 $DPT = STD + 0.5 \times LTD$;在违约距离(Distance-to-Default)的计算上,

KMV 模型的计算方法为 $DTD = [E(V) - DPT]/[E(V)\sigma_V]$；最后是违约概率，KMV 模型是依据内部的违约数据库，利用公司的违约距离与实际违约频率之间的映射关系确定违约概率，而不是依靠莫顿(1974)中的正态分布的假定。具体内容可以参考穆迪公司在 2003 年发布的 KMV 模型的技术手册。

接下来的案例给出 KMV 模型的 Python 实现：年化无风险收益率是2.5%，预测的期限是 1 年，公司股票的市场价值是 1.41 亿元、年化波动率是 23.54%，短期债务是 1 亿元，长期债务是 5000 万元。第一步是计算公司的违约点；第二步是借助式(12-46)和式(12-49)组成的方程组，反解出公司资产价值 V_0 和波动率 σ_V；第三步计算违约距离时，采用 KMV 模型的计算方法；最后一步计算违约概率时，为了简化处理，依据正态分布的假定。在程序的实现过程中，由于公司资产价值 V_0 和波动率 σ_V 的数量级相差太大，直接求根会容易产生数值错误或者计算误差巨大的问题，因此需要先将公司资产价值 V_0 与违约点 DPT 相除以消除数量级的影响，具体表现在程序中出现的两次参数变换(Parameter Transformation)。

```
# In[1]:
import numpy as np
from scipy import stats
from scipy.optimize import fsolve


r=0.025# annualized risk-free rate
T=1     # time to expiration(year)


E=1.41e8     # market value of equity
sigmaE=0.2354# annualized volatility of equity
# In[2]:
def KMVfun(x,E,sigmaE,D,r,T):
    # x[0]:V/E
    # x[1]:sigmaV
```

parameter transformation

V = x[0] * E

sigmaV = x[1]

d1 = (np.log(V/D) + (r+0.5 * sigmaV * * 2) * T)/(sigmaV * np.sqrt(T))

d2 = d1−sigmaV * np.sqrt(T)

F = [V * stats. norm. cdf(d1, 0, 1) − D * np. exp(− r * T) * stats. norm. cdf(d2, 0,

1) −E, stats. norm. cdf(d1, 0, 1) * V * sigmaV/E−sigmaE]

return F

def KMVSolve(E, sigmaE, D, r, T) :

initial value

x0 = np.array([1, 1]).T

F_root = fsolve(lambda x: KMVfun(x, E, sigmaE, D, r, T) , x0)

parameter transformation

V = F_root[0] * E

sigmaV = F_root[1]

return V, sigmaV

In[3]:

step1: default points

STD = 1e8　　　　　　　　# short−term debt

LTD = 5e7　　　　　　　　# long−term debt

DPT = STD+0.5 * LTD　　# defaut−point

D = DPT　　　　　　　　# debt book value

step2: asset market value and volatility

V, sigmaV = KMVSolve(E, sigmaE, D, r, T)

 # step3 : distance-to-default

DTD = (V−D) / (V * sigmaV)

 # step4 : default probability

DFP = stats.norm.cdf(−DTD)

以上介绍的 KMV 模型仅适用于上市公司的违约概率的测算,原因在于非上市公司股权的市场价值和波动率是无法直接从市场中获取的。为了弥补模型的不足,KMV 公司在 1999 年开发出适用于非上市公司信用风险度量的 PFM(Private Firm Model) 模型。该模型的核心思想是:同一地区和行业的上市和非上市公司所面临的宏观经济、产业政策以及市场结构等因素是相近的,进而两种类型公司的资产市场价值及波动率具有很高的相关性。因此,可以在已有的数据集合中,寻找与非上市公司具有相近财务指标的同一地区和行业的上市公司,利用这些上市公司的资产市场价值和波动率的中位数作为对非上市公司的估计,而其他的步骤与之前的介绍相同。

二、信用风险的管理

1. 信用违约互换

信用违约互换(Credit Default Swap, CDS)是管理信用风险的一种非常重要的衍生产品。CDS 的购买者向出售者定期支付一笔费用,直到 CDS 到期或者信用事件发生。信用事件是参考实体的违约事件,包括不能按期还款、债务重组以及破产等。参考实体包括公司和国家等。当信用事件发生时,CDS 的买入方有权利将参考实体的债券以面值的价格卖给 CDS 的卖出方。从这个角度看,CDS 实质上是一种信用违约保险而非真正意义上的互换,卖出方的或有支付取决于信用事件是否被触发。

下面通过一个例子来阐述 CDS 的运作过程。现在有 1 个 5 年期的 CDS 合约,面值为 1 亿元,买入方费率为每年 0.9%,每个季度进行一次支付。在信用事件未发生前,CDS 合约的买入方需要在每个季度向卖出方支付 1 亿 × 0.9% × 0.25 = 22.5 万元 。买入方每年所付出的费率被称为

CDS 利差,在这个例子中是 0.9%。当信用事件发生后,买入方向卖出方的支付便会终止,卖出方须向买入方进行偿付,有实物交割和现金交割两种形式。若采取实物交割的方式,买入方可以以 1 亿元的价格向卖出方出售面值为 1 亿元的参考实体发行的债券。若采取更为普遍的现金交割的方式,首先通过两阶段式的拍卖过程确定最便宜可交割债券的市场中间价,假设是 3500 万元,此时卖出方需要向买入方偿付 6500 万元。

CDS 的卖出方获得 CDS 利差收益的同时,承担了参考实体触发信用事件时带来损失的可能,违约风险由买入方转移给了卖出方。因此,信用违约互换并不能消除信用风险,信用衍生产品仅仅是一种信用风险的转移和分散的工具,并不能减少或消除风险。

2. 信用价差远期和期权

信用价差是信用资产收益率与无风险收益率的差值。信用价差扩大意味着信用风险增加和信用资产价值下降;信用价差缩小意味着信用风险减小和信用资产价值上升。信用价差远期合约的购买方通常为某一信用资产的持有者,用于对冲参考资产因信用价差上升带来的价值损失。在到期日时,若实际信用价差水平 S 高于约定的信用价差 F 时,合约的购买方将获取收益;否则,他将承担亏损。到期日参考资产的修正久期记为 D^*,合约购买方的损益计算如下:

$$到期日购买方的损益 = (S - F) \times D^* \times 合约名义价值$$

$$(12-52)$$

信用价差期权的买方支付一笔期权费给卖方,当合约到期时发生了任何由于信用价差增加导致的损失,买方都有权将其损失转移给期权的卖方。采用与信用价差远期相同的符号,在到期日的期权买方的收益计算如下:

$$到期日期权买方的收益 = \max(S - F, 0) \times D^* \times 合约名义价值$$

$$(12-53)$$

案例 5:公司 ABC 发行了一只 10 年期,票面利率 8% 的债券。相对于 10 年期国债 6.5% 的利率水平,该公司债目前的信用价差是 150 个基点,即此时的折现率为 8%。市场上同时存在以该公司债的信用价差为标的资产的欧式期权,名义面值是 1 亿元,剩余期限是 1 年,行权价是 160 个基点。虽然现在的宏观政策环境友好,但由于 ABC 公司所在的行业在未来几年内会面临诸多挑战,公司极有可能面临信用评级下调的风险。于是持有该公司债的一家资产管理公司为了规避未来 ABC 公司信用价差上升带来的债券价格损失,决定通过买入信用价差期权进行风险对冲。

一年后,当信用价差期权到期时,10 年期国债的利率下降至 6%,ABC 公司债的信用价差走扩达到 180 个基点,即折现率为 7.8%,此时 ABC 公司债的市场价格为 101.276 元。按照信用价差期权的行权价为 160 个基点,即折现率为 7.6%,对应的公司债的价格为 102.574 元。此时,资产管理公司面临因 ABC 公司信用价差走扩带来的信用风险,但信用风险可以通过期权头寸的盈利进行弥补,资产管理公司从期权合约中会获益(102.574-101.276)/100 ×100000000 = 1298000 元。这里我们直接算出债券的价格进行计算,并没有使用久期公式的方法。

值得注意的是,在 1 年前,公司债的折现率是 8%,对应的市场价格是 100 元。在这一年中,10 年期国债的利率水平下降了 0.5%,由于资产管理公司在市场风险上并没有进行对冲,因此享受到市场利率下降带来的收益。虽然在这一年间,公司的信用价差走扩,但资产管理公司面临的信用风险已经通过信用价差期权对冲掉了。

思 考 题

1. 一个资产组合的市值是 1000 万,其中 80% 投资证券 A,年化波动率是 22%,剩余 20% 投资证券 B,年化波动率是 29%,两个证券之间的相关系数为 0.6。试问该资产组合在未来 1 年内 95% 的置信水平下的相对 VaR 是多少?

2. 现在是 9 月 5 日,一个基金经理持有 1000 万元的政府债券,但他预计市场利率在未来 3 个月内会出现剧烈波动,计划通过久期对冲的方式规避风险。目前市场上 12 月到期的长期国债期货的市场价格是 95.0625 元,该报价是相对 100 元面值的债券,而一张长期国债期货的面值是 10 万元。通过测算,该债券经理持有的政府债券的修正久期是 7.8年,国债期货的修正久期是 8.4 年。求解该基金经理的交易方向和交易数量。

3.已知 S&P 500 指数目前的期货价格是 1400 指数点,合约乘数是每个指数点 250 美元。一个投资者持有的股票组合价值 1000 万美元,根据S&P 500 指数计算的 Beta 系数是 1.5。该投资者预计近期市场将面临一波回调,若将持有的现货资产直接卖掉将面临巨额的交易成本,因此他选择使用 S&P 500 指数期货进行对冲,那么他应该如何进行交易呢?

4.假设某债券是一年期折价发行,面值是 100 元。假设该类债券的违约回收率的期望值为 80%,市场的无风险收益率为 2%。请分别计算当该债券的市场价格为 90 元、95 元和 97 元时的违约概率。

5.已知一家公司在未来一年内需要偿付的债务是 50 万元,公司股票市值是 200 万元,股票的年化波动率是 50%,年化无风险利率是 4%。请使用 KMV 模型的程序,计算该公司的违约概率。

参考文献

［1］陈松男：《12种常见衍生证券原理与应用》，机械工业出版社2014年版。

［2］迟国泰、李鸿禧：《基于逐步判别分析的小企业债信评级模型及实证》，《管理工程学报》2019年第4期。

［3］［德］伊夫·希尔皮斯科：《Python金融大数据分析》，姚军译，人民邮电出版社2020年版。

［4］［德］伊夫·希尔皮斯科：《Python金融衍生品大数据分析：建模、模拟、校准与对冲》，蔡立峋译，电子工业出版社2017年版。

［5］董路安、叶鑫：《基于改进教学式方法的可解释信用风险评价模型构建》，《中国管理科学》2020年第9期。

［6］樊纲治、王宏扬：《家庭人口结构与家庭商业人身保险需求——基于中国家庭金融调查（CHFS）数据的实证研究》，《金融研究》2015年第7期。

［7］宫晓琳、杨淑振、孙怡青、张双娜：《基于概率统计不确定性模型的CCA方法》，《管理科学学报》2020年第4期。

［8］宫晓琳、杨淑振：《量化分析宏观金融风险的非线性演变速度与机制》，《金融研究》2013年第4期。

［9］宫晓琳：《未定权益分析方法与中国宏观金融风险的测度分析》，《经济研究》2012年第3期。

［10］宫晓琳、彭实戈、杨淑振：《基于不确定性分布的金融风险审慎管理研究》，《经济研究》2019年第7期。

［11］宫晓琳：《非线性期望理论与基于模型不确定性的风险度量》，《经济研究》2015年第11期。

［12］高春亭、周孝华：《公司盈利、投资与资产定价：基于中国股市的实证》，

《管理工程学报》2016 年第 4 期。

[13]黄群慧、余菁、王欣、邵婧婷：《新时期中国员工持股制度研究》，《中国工业经济》2014 年第 7 期。

[14]黄新建、尤珊珊：《股权激励契约、技术创新与创新效率》，《科研管理》2020 年第 3 期。

[15]黄毓慧、邓颖璐：《家庭保险资产持有影响因素分析》，《保险研究》2013 年第 11 期。

[16][加]约翰·赫尔：《期权、期货及其他衍生产品》，王勇、索吾林译，机械工业出版社 2018 年版。

[17]陆金甫、关治：《偏微分方程数值解法》，清华大学出版社 2016 年版。

[18]李荣华：《偏微分方程数值解法》，高等教育出版社 2010 年版。

[19]刘国买、邹捷中：《双边敲出障碍期权定价模型》，《经济数学》2003 年第 4 期。

[20]刘国买、邹捷中、陈超：《双障碍期权在经理激励中的应用研究》，《系统工程》2004 年第 6 期。

[21]刘威、许靖沂：《经济政策不确定性对人寿保险需求的影响》，《保险研究》2019 年第 3 期。

[22]李志冰、杨光艺、冯永昌、景亮：《Fama-French 五因子模型在中国股票市场的实证检验》，《金融研究》2017 年第 6 期。

[23]李哲、迟国泰：《基于最大指标区分度与最优相对隶属度的上市公司信用风险研究》，《中国管理科学》2021 年第 4 期。

[24]吕德宏、朱莹：《农户小额信贷风险影响因素层次差异性研究》，《管理评论》2017 年第 1 期。

[25]李丹蒙、万华：《股权激励契约特征与企业创新》，《经济管理》2017 年第 10 期。

[26]李健、张金林：《供应链金融的信用风险识别及预警模型研究》，《经济管理》2019 年第 8 期。

[27]吕长江、严明珠、郑慧莲、许静静：《为什么上市公司选择股权激励计划?》，《会计研究》2011 年第 1 期。

[28]李韬、李晓旭、罗剑朝：《保险素养、收入差异与农民商业保险参与》，《西北农林科技大学学报(社会科学版)》2020 年第 3 期。

[29][美]尤安·辛克莱:《波动率交易:期权量化交易员指南》,机械工业出版社2017年版。

[30]牟刚、袁先智:《大数据架构下企业内部信用评级的实证研究》,《系统工程学报》2016年第6期。

[31]毛利民、彭瑛、李杰等:《基于随机森林的对流天气下终端区容量预测》,《系统工程理论与实践》2021年第8期。

[32]彭实戈:《倒向随机微分方程及其应用》,《数学进展》1997年第2期。

[33]彭实戈:《非线性期望的理论、方法及意义》,《中国科学:数学》2017年第10期。

[34]孙玉东、王欢:《金融衍生产品定价模型及其量化方法研究:计算技术与编程实现》,西南交通大学出版社2021年版。

[35]孙书章、侯豫霖:《不同市场条件下的ESG投资模式有效性分析》,《征信》2021年第9期。

[36]孙积禄:《保险利益原则及其应用》,《法律科学:西北政法学院学报》2005年第1期。

[37]宋军、缪夏美:《基于期货风险溢价效应的套期保值行为模式》,《管理科学学报》2012年第11期。

[38]田利辉、王冠英、张伟:《三因素模型定价:中国与美国有何不同?》,《国际金融研究》2014年第7期。

[39]王小川等:《Python与量化投资:从基础到实战》,电子工业出版社2018年版。

[40]吴卫星等:《金融工程方法与应用:以MATLAB为基础》,中国金融出版社2017年版。

[41]王江:《金融经济学》,中国人民大学出版社2006年版。

[42]王晓全、贾昊文、殷崔红:《认知能力对中老年家庭商业保险需求的影响》,《保险研究》2019年第8期。

[43]吴世农、许年行:《资产的理性定价模型和非理性定价模型的比较研究——基于中国股市的实证分析》,《经济研究》2004年第6期。

[44]危慧惠、樊承林、朱新蓉:《基于随机便利收益的不完全市场商品期货定价研究》,《中国管理科学》2012年第4期。

[45]谢德仁、崔宸瑜、汤晓燕:《业绩型股权激励下的业绩达标动机和真实盈

余管理》,《南开管理评论》2018年第1期。

　　[46]徐为山、吴坚隽:《经济增长对保险需求的引致效应——基于面板数据的分析》,《财经研究》2006年第2期。

　　[47]叶永刚、宋凌峰:《宏观金融工程论纲》,《经济评论》2007年第1期。

　　[48]叶永刚、宋凌峰、张培:《宏观金融工程:理论卷》,高等教育出版社2011年版。

　　[49]叶永刚、宋凌峰、张培:《宏观金融工程》,高等教育出版社2013年版。

　　[50]叶永刚:《宏观金融工程与风险管理》,《武汉大学学报(哲学社会科学版)》2009年第4期。

　　[51]叶永刚、吴良顺:《基于BP神经网络模型的创业板上市公司信用级别评估和信用风险度量》,《经济与社会发展》2016年第3期。

　　[52]叶永刚、晏晗、李杏:《武汉市金融风险分析——CCA模型在城市层面的具体应用》,《武汉金融》2019年第4期。

　　[53]叶永刚、宋凌峰:《宏观金融工程论纲》,《经济评论》2007年第1期。

　　[54]杨莲、石宝峰:《基于Focal Loss修正交叉熵损失函数的信用风险评价模型及实证》,《中国管理科学》2022年第5期。

　　[55]杨招军、赵志明、罗鹏飞:《双指数跳收益与混合担保的企业资本结构》,《系统工程》2016年第4期。

　　[56]衣柏衡、朱建军、李杰:《基于改进SMOTE的小额贷款公司客户信用风险非均衡SVM分类》,《中国管理科学》2016年第3期。

　　[57]尹成远、赵桂玲、周稳海:《中国人身保险保费收入的实证分析与预测研究》,《保险研究》2008年第1期。

　　[58]尹志超、吴雨、甘犁:《金融可得性、金融市场参与和家庭资产选择》,《经济研究》2015年第3期。

　　[59]郑振龙、陈蓉:《金融工程》(第五版),高等教育出版社2020年版。

　　[60]郑志勇、怀伟城、王玮珩:《金融数量分析——基于Python编程》,北京航空航天大学出版社2018年版。

　　[61]郑征、朱武祥:《模糊实物期权框架下初创企业估值》,《清华大学学报(自然科学版)》2019年第1期。

　　[62]张慧、陈晓兰、聂秀山:《不确定环境下再装股票期权的稳健定价模型》,《中国管理科学》2008年第1期。

［63］张慧、聂秀山:《Knight 不确定环境下欧式股票期权的最小定价模型》,《山东大学学报(理学版)》2007 年第 11 期。

［64］张慧、孟纹羽:《分形市场中欧式看涨期权的动态稳健定价模型》,《统计与决策》2012 年第 18 期。

［65］朱顺泉:《金融工程及其 Python 应用》,清华大学出版社 2019 年版。

［66］张波、张景肖:《应用随机过程》,清华大学出版社 2004 年版。

［67］钟彪:《嵌入双障碍期权的股指期货结构化产品 BS 定价模型研究》,东南大学硕士学位论文,2018 年。

［68］张培、叶永刚:《区域的宏观金融风险——基于东亚及东南亚国家(地区)的实证分析》,《经济管理》2011 年第 8 期。

［69］赵胜民、闫红蕾、张凯:《Fama-French 五因子模型比三因子模型更胜一筹吗——来自中国 A 股市场的经验证据》,《南开经济研究》2016 年第 2 期。

［70］Acharya V. ,Engle R. ,Richardson M. ,"Capital Shortfall: A New Approach to Ranking and Regulating Systemic Risks",*American Economic Review*,Vol.102(3),2012,pp.59-64.

［71］Adam,T.R.C.S. Fernando,J.M. Salas,"Why do Firms Engage in Selective Hedging? Evidence from the Gold Mining Industry",*Journal of Banking and Finance*,Vol.77,2017,pp.269-282.

［72］Agnew J. R. ,Szykman L. R. ,"Asset Allocation and Information Overload: The Influence of Information Display,Asset Choice,and Investor Experience",*The Journal of Behavioral Finance*, Vol.6(2),2005,pp.57-70.

［73］Agnew J. R. , Bateman H. ,Thorp S. ,"Financial Literacy and Retirement Planning in Australian",*UNSW Australian School of Business Research Paper*,2012 .

［74］Ahcan A. ,"Statistical Analysis of Model Risk Concerning Temperature Residuals and Its Impact on Pricing Weather Derivatives",*Insurance Mathematics & Economics*,Vol.50(1),2012, pp.131-138.

［75］Altman E. I. ,"Financial Ratios,Discriminant Analysis and the Prediction of Corporate Bankruptcy", *The Journal of Finance*,Vol.23(4),1968,pp.589-609.

［76］Allen M. ,Rosenberg C. ,Keller C. ,Setser B. ,Roubini N. ," A Balance Sheet Approach to Financial Crisis",*IMF Working Paper*,No.02,2002.

［77］Alaton P. , Djehiche B. , Stillberger D. ,"On Modelling and Pricing Weather

Derivatives", *Applied Mathematical Finance*, Vol.9(1), 2002, pp.1-20.

[78] Anghileri D., Bozzini V., Molnar P., et al., "Comparison of Hydrological and Vegetation Remote Sensing Datasets as Proxies for Rainfed Maize Yield in Malawi", *Agricultural Water Management*, Vol.262, 2022.

[79] Andersen T. G., Bollerslev T., "Answering the Skeptics: Yes, Standard Volatility Models do Provide Accurate Forecasts", *International Economic Review*, 1998, pp. 885-905.

[80] Andrikopoulos P., Khorasgani A., "Predicting Unlisted SMEs' Default: Incorporating Market Information on Accounting-based Models for Improved Accuracy", *The British Accounting Review*, Vol.50(5), 2018, pp.559-573.

[81] Arismendi J. C., Back J., Prokopczuk M., et al., "Seasonal Stochastic Volatility: Implications for the Pricing of Commodity Options", *Journal of Banking & Finance*, Vol.66, 2016, pp. 53-65.

[82] Angilella S., Mazzù S., "The Financing of Innovative SMEs: A Multicriteria Credit Rating Model", *European Journal of Operational Research*, Vol.244(2), 2015, pp.540-554.

[83] Bates D. S., "The Market for Crash Risk", *Journal of Economic Dynamics and Control*, Vol.32(7), 2008, pp.2291-2321.

[84] Bali T. G., Murray S., "Does Risk-neutral Skewness Predict the Cross-section of Equity Option Portfolio Returns?", *Journal of Financial and Quantitative Analysis*, Vol.48(4), 2013, pp.1145-1171.

[85] Bartram G. M., Jong A. D., Macrae V., "The Impact of Institutional Differences on Derivatives Usage: A Comparative Study of US and Dutch Firms", *European Financial Management*, Vol.57(3), 2003, pp.23-46.

[86] Bally, V., Pages, G., "Error Analysis of the Optimal Quantization Algorithm for Obstacle Problems", *Stochastic Processes and Their Applications*, Vol.106, 2003, pp. 1-40.

[87] Bakshi G., Kapadia N., Madan D., "Stock Return Characteristics, Skew Laws, and the Differential Pricing of Individual Equity Options", *The Review of Financial Studies*, Vol.16, 2003, pp.101-143.

[88] Boyle, P., Broadie, M., Glasserman, P., "Monte Carlo Methods for

Security Pricing", *Journal of Economic Dynamics and Control*, Vol. 21, 1997, pp. 1267-1321.

[89] Benmelech, E., Kandel, E., "Stock-based Compensation and CEO (Dis) Incentives", *The Quarterly Journal of Economics*, Vol.125(4), 2010, pp.1769-1820.

[90] Bollerslev T., "Generalized Autoregressive Conditional Heteroskedasticity", *Journal of Econometrics*, Vol.31(3), 1986, pp.307-327.

[91] Brennan, M. J., Schwartz, E. S., "Finite Difference Method and Jump Processes Arising in the Pricing of Contingent Claims", *Journal of Financial and Quantitative Analysis*, Vol.13, 1978, pp.461-474.

[92] Briand, P., Delyon, B., Memin, J., "Donsker-type Theorem for BSDEs", Electronic Communications in Probability, Vol.6, 2001, pp.1-14.

[93] Black F., Scholes M., "The Pricing of Options and Corporate Liabilities", *Journal of Political Economy*, Vol.81(3), 1973, pp.637-654.

[94] Blöchlinger A., "Identifying, Valuing and Hedging of Embedded Options in Non-maturity Deposits", *Journal of Banking & Finance*, Vol.50, 2015, pp.34-51.

[95] Black L., Correa R., Huang X., et al., "The Systemic Risk of European Banks during the Financial and Sovereign Debt Crises", *Journal of Banking & Finance*, Vol.63, 2016, pp.107-125.

[96] Borovkova S., Schmeck M. D., "Electricity Price Modeling with Stochastic Time Change", *Energy Economics*, Vol.63, 2017, pp.51-65.

[97] Boyle C. F. H., Haas J., Kern J. D., "Development of an Irradiance-based Weather Derivative to Hedge Cloud Risk for Solar Energy Systems ", *Renewable Energy*, Vol.164, 2021, pp.1230-1243.

[98] Bollen N. P., "Mutual Fund Attributes and Investor Behavior", *Journal of Financial and Quantitative Analysis*, Vol.42(3), 2007, pp.683-708.

[99] Brauneis A., Mestel R., Palan S., "Inducing Low-carbon Investment in the Electric Power Industry Through a Price Floor for Emissions Trading", *Energy Policy*, Vol.53(12), 2013, pp. 190-204.

[100] Brigo D., Mercurio F., Rapisarda F., et al., "Approximated Moment-matching Dynamics for Basket-options Pricing", *Quantitative Finance*, Vol.4, 2004, pp. 1-16.

［101］Brigo D.,Mercurio F.,Sartorelli G.,"Alternative Asset-price Dynamics and Volatility Smile",*Quantitative Finance*,Vol 3(3),2003,pp.173-183.

［102］Brigo D.,Mercurio F.,"Longnormal-mixture Dynamics and Calibration to Market Volatility Smiles",*International Journal of Theoretical and Applied Finance*,Vol. 5,2002,pp.427-446.

［103］Brock W.,Mirman L.,"Optimal Economic Growth and Uncertainty the Discounted Case",*Journal of Economic Theory*,Vol.4,1972,pp.479-513.

［104］Brennan M. J. ,"The Supply of Storage",*American Economic Review*,Vol. 48(1),1958,pp.50-72.

［105］Brunzell T.,Liljeblom E.,Vaihekoski M.,"Short-term Expectations in Listed Firms:the Mitigating Impact of Private Equity Owners",*Available at SSRN* 1400734,2011.

［106］Bunn D. W.,Fezzi C.,"Interaction of European Carbon Trading and Energy Prices",*Fondazione Eni Enrino Mattei Working Papers*,2007,pp.123-146.

［107］Bucheli J.,Dalhaus T.,Finger R.,"Temperature Effects on Crop Yields in Heat Index Insurance ",*Food Policy*,Vol.107,2022.

［108］Buraschi A.,Jackwerth J.,"The Price of a Smile:Hedging and Spanning in Option Markets",*The Review of Financial Studies*,Vol.14(2),2001,pp.495-527.

［109］Cao C.,Chen Z.,Griffin J. M.,"Informational Content of Option Volume Prior to Takeovers",*The Journal of Business*,Vol.78(3),2005,pp. 1073-1109.

［110］Carr P.,Wu L.,"Static Hedging of Standard Options",*Journal of Financial Econometrics*,Vol.12(1),2014,pp.3-46.

［111］Carter D.,Rogers D. A.,Simkins B. J.,"Fuel Hedging in the Airline Industry,The Case of Southwest Airlines",*Available at SSRN* 578663,2004.

［112］Caballero R.,Jewson S.,Brix A.,"Long Memory in Surface Air Temperature:Detection,Modeling,and Application to Weather Derivative Valuation",*Climate Research*,Vol.21(2),2002,pp.127-140.

［113］Carlsson C.,Fullér R.,"A Fuzzy Approach to Real Option Valuation",*Fuzzy Sets and Systems*,Vol. 2,2003,pp.297-312.

［114］Carhart M. M.,"On Persistence in Mutual Fund Performance",*The Journal of Finance*,Vol.52(1),1997,pp.57-82.

［115］Chen ZengJing, Larry Epstein, "Ambiguity, Risk, and Asset Returns in Continuous Time", *Econometrica*, Vol.70, 2002, pp.1403-1443.

［116］Chen N., Ribeiro B., Chen A., "Financial Credit Risk Assessment: A Recent Review", *Artificial Intelligence Review*, Vol.45(1), 2016, pp.1-23.

［117］Chakravarty S., Gulen H., Mayhew S., "Informed Trading in Stock and Option Markets", *The Journal of Finance*, Vol.59(3), 2004, pp. 1235-1257.

［118］Chang B. Y., Christoffersen P., Jacobs K., "Market Skewness Risk and the Cross Section of Stock Returns", *Journal of Financial Economics*, Vol.107(1), 2013, pp.46-68.

［119］Chung S. L., Shih P. T., Tsai W. C., "Static Hedging and Pricing American Knock-in Put Options", *Journal of Banking & Finance*, Vol. 37(1), 2013, pp.191-205.

［120］Cox J.C., Ross, S. A., Rubinstein, M., "Option Pricing: A Simplified Approach", *Journal of Financial Economics*, Vol.7, 1979, pp.229-264.

［121］Cox J.C., Ross S. A., "The Valuation of Options for Alternative Stochastic Processes", *Journal of Financial Economics*, Vol.3, 1976, pp.145-166.

［122］Coquet, F., Mackevicius, V., Memin, J., "Stability in D of Martingales and Backward Equations under Perturbation of Filtrations", *Stochastic Process. Appl.*, Vol. 75, 1998, pp.235-248.

［123］Cremers M., Weinbaum D., "Deviations from Put-call Parity and Stock Return Predictability", *Journal of Financial and Quantitative Analysis*, Vol.45(2), 2010, pp.335-367.

［124］Cremers M., Halling M., Weinbaum D., "Aggregate Jump and Volatility Risk in the Cross-Section of Stock Returns", *The Journal of Finance*, Vol.70(2), 2015, pp.577-614.

［125］Dalhaus T., Musshoff O., Finger R., "Phenology Information Contributes to Reduce Temporal Basis Risk in Agricultural Weather Index Insurance", *Scientific Reports*, Vol. 8(1), 2018, pp.1-10.

［126］Devraj Basu, Joëlle Miffre, "Capturing the Risk Premium of Commodity Futures: The Role of Hedging Pressure", *Journal of Banking & Finance*, Vol.37, (7), 2013, pp. 2652-2664.

[127]Dittmann, I., Maug, E., "Lower Salaries and No Options? On the Optimal Structure of the Executive Pay", *The Journal of Finance*, Vol. 62 (1), 2007, pp. 303-343.

[128]Duan J. C., Moreau A. F., Sealey C. W., "Deposit Insurance and Bank Interest Rate Risk: Pricing and Regulatory Implications", *Journal of Banking and Finance*, Vol. 19(6), 1995, pp. 1091-1108.

[129]Dolde W., "Hedging, Leverage, and Primitive Risk", *Journal of Financial Engineering*, Vol.4(2), 1995, pp.187-216.

[130]Dornier F., Querel M., "Caution to the Wind ", *Energy and Power Risk Management*, Vol.13(8), 2000, pp.30-32.

[131]Dohmen T., Falk A., Huffman D., et al., "Are Risk Aversion and Impatience Related to Cognitive Ability?", *American Economic Review*, Vol.100(3), 2010.

[132]Easley D., O'hara M., Srinivas P. S., "Option Volume and Stock Prices: Evidence on Where Informed Traders Trade", *The Journal of Finance*, Vol.53 (2), 1998, pp.431-465.

[133]E. Ingersoll, *Theory of Financial Decistion Making*, Rowmn&Littlefied, 1987.

[134]Eling M., Nuessle D., Staubli J., "The Impact of Artificial Intelligence along the Insurance Value Chain and on the Insurability of Risks", *The Geneva Papers on Risk and Insurance-Issues and Practice*, Vol.47(2), 2022, pp.205-241.

[135]Engle R. F., "Autoregressive Conditional Heteroscedasticity with Estimates of the Variance of United Kingdom Inflation", *Econometrica: Journal of the Econometric Society*, 1982, pp.987-1007.

[136]Engle R. F., Ng V. K., "Measuring and Testing the Impact of News on Volatility", *The Journal of Finance*, Vol.48(5), 1993, pp. 1749-1778.

[137]Epstein L., "Ji S., Ambiguous Volatility and Asset Pricing in Continuous Time", *Rev Financ Stud*, Vol.26, 2013, pp.1740-1786.

[138]El Karoui N., Peng S., Quenez M.C. , "Backward Stochastic Differential Equations in Finance", *Mathematical Finance*, Vol. 7, No. 1, 1997, pp.1-71.

[139]Fang, H., Nofsinger, J.R., Quan, J, "The Effects of Employee Stock Option Plans on Operating Performance in Chinese Firms", *Journal of Banking & Finance*, Vol.54(5), 2015, pp.141-159.

[140] Fama E. F., French K. R., "A Five-factor Asset Pricing Model", *Journal of Financial Economics*, Vol.116(1), 2014.

[141] Fama E. F., French K. R., "Choosing Factors", *Journal of Financial Economics*, Vol.128(2), 2018, pp.234-252.

[142] Falkenheim M., Pennacchi G., "The Cost of Deposit Insurance for Privately Held Banks: A Market Comparable Approach", *Journal of Financial Services Research*, Vol.24(2-3), 2003, pp.121-148.

[143] Fanelli V., Schmeck M. D., "On the Seasonality in the Implied Volatility of Electricity Options", *Quantitative Finance*, 2019, pp.1-17.

[144] Félix L., Kräussl R., "Stork P., Implied Volatility Sentiment: A Tale of Two Tails", *Quantitative Finance*, Vol.20(5), 2020, pp. 823-849.

[145] Frykman D., Tolleryd J., *Corporate Valuation: An Easy Guide to Measuring Value*, New Tersiey: FT Press, 2003, pp.35-238.

[146] Fu, M.C., Laprise, S.C., Madan, D.B., Su, Y., Wu, R., "Pricing American Options: A Co-mparison of Monte Carlo Simulation Approaches", *Journal of Computational Finance*, Vol.4, 2001, pp.39-88.

[147] Fujita H., Mori H., "A Hybrid Intelligent System for Designing a Contract Model for Weather Derivatives", *Procedia Computer Science*, Vol. 12, 2012, pp. 361-366.

[148] Garcia-Bedoya O., Granados O., Burgos J. C., "AI Against Money Laundering Networks: the Colombian Case", *Journal of Money Laundering Control*, Vol.24(1), 2020, pp.49-62.

[149] Georges Dionne, Thouraya Triki, "On Risk Management Determinants: What Really Matters?", *The European Journal of Finance*, Vol. 19(2), 2004, pp. 145-164.

[150] Géczy C., Minton B. E., Schrand C., "Why Firms Use Currency Derivatives", *The Journal of Finance*, Vol.52(4), 1997, pp.1323- 1354.

[151] Ghosh P., Neufeld A., Sahoo J. K., "Forecasting Directional Movements of Stock Prices for Intraday Trading Using LSTM and Random Forests", *Finance Research Letters*, Vol.46, 2022.

[152] Girardi G., Erguen A. T., "Systemic Risk Measurement: Multivariate

GARCH Estimation of CoVaR", *Journal of Banking & Finance*, Vol.37(8), 2013, pp. 3169-3180.

[153] Glasserman, P., *Monte Carlo Methods in Financial Engineering*, New York: Springer, 2004.

[154] Glosten L. R., Jagannathan R., Runkle D. E., "On the Relation between the Expected Value and the Volatility of the Nominal Excess Return on Stocks", *The Journal of Finance*, Vol.48(5), 1993, pp. 1779-1801.

[155] Gordon M. Bodnar, Gregory S. Hayt, Richard C. Marston, et al., "The Wharton Survey of Derivatives Usage by U. S. Non - Financial Firms", *Financial Management*, Vol.24(2), 1995, pp.104-114.

[156] Goel S., Uzuner O., "Do Sentiments Matter in Fraud Detection? Estimating Semantic Orientation of Annual Reports", *Intelligent Systems in Accounting, Finance and Management*, Vol.23(3), 2016, pp.215-239.

[157] Gray D., Merton R., Bodie Z., "A New Framework for Analyzing and Managing Macro-financial Risks of An Economy", *NBER Working Paper*, No.12637, 2006.

[158] Graham, John R., Daniel Rogers, "Do Firms Hedge in Response to Tax Incentives? ", *Journal of Finance*, Vol.57(2), 2002, pp.815-839.

[159] Gray M. D. F., "Modeling Banking, Sovereign, and Macro Risk in a CCA Global VAR", *International Monetary Fund*, 2013.

[160] Guo Y., Zhou W., Luo C., et al., "Instance-based Credit Risk Assessment for Investment Decisions in P2P Lending", *European Journal of Operational Research*, Vol.249(2), 2016, pp.417-426.

[161] Hainaut D., "Hedging of Crop Harvest with Derivatives on Temperature", *Insurance Mathematics & Economics*, Vol.84, 2019, pp.98-114.

[162] Hall, B.J., Murphy, K.J., "The Trouble with Stock Options", *Journal of Economics Perspective*, Vol.17, 2003, pp.49-70.

[163] Hanafy M., Ming R., "Machine Learning Approaches for Auto Insurance Big Data", *Risks*, Vol.9(2), 2021, p.42.

[164] Hart A. G., Hicks J. R., "Value and Capital", *Journal of Farm Economics*, Vol.21(2), 1939, p.513.

[165] Hechner F., Heinkel B., "The Marcinkiewicz - zygmund LLN in Banach

Spaces：A Generalized Martingale Approach"，*Journal of Theoretical Probability*，Vol. 23，2010，pp.509-522.

［166］Hilliard J. E.，Hilliard J.，"A Jump－diffusion Model for Pricing and Hedging with Margined Options：An Application to Brent Crude Oil Contracts"，*Journal of Banking & Finance*，Vol.98，2019，pp.137-155.

［167］Hirshleifer D.，"Determinants of Hedging and Risk Premia in Commodity Futures Markets"，*Journal of Financial and Quantitative Analysis*，Vol. 24（3），1989，pp.313-331.

［168］Hilliard J. E.，Madura J.，Tucker A. L.，"Currency Option Pricing with Stochastic Domestic and Foreign Interest Rates"，*Journal of Financial and Quantitative Analysis*，Vol.26（2），1991，pp.139-151.

［169］Huang S. C.，Wu T. K.，Wang N. Y.，"An Intelligent System for Business Data Mining"，*Global Business & Finance Review（GBFR）*，Vol.22（2），2017，pp.1-7.

［170］Hull. J.，White，A.，"The Use of the Control Variate Technique in Option Pricing"，*Journal of Financial and Quantitative Analysis*，Vol. 23（3）1988，pp. 237-251.

［171］Hull J.，White A.，"Optimal Delta Hedging for Options"，*Journal of Banking & Finance*，Vol.82，2017，pp.180-190.

［172］Hull J.，*Risk Management and Financial Institutions*，John Wiley & Sons，2012.

［173］Hu Y，Øksendal B.，"Fractional White Noise Calculus and Applications to Finance"，*Infinite Dim Anal Quantum Probab Related Topics*，Vol.6，2003，pp.1-32.

［174］Hu G. X.，C. Chen，Y. Shao and J. Wang，"Fama-French in China，Size and Value Factors in Chinese Stock Returns"，*International Review of Finance*，Vol.19（1），2019，pp.3-44.

［175］Hung C.，Chen J.-H.，"A Selective Ensemble Based on Expected Probabilities for Bankruptcy Prediction"，*Expert Systems with Applications*，Vol.36（3），2009，pp. 5297-5303.

［176］Huang X.，Zhou H.，Zhu H.，"A Framework for Assessing the Systemic Risk of Major Financial Institutions"，*Journal of Banking & Finance*，Vol.33（11），2009，pp.2036-2049.

[177] Idier J., G. Lamé, J.S. Mésonnier, "How Useful is the Marginal Expected Shortfall for the Measurement of Systemic Exposure? A Practical Assessment", *Journal of Banking & Finance*, Vol.47, 2014, pp.134–146.

[178] Jensen, M. C., Meckling, W. H, "Theory of the Firm: Managerial Behavior, Agency Costs and Ownership Structure", *Journal of Financial Economics*, Vol.3(4), 1976, pp.305–360.

[179] Ji, S., Peng, S., Peng, Y., Zhang, X., "Three Algorithms for Solving High−dimensional Fully−coupled FBSDEs through Deep Learning", *IEEE Intelligent Systems*, Vol.35, 2020, pp. 71–84.

[180] Jiang G. J., Tian Y. S., "The Model−free Implied Volatility and Its Information Content", *The Review of Financial Studies*, Vol.18, 2005, pp.1305–1342.

[181] Jorion P., *Financial Risk Manager Handbook: FRM Part I/Part II.*, John Wiley & Sons, 2010.

[182] Jullum M., Løland A., Huseby R. B., et al., "Detecting Money Laundering Transactions with Machine Learning", *Journal of Money Laundering Control*, Vol. 23 (1), 2020, pp.173–186.

[183] Judge A., "The Determinants of Foreign Currency Hedging by UK Non−financial Firms", *Multinational Finance Journal*, Vol.10(1−2), 2006, pp.1–41.

[184] Kallsen J., Muhle−Karbe J., "Exponentially Affine Martingales, Affine Measure Changes and Exponential Moments of Affine Processes", *Stochastic Processes & Their Applications*, Vol.120(2), 2011, pp.163–181.

[185] Karatzas I., Shreve S. E., *Brownian Motion and Stochastic Calculus*, Springer Verlag, 1991.

[186] Kemper A., Schmeck M. D., Balci A. K., "The Market Price of Risk for Delivery Periods: Pricing Swaps and Options in Electricity Markets", *Energy Economics*, Vol.113, 2022.

[187] Kemna, A.G.Z., Vorst, T.C.F., "A Pricing Method for Options Based on Average Asset Values", *Journal of Banking and Finance*, Vol.14, 1990, pp.113–129.

[188] Khan S. A., Khoker Z. I., Simin T. T., "Expected Commodity Futures Returns", *Social Science Electronic Publishing*, 2008.

[189] Königstorfer F., Thalmann S., "Applications of Artificial Intelligence in

Commercial Banks-A Research Agenda for Behavioral Finance", *Journal of Behavioral and Experimental Finance*, Vol.27, 2020.

[190] Kwok, Y. K., *Mathematical Models of Financial Derivatives* (Second Edition) , Springer, 2011.

[191] Kwok, Y.K., Wu, L., "Effects of Callable Feature on Early Exercise Policy", *Review of Derivatives Research*, Vol.4, 2000, pp.189-211.

[192] Kwok, Y.K., Lau, K.W., "Accuracy and Reliability Considerations of Option Pricing Algorithms", *Journal of Futures Markets*, Vol.21, 2001, pp.875-903.

[193] LaFond R., Watts R. L., "The Information Role of Conservatism", *The Accounting Review*, Vol.83(2), 2008, pp.447-478.

[194] Lahmiri S., Bekiros S., "Can Machine Learning Approaches Predict Corporate Bankruptcy? Evidence from a Qualitative Experimental Design", *Quantitative Finance*, Vol.19(9), 2019, pp.1569-1577.

[195] Landi G., Sciarelli M., "Towards a More Ethical Market: The Impact of ESG Rating on Corporate Financial Performance", *Social Responsibility Journal*, Vol.15 (1), 2019, pp.11-27.

[196] Leins S., "'Responsible Investment': ESG and the Post-crisis Ethical Order", *Economy and Society*, Vol.49(1), 2020, pp.71-91.

[197] Lel Ugur, "Currency Hedging and Corporate Governance: a Cross-country Analysis", *International Finance Discussion Papers*, Vol.18(2), 2006, pp.221-237.

[198] Lemmerer B., Unger S., "Modeling and Pricing of Space Weather Derivatives", *Risk Managementan International Journal*, Vol.21(4), 2019, pp.265-291.

[199] Lintner J., "The Valuation of Risk Assets and the Selection of Risky Investments in Stock Portfolios and Capital Budgets", *Review of Economics and Statistics*, Vol. 47(2), 1965, pp.13-37.

[200] Liu K., Zhou J., Dong D., "Improving Stock Price Prediction Using the Long Short-term Memory Model Combined with Online Social Networks", *Journal of Behavioral and Experimental Finance*, Vol.30, 2021.

[201] Liu J., R. F. Stambaugh and Y. Yuan, "Size and Value in China", *Journal of Financial Economics*, Vol.134(1), 2019, pp.48-69.

[202] Li Z. Y., Zhang Z., Zhang J., et al., "A New Framework to Quantify Maize

Production Risk from Chilling Injury in Northeast China ", *Climate Risk Management*, Vol.32,2021.

[203] Lo C. F., Yuen P. H., Hui C. H., "Constant Elasticity of Variance Option Pricing Model with Time-Dependent Parameters", *International Journal of Theoretical and Applied Finance*, Vol.3,2000,pp.661-674.

[204] Longstaff, F.A., Schwartz, E.S., "Valuing American Options by Simulation: A Simple Least-squares Approach", *Review of Financial Studies*, Vol.14,2001, pp. 113-147.

[205] Mayers D., "'*Nonmarketable Assets and Capital Market Equilibrium under Uncertainty'*. *Studies in the Theory of Capital Markets*", New York: Praeger,1973,pp. 223-248.

[206] Martin D., "Early Warning of Bank Failure: A Logit Regression Approach", *Journal of Banking & Finance*, Vol.1(3),1977,pp.249-276.

[207] Ma,J., Protter,P., Yong,J., "Solving Forward-backward Stochastic Differential Equations Explicitly a Four Step Scheme", *Probability Theory and Related Fields*, Vol.98,1994,pp.339-359.

[208] Markert V., Zimmermann H., "The Relationship between Risk-Premium and Convenience-Yield Models", *Working Papers*,2007,pp.113-144.

[209] Malliaris A. G., Malliaris M., "Are Oil, Gold and the Euro Inter-related? Time Series and Neural Network Analysis", *Review of Quantitative Finance and Accounting*, Vol.40(1),2013, pp.1-14.

[210] Manogna R.L., Mishra A. K., "Forecasting Spot Prices of Agricultural Commodities in India: Application of Deep - Learning Models", *Intelligent Systems in Accounting, Finance and Management*, Vol.28(1),2021,pp. 72-83.

[211] Manaster S., Rendleman Jr R. J., "Option Prices as Predictors of Equilibrium Stock Prices", *The Journal of Finance*, Vol.37(4),1982,pp.1043-1057.

[212] Margrabe W., "The Value of an Option to Exchange One Asset for Another", *The Journal of Finance*, Vol.33(1),1978,pp.177-186.

[213] Markowitz M. H., "Portfolio Selection", *Journal of Finance*, Vol.7(1), 1952,pp.77-91.

[214] Mayerhofer E., Muhle-Karbe J., Smirnov A. G., " A Characterization of

the Martingale Property of Exponentially Affine Processes", *Stochastic Process and Their Application*, *Vol.*3(121), 2011, pp.568-583.

[215]Marianna, M., Lane, P.J., Gomez-Mejia, L.R., "CEO Incentives, Innovation and Performance in Technology Intensive Firms: A Reconciliation of Outcome and Behavior-based Incentive Schemes", *Strategic Management Journal*, Vol. 27(11), 2006, pp.1057-1080.

[216]Merton R., "Optimal Consumption and Portfolio Rules in a Continuous-time Model", *Journal of Economic Theory*, Vol.8(3), 1971, pp.373-413.

[217]Mehran, "Executive Compensation Structure, Ownership, and Firm Performance", *Journal of Financial Economies*, Vol.38, 1995, pp.163-184.

[218]Merton R., "Theory of Rational Option Pricing", *Bell Journal of Economics and Management Science*, Vol.4(1), 1973, pp.141-183.

[219]Merton R. C., "On the Pricing of Corporate Debt: The Risk Structure of Interest Rates", *The Journal of Finance*, Vol.29(2), 1974, pp.449-470.

[220]Modigliani F., Miller M., "The Cost of Capital, Corporation Finance and the Theory of Investment", *American Economic Review*, Vol.48(1), 1956, pp.261-297.

[221]Mossin J., "Equilibrium in a Capital Asset Market", *Econometrica*, Vol.34(4), 1966, pp.768-783.

[222] Murphy, K. J., Oyer, P., "Discretion in Executive Incentive Contracts: Theory and Evidence", *Social Science Electronic Publishing*, Vol.2, 2002, pp.92-118.

[223]Musiela M., Rutkowski M., *Martingale Methods in Financial Modelling(Second Edition)*, Berlin: Springer, 2004.

[224] Muzzioli S., Torricelli C., "A Multiperiod Binomial Model for Pricing Options in a Vague World", *Journal of Economic Dynamics and Control*, Vol.5, 2004, pp.861-887.

[225] Muneepeerakul C. P., Muneepeerakul R., Huffaker R. G., "Rainfall Intensity and Frequency Explain Production Basis Risk in Cumulative Rain Index Insurance", *Earths Future*, Vol.5(12), 2017, pp.1267-1277.

[226]Nance D. R., C. W. Smith, C. W. Smithson, "On the Determinants of Corporate Hedging", *Journal of Finance*, Vol.48(1), 1993, pp.267 - 281.

[227]Nelson D. B., "Conditional Heteroskedasticity in Asset Returns: A New

Approach", *Econometrica*: *Journal of the Econometric Society*, 1991, pp.347−370.

[228] Nguyen B. − H., Huynh V. − N., " Textual Analysis and Corporate Bankruptcy: A Financial Dictionary−based Sentiment Approach", *Journal of the Operational Research Society*, 2020, pp. 1−20.

[229] Nian K., Coleman T. F., Li Y., "Learning Sequential Option Hedging Models from Market Data", *Journal of Banking & Finance*, Vol.133, 2021.

[230] Nishimura K., Hiroyuki H., "Irreversible Investment and Knightian Uncertainty", *Journal of Economic Theory*, Vol.136, 2007, pp.668 − 694.

[231] Nicholls A., " The Institutionalization of Social Investment: The Interplay of Investment Logics and Investor Rationalities", *Journal of Social Entrepreneurship*, Vol.1 (1), 2010, pp.70−100.

[232] Ohlson J. A., "Financial Ratios and the Probabilistic Prediction of Bankruptcy", *Journal of Accounting Research*, 1980, pp.109−131.

[233] Oyer, P., Schaefer, S., "Why do Some Firms Give Stock Options to All Employees? An Empirical Examination of Alternative Theories", *Journal of Financial Economics*, Vol.76(1), 2005, pp.99−133.

[234] Pardoux, E., Peng, S., "Adapted Solution of a Backward Stochastic Differential Equation", *System and Control Letters*, Vol.14, 1990, pp.55−61.

[235] Peng, S., " Probabilistic Interpretation for Systems of Quasilinear Parabolic Partial Differential Equations", *Stochastics and Stochastic Reports*, Vol.37, 1991, pp. 61−74.

[236] Pardoux E., Peng S., "Adapted Solutions of a Backward Stochastic Diffffferential Equation", *Systems Control Lett*, Vol.14, 1990, pp.55−61 .

[237] Peng S., *G−expectation, G−Brownian motion and Related Stochastic Calculus of It' s Type*, Springer Verlag, 2006.

[238] Peng S., *Nonlinear Expectation, Nonlinear Evaluations and Risk Measurs. In: Stochastic Methods in Finance Lectures*, Springer−Verlag, 2004, pp.143−217.

[239] Prabakaran S., Garcia I. C., Mora J. U., " A Temperature Stochastic Model for Option Pricing and Its Impacts on the Electricity Market ", *Economic Analysis and Policy*, Vol.68, 2020, pp.58−77.

[240] Renneboog L., Ter Horst J., Zhang C., "Socially Responsible Investments:

Institutional Aspects, Performance, and Investor Behavior", *Journal of Banking & Finance*, *Vol.*32(9), 2008, pp.1723-1742.

[241] Robayo J. P., Vera J. C., "Static Hedging of Weather and Price Risks in Electricity Markets", *Optimization and Engineering*, Vol.22(4), 2021, pp.2779-2799.

[242] Ross S., "The Arbitrage Theory of Capital Asset Pricing", *Journal of Economic Theory*, Vol.13(3), 1976, pp.341-360.

[243] Rosazza Gianin G., "Risk Measures Via G-expectations", *Insurance Mathematics and Economics*, Vol. 39, 2006, pp.19-34.

[244] Routledge B. R., Spatt S., "Equilibrium Forward Curves for Commodities", *Journal of Finance*, Vol.55(3), 2000, pp.1297-1338.

[245] Salgueiro A. M., Tarrazon-Rodon M. A., "Weather Derivatives to Mitigate Meteorological Risks in Tourism Management: An Empirical Application to Celebrations of Comunidad Valenciana (Spain)", *Tourism Economics*, Vol. 27 (4), 2021, pp. 591-613.

[246] Schebesch K. B., Stecking R., "Support Vector Machines for Classifying and Describing Credit Applicants: Detecting Typical and Critical Regions", *Journal of the Operational Research Society*, Vol.56(9), 2005, pp.1082-1088.

[247] Sharpe W., "Capital Asset Prices: A Theory of Market Equilibrium Under Conditions of Risk", *Journal of Finance*, Vol.19, 1964, pp.425-442.

[248] Shanshan Cui, Nicoleta Vaja, "Drivers of Derivatives Use-Evidence from the Oslo Stock Exchange", *Oslo: Bi Norwegian School of Management*, 2008.

[249] Shirsath P., Vyas S., Aggarwal P., et al., "Designing Weather Index Insurance of Crops for the Increased Satisfaction of Farmers, Industry and the Government", *Climate Risk Management*, Vol.25, 2019.

[250] Shue, K., Townsend, R., "How Do Quasi-Random Option Grants Affect CEO Risk-taking", *Journal of Finance*, Vol.72(6), 2017, pp.2551-2588.

[251] Smith C., Stulz R., "The Determinants of Firms′ Hedging Polices", *Journal of Financial and Quantitative Analysis*, Vol.20(4), 1985, pp.391-405.

[252] Sousa R., Aguiarconraria L., Soares M. J., "Carbon Financial Markets: A Time-frequency Analysis of CO2 Prices Drivers ", *Physica A: Statistical Mechanics & Its Applications*, Vol.414(10), 2014, pp.118-127.

[253] Sun Y., "Enhanced Weather‑Based Index Insurance Design for Hedging Crop Yield Risk", *Frontiers in Plant Science*, Vol. 13, 2022.

[254] Tavella, D., Randall, C., *Pricing Financial Instruments: The Finite Difference Method*, New York: John Wiley & Sons, 2000.

[255] Tinoco M. H., Wilson N., "Financial Distress and Bankruptcy Prediction Among Listed Companies Using Accounting, Market and Macroeconomic Variables", *International Review of Financial Analysis*, Vol.30, 2013, pp.394‑419.

[256] Tilley, J. A., "Valuing American Options in a Path Simulation Model", *Transactions of the Society of Actuaries*, Vol.45, 1993, pp.499‑520.

[257] Tsai S. B., Li G., Wu C. H., et al., "An Empirical Research on Evaluating Banks' Credit Assessment of Corporate Customers", *SpringerPlus*, Vol.5(1), 2016, p.2088.

[258] Van Duuren E., Plantinga A., Scholtens B., "ESG Integration and the Investment Management Process: Fundamental Investing Reinvented", *Journal of Business Ethics*, Vol.138(3), 2016, pp.525‑533.

[259] Verma S., "Forecasting Volatility of Crude Oil Futures Using a GARCH‑RNN Hybrid Approach", *Intelligent Systems in Accounting, Finance and Management*, Vol. 28(2), 2021, pp.130‑142.

[260] Vorst T., Kemna A., Vorst A., "A Pricing Method for Options Based on Average Asset Values", *Journal of Banking & Finance*, Vol.14(1), 1990, pp.113‑129.

[261] West D., "Neural Network Credit Scoring Models", *Computers & Operations Research*, Vol.27(11‑12), 2000, pp. 1131‑1152.

[262] Whaley R.E., "Derivatives on Market Volatility: Hedging Tools Long Overdue", *The Journal of Derivatives*, Vol.1(1), 1993, pp.71‑84.

[263] Whaley R.E., "The Investor Fear Gauge", *The Journal of Portfolio Management*, Vol.26(3), 2000, pp. 12‑17.

[264] Working, H., "The Theory of Price of Storage", *American Economic Review*, Vol.39(6), 1949, pp.1254‑1262.

[265] Wright, Brian D., Jefrey C. Williams, "A Theory of Negative Prices for Storage", *Journal of Futures Markets*, Vol.9(1), 1989, pp.1‑13.

[266] Wu L., Zhu J., "Simple Robust Hedging with Nearby Contracts", *Journal of*

Financial Econometrics, Vol. 15(1), 2016, pp.1-35.

[267] Xia Yufei, Liu Chuanzhe, Li YuYing, et al., "A Boosted Decision Tree Approach Using Bayesian Hyper-parameter Optimization for Credit Scoring", *Expert Systems with Application*, Vol.78, 2017, pp.225-241.

[268] Xu C., Zhou Z., "The Study of Internal Control and Over Investment on Corporate Credit Risk", *Procedia Computer Science*, Vol.91, 2016, pp.109-113.

[269] Yamada, Yuji, "Valuation and Hedging of Weather Derivatives on Monthly Average Temperature", *Journal of Risk*, Vol.10(1), 2007, pp.101-125.

[270] Yung H., Hua Z., "An Empirical Investigation of the GARCH Option Pricing Model: Hedging Performance", *Journal of Futures Markets*, Vol.23(12), 2003, pp.1191-1207.

[271] Zhao, W., Chen, L., Peng, S., "A New Kind of Accurate Numerical Method for Backward Stochastic Differential Equations", *SIAM Journal on Scientific Computing*, Vol.28, 2006, pp. 1563-1581.

[272] Zhang F., Tadikamalla P. R., Shang J., "Corporate Credit-risk Evaluation System: Integrating Explicit and Implicit Financial Performances", *International Journal of Production Economics*, Vol.177, 2016, pp.77-100.

[273] Zmeskal Z., "Application of the Fuzzy - stochastic Methodology to Appraising the Firm Value as a European Calls Option", *European Journal of Operational Research*, Vol.2, 2001, pp.303- 310.

[274] Zmeskal Z., "Generalised Soft Binomial American Real Option Pricing Model(Fuzzy-stochastic Approach)", *European Journal of Operational Research*, Vol. 2, 2010, pp.1096-1103.

[275] Zulkafli Z., Muharam F. M., Raffar N., et al., "Contrasting Influences of Seasonal and Intra-seasonal Hydroclimatic Variabilities on the Irrigated Rice Paddies of Northern Peninsular Malaysia for Weather Index Insurance Design", *Sustainability*, Vol. 13(9), 2021, p.5207.

后　记

党的二十大擘画了以中国式现代化全面推进强国建设、民族复兴伟业的宏伟蓝图，明确了新时代新征程党的中心任务，围绕着力推动高质量发展、构建高水平社会主义市场经济体制等作出重大部署。中央金融工作会议进一步提出要加快建设金融强国，全面加强金融监管，完善金融体制，优化金融服务，防范化解风险，坚定不移走中国特色金融发展之路，推动我国金融高质量发展。金融高质量发展离不开高质量的金融人才，高质量金融人才的培养需要高质量的教材建设。

恰逢中国明确提出金融强国之际，我们完成了这本研究生教材的编写，是一件让人十分开心的事。写这本书的想法已有 18 年之久了，2004年，武汉大学金融系设立金融工程硕士点时，时任系主任叶永刚教授和我讨论一本研究生层面的《金融工程》教材应该是怎么样的？我们达成的共识是至少有金融经济学的基础、金融工程的应用及金融计量的软件应用三大方面的内容。要将金融经济学、金融工程、计量经济学及软件应用融合到一起是一件极难的事。我搜寻了国内外金融工程及金融衍生工具方面的图书，没有能找到满足需要的教材。于是，当时便有了自己写一本研究生教材的想法，然而，由于种种原因，这一想法一直没有付诸行动。

后来，已过不惑之年的我调入山东财经大学金融学院工作，开始有更多的时间思考大学老师如何平衡好教学和科研的关系，思考大学应该如何培养学生等问题。教学是立院之本，教材建设在其中至关重要。其间又恰逢我负责的金融工程课程被评为首批国家一流本科课程，在和同事们建设该课程的过程中，我们完成了本科配套教材的写作，并积累了教材建设的一些经验。我想,是编一本研究生层面《金融工程》教材的时候了。

按照将金融经济学、金融工程、计量经济学及软件应用等知识融合到一起的想法,结合国内金融工程研究生培养的现实要求,我们将本书的内容设置为基础篇、理论篇、方法篇和实践篇四个部分,基础篇着重介绍金融工程的理论基础、方法基础和应用基础,通过本篇的学习既让学生对前期所学进行深层次回顾,又可夯实后续篇章学习的基础;理论篇主要对金融工程领域的经典文献和前沿进展情况进行梳理评述,并对金融市场中的热点问题给予科学性、专业性的分析,让学生了解金融工程学科的研究发展脉络,近期的研究热点及未来的发展方向;方法篇主要针对非线性金融衍生产品的定价方法进行介绍,包括 BSM 定价方法、数值定价方法和鞅方法,通过本篇的学习能够让学生对非线性金融衍生产品的不同定价方法有所掌握,并且能够对不同方法的优势给予充分利用;为学生的科研工作奠定扎实的方法优势;实践篇主要利用前三篇所学,对金融产品的定价、交易和风险管理进行实际应用,逐层递进式地学习,最终在实践篇中将金融工程的众多理论付之于金融市场的实践中,让学生知悉金融工程理论、方法是如何在市场中应用的。

本教材由彭红枫担任主编,孟纹羽、刘立安、赵国庆担任副主编。彭红枫、孟纹羽负责全书结构设计、写作规范、讨论及校对等组织工作,山东财经大学金融工程教学团队的老师共同参与编写,最后由彭红枫修改统稿。具体分工如下。第一章:刘立安、李健;第二章:孟纹羽、苏咪咪;第三章:吕玉兰、陈彬彬;第四章:李健、刘立安、彭红枫;第五章及第六章:李健、彭红枫;第七章:吕玉兰;第八章:赵国庆;第九章及第十章:孟纹羽;第十一章:陈彬彬;第十二章:殷方盛。每周一次的教材讨论会,团队中的各位老师对书稿进行了一遍又一遍的修改和完善,正是学院金融工程与金融科技等教学团队老师们的辛勤付出和任劳任怨,山东财经大学金融工程学科才能成为山东省"十二五"特色建设重点学科及"泰山学者"设岗学科;金融工程专业才能成为国家一流本科专业建设点及山东省特色专业。

本书可作为金融工程、金融学、金融科技等专业的研究生教材。学习前学生应掌握金融工程、金融衍生工具及随机过程的基本知识。感谢山东财经大学研究生院时任院长毕秀玲教授和副院长杨明海教授,没有他们的执着和坚持,就不会有本书的问世。感谢山东财经大学研究生院时任院长马玉林教授,为本书的出版四处奔波。感谢山东财经大学研究生院现任院长彭留英教授、副院长刘若斌老师的大力支持。

特别要感谢的是中国金融工程学科的倡导者和开拓者,武汉大学金融系的叶永刚教授。我在叶永刚教授的指导下攻读了金融工程方向的博士,并对金融工程学科产生了浓厚的兴趣。叶老师的"黑夜追赶着我,我追赶着太阳"等诗句时时激励我不要懈怠,要努力做好每一件事,让我受益匪浅。由于水平有限,本书难以避免一些错漏之处,敬请广大读者谅解,如您有问题、建议或者意见,请发送邮件至 20187667@ sdufe.edu.cn,我们将不胜感激。

彭红枫

2023 年 11 月 8 日于山东济南

责任编辑：张　蕾

封面设计：汪　莹

图书在版编目（CIP）数据

金融工程：理论、工具与实践/彭红枫 主编. —北京：人民出版社，2024.1

ISBN 978－7－01－025876－8

Ⅰ.①金…　Ⅱ.①彭…　Ⅲ.①金融工程-高等学校-教材　Ⅳ.①F830.49

中国国家版本馆 CIP 数据核字（2023）第 153278 号

金融工程

JINRONG GONGCHENG

——理论、工具与实践

彭红枫　主编　孟纹羽　刘立安　赵国庆　副主编

人民出版社 出版发行

（100706　北京市东城区隆福寺街 99 号）

北京汇林印务有限公司印刷　新华书店经销

2024 年 1 月第 1 版　2024 年 1 月北京第 1 次印刷

开本：710 毫米×1000 毫米 1/16　印张：21.25

字数：287 千字

ISBN 978－7－01－025876－8　定价：60.00 元

邮购地址　100706　北京市东城区隆福寺街 99 号

人民东方图书销售中心　电话（010）65250042　65289539